U0144626

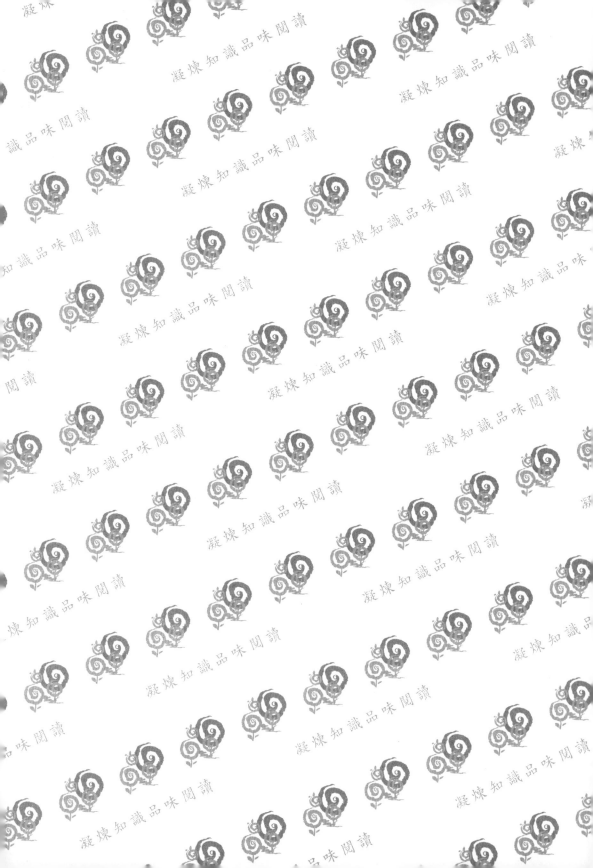

災害來了怎麼辦？

怎麼辦？

學校的防災教育祕笈

王价巨／單信瑜／馬士元　著

五南圖書出版公司 印行

自序 ——【從心出發的防災教育，讓更多人願意爲了安全一起努力】

王价巨

很高興且感謝大家持續關心安全議題，讓本書能持續再版。投入災害管理領域 30 年，參與過多起災害現地救援及災害調查實務工作。其後雖然走入學界，但是，不管是 921 集集大地震、美國卡翠娜或麗塔颶風，第一線協助的過程永遠歷歷在目，也深刻感受到受災者、倖存者或是救災者所面臨的巨大身心衝擊與挑戰。任何一次重大災害的發生，都帶給整個國家、社會與人民嚴重而深遠的影響，尤其是受災社區、學校、文化資產等的實體重建、倖存者（包含兒童）的心靈輔導，以及受災地區生計的復甦與活化，必然都是極其漫長且艱辛的過程，即便耗費龐大的經費、人力與資源，也未必能有效地復原重建。

多重的災害潛勢加上都市化與土地利用情況複雜，臺灣所在的地理環境條件就是這麼的具有挑戰，災害風險是必須面對的課題，偏偏這又是很多民眾視爲觸楣頭的議題。然而，韌性城市與社會防災文化都必須立基在正確的防災意識上，學校教育又擔負培育國家未來主人翁之責任，必須從「思維」著手，從小扎根，先有正面積極的防災態度，進而建立正確的防災觀念與知能，才有可能建立更安全的社會。有感於此，除了原先對於災害管理體系、災害調查、防災社區的推動，自美回臺後，我更致力於防災校園建置與文化資產防災工作，在第一線與志同道

合的夥伴一起努力，實地了解問題，一起設法解決問題。災害管理的核心是「人」，必須先了解不同角色的困難及其回應緊急狀態的心理與行為，防災教育與宣導才能觸及核心，災害管理體系才能有效運作。

　　2017年，我與單信瑜、馬士元兩位老師一起投入教育部防災校園計畫的主持工作，在過去的基礎上，結合國際災害管理趨勢，提出「防災校園2.0」的概念構想，以「韌性建構，防災校園」做為防災教育願景，推動「以判斷原則的教育，取代標準答案的訓練」與「讓防災成為一種生活態度」，持續深化防災教育。期間，不僅落實於國民教育階段，更進一步導入「從保護兒童到兒童主體、兒童主導」的觀念，扎根幼兒防災教育，進而從「認識每個人的特殊思考模式」和特殊教育領域老師們一起思考必要的推動策略。我們透過各種管道，導入情境思考，將防災觀念融入日常生活事物，和各個領域的老師一起討論，透過老師們的教育專業，有效「轉譯」，希望建立小朋友們一輩子帶著走的正確觀念與能力。

　　災害管理領域透過探究人命傷亡而不斷更新觀念與知識；相較於其他領域，防災教育更要力求精準，沒有容錯的空間，也因此必須確保資訊的持續更新。本書彙整近年來國際間的防災教育發展趨勢與團隊投入防災教育推動之經驗，希望藉由系統性梳理防災知識、觀念、做法與案例，讓大眾更了解防災教育之意涵與落實方法。第一章探討防災教育的角色、概念與內涵，從災害、災害風險到災害管理的基本概念，進而探討防災教育的定位；第二章著眼於防災教育與安全校園的國際策略，除了聯合國的校園安全總體架構，也探討如何整合CCA、DRR、SDGs，並簡述各國與臺灣的防災教育推動歷程；第三章聚焦於學校面對災害的

必要作為；第四章進一步探討不同學習階段的防災教育課程如何規劃與推動；第五章在前面幾章的基礎上，討論防災教育議題如何融入課程與活動設計。接續的三章則是包括法律、演習及避難收容因應的主題探討。

防災不是口號，自我保護是這塊土地上的每個人都必須具備的基本能力。一群人走得遠，期許藉由臺灣第一本防災教育專書的出版，號召更多朋友一起投入防災教育這個值得努力的領域，透過深入理解「為什麼」，希望將災害管理知識與技能從校園進而擴散至家庭、社區與社會。

自序 ——【有關我的誤入歧途，在別人的需要上看見自己的責任】

單信瑜

德蕾莎修女說「愛，是在別人的需要上看見自己的責任。」對我來說，投身防災教育就是這麼回事。

這次和兩位長年合作的防災伙伴一起撰寫這本專書，算是替多年來參與防災教育相關的工作劃個逗點，也藉著序文回顧自己投入防災工作的歷程。

對我來說，防災工作算是誤入歧途。許多時候我在政府單位或校園訪視、評核防災演習或進行防災演講時，主辦單位首長經常質疑，土木工程系的老師懂防災嗎？有什麼資格來訪視、評核演習和演講？當下，我都是笑而不語或三言兩語簡單回應。然而，驀然回首，我已投身防災教育工作將近二十年。人生就是一連串的巧合，這些有時難以區隔的偶然和必然，俗稱緣分。我雖然擁有土木工程專業背景，但主要的研究工作是在廢棄物掩埋場的工程設計，以及土壤與地下水汙染調查，直到1999年發生921地震，與國內所有土木工程的大專院校教師共同被國科會召集入災區調查，才接觸到災害相關工作。緊接著勘災完成，受邀參與某個總統候選團隊防災白皮書的撰寫。之後四年，因為工作關係接觸到荷蘭 UNESCO-IHE（當時的 IHE Delft），參加了全球水環境管理伙伴網絡，也參與了黃河委員會黃河花園口的監測預警系統規劃提案，並與

南京水科院、河海大學進行水利防災相關合作。這段期間，在國內防災工作上，也參與了內政部消防署防救災資通訊系統創新研究計畫、災害應變中心 EOC 效能提升研究計畫，合作夥伴就是本書另兩位作者王价巨、馬士元。2008 年開始也是和王价巨、馬士元共同負責內政部消防署的災害防救深耕計畫，執行至今已完成第三期且強韌臺灣計畫仍在持續推動中。

在防災教育方面，我從 2003 年起參與國家型科技教育人才培育先導計畫，負責大專天然災害通識教育、高工職人為災害防災教育教材編撰，並在 2006 年開始擔任防災科技教育深耕實驗計畫的諮詢委員，開始參與第一線的學校訪視輔導試行工作。期間也配合計畫執行，在交通大學開設「天然災害與臺灣」通識課程。當時通識中心同仁轉達審議委員意見，請我修改課名。因為他們認為這個課程名稱暗示著臺灣有很多天然災害，會讓交通大學學生誤以為臺灣的災害風險很高。在這個階段的最後一年，2010 年，我也承接了教育部的計畫，和本書的另兩位作者王价巨、馬士元，把教育部邀請學者專家編撰的校園災害應變參考程序手冊初稿完成美編，成為我國第一本正式由教育部出版的官方版校園防災手冊。多年以來，當年參與相關計畫的土木工程領域專家和自然科學教育專家持續參與防災教育和校園防災建置工作的並不多。我和本書的另兩位作者仍是持續不斷地堅持投入第一線，同時也是願意接受挑戰到各個校園對各縣市輔導團成員、學校教職員工甚至於家長，推動防災教育工作。

簡單來說，我們是從災害管理的實務工作直接進入這個領域，且持續在第一線進行服務、研究與教學，而非僅從事災害管理學術研究。對

我個人來說，接觸這個工作是偶然，持續做這個工作是因爲透過現場的回饋，看到自己的付出有直接的效果，因而不斷地「在別人的需要上看見自己的責任」反覆強化的結果。

就狹義的防災教育來說，1999 年 921 地震之前，臺灣是沒有防災教育的。課本上的確有天然災害基本知識（例如：地震和颱風成因和簡單的防颱準備），但是，除此之外，毫無與災害歷史以及災害對社會造成影響的內容。連我自己一直到取得博士學位投入教職，都還不清楚臺灣的地震災害歷史。因爲 921 地震，前述的防災教育相關計畫啓動才有改變。也就是說，防災教育就算不是從零開始，也是從零點一開始。即使 921 地震造成臺灣對災害的重新認識，但是在教育現場絕大部分的人以爲校園防災就是老舊校舍拆除重建、耐震評估和補強，這樣校舍就安全了；建築物不會倒、不會造成師生死傷，這就足夠了，哪還需要什麼災害管理？大家漠視災害的不確定本質、科學與工程專業能力的邊界、減災工程資源的限制缺乏概念，以爲災害的發生與防範是 0 與 1 截然劃分，且全然依賴硬體，吝於花費時間投入平時整備。

人的心態和行爲非一朝一夕可以改變。即使改變了心態，還要充實知識、增進技能、鍛鍊心志。從校園開始的全民防災教育，是提升全民防災力量必須要走，但也是最漫長的道路。面對災害的衝擊，我們了解要讓學生的受教權和安全受到保障，眞正的核心工作是建立並強化校園災害管理體系，讓臺灣的校園都成爲堅實的防災校園。至於在「防災教育」這端，我們應該把身爲臺灣國民和地球公民在防災方面應該具備的知識、態度、技能讓學生充分學習，他們才能善盡個人的責任，保護個人、家人和所屬組織，降低災害時的傷亡和損失。

我不是「教育」領域的人，只對防災教育「該教些什麼」略有概念，並不知道「要怎麼教」。我也知道校園防災工作的內涵有哪些、該做到什麼樣的程度、該怎麼持續改善，但是也知道並非一個法令、一套範本就可以讓全國各級學校的教職員工立刻落實完成。透過訪視和輔導，從學校提出的問題和困難以及我們的建議與執行回饋，我們累積了許多的經驗和心得。深知唯有一步一腳印，讓專家走進校園才能夠讓法令制度和各種計畫有效執行。

　　這些年下來，訪視過的學校數目、看過的防災演練場次、主講過的防災教育研習鐘點難以計數。多年來，我抱著「一期一會」的心態，珍惜每一次的訪視和研習可以接觸到教育人員的機會。嘗試著利用短暫的時間，有效地傳達出最符合他們需要的訊息內容，同時增強他們的風險意識和自我期許；想當然絕對不可能一次就說清楚、講明白。藉著參與這本防災教育專書的撰寫，我們把校園災害管理和防災教育相關的經驗與知識作了整理，希望可以不再侷限於面對面「一期一會」的緣分，而得以藉著本書的出版讓更多的教育現場人員甚至於大專院校教育科系學生了解如何有效執行校園災害管理與推行防災教育，在看到校園防災的需要時，知道如何善盡自己的責任；讓每個國民面對災害時，能夠思考、判斷，做出有效的行動，並對於這個社會有所貢獻。

自序 ——【做一個擦灰塵的人】

馬士元

在很多家庭裡都有急救箱，或許它的上面總是有一層灰塵，因為這不是平時我們會天天使用到的用品，但是如果沒有定期去檢查它，或者熟悉各種藥品跟器材的正確使用方法，當家人不巧受傷的時候，往往就會發現，這個角落裡的箱子裡面，藥品過期、用品不足、用法陌生，然後我們才會發現，好像不應該這樣忽略它，應該定期更新補充，時常練習並吸收家庭急救知識，這樣才不會在萬一打破玻璃杯，手上劃出一道大傷口的時候，驚慌失措無所適從。

其實這就是防災的一般面貌。

從 1995 年 4 月，隨著臺大植物系郭城孟教授以及郭師母林傲圭女士的引導，踏入臺大建城所陳亮全教授研究室開始，推動防災相關的工作就變成我個人生活與專業工作的核心，尤其當年在尚未發生 921 集集大地震前，臺灣的防災體系就像一個不完整的急救箱，就算經過二十多年來許多有志之士的努力，今天臺灣的整體防災觀念與對策都有長足的進展，但是箱上面的那層灰塵始終存在，而防災專業工作者的角色，就是不斷地提醒大家，災害永遠存在，防災的哲學不是「不會淹水」，而是「不怕淹水」，這樣的不怕，立基於不斷對於防災整備的循環檢視，建

立社會真正的韌性。

　　本書所探討的內容，是近年來臺灣努力學習國際校園防災經驗，並且致力於本土化實踐的一本紀錄。過去臺灣的各級學校由於升學壓力與考試導向，對於大規模災害威脅校園與社區的重大風險，並沒有納入學校與社區合作的主要議題。近年來由於氣候變遷造成極端天候頻率增加，以及 2011 年東日本 311 大地震的教訓，不斷提醒吾人，學校的防災教育與培訓，是臺灣建構全民防災體系的基礎，這也是本書付梓的主要緣由。

目錄

圖目錄

表目錄

第1章 防災教育的角色、概念與內涵

1.1 災害的基本概念

1.1.1 何謂災害

極端自然現象不一定會成為對個人和社會系統的風險。當其表現形式有可能威脅社會或發展資源的穩定時稱作**危害（Hazard）**，確實導致生命財產損失才叫做**災害（Disaster）**。危害可能是一個事件或一個過程，來自於許多不同的成因：地震、龍捲風、火山爆發、水災、乾旱及崩坍等是來自於自然現象的自然危害；毒化物外洩、交通事故、核電廠輻射線外洩、恐怖主義、其他故意的暴力行為或工安意外等是人類造成的科技或人為危害。在一個無人島上，無論發生多大規模地震，連續多少天的超大豪雨導致無數的坡地崩塌與土石流和大範圍淹水，因為沒有人命傷亡、沒有財產損失，都不是「災害」。

美國聯邦緊急管理總署（Federal Emergency Management Agency, FEMA）定義災害是：「一連串社會能力的崩解，導致人類財物、經濟或環境損失，這些損失亦超過社區或社會使用既有資源所能應付。」亦即，危害、人、時間、空間與資產互動產生危機。危害轉變為災害的可能性（機率）與其嚴重程度組合而成**風險（Risk）**。我們無法避免危害，但是我們可以減少危害轉變為災害的機會。因此，降低災害風險（Disaster Risk Reduction）有利於社區、國家的永續發展。人、社區、城市或是國家在災害中可能造成損害的程度即是**脆弱度（Vulnerability）**。人的脆弱

度可能由單一或多項因素組合而成；社區中，老化、生病、懷孕、身心障礙者通常較為脆弱，或稱為災害特殊需求者；火場中，年輕人在體能上一般跑得比老年人快；不同人可能因為無法閱讀警語或不了解告警資訊而相對脆弱；住在河川攻擊面的岸上，建築結構較差的房屋相對脆弱，住在不熟悉的地方與語言的新環境亦是。在危害影響範圍中，生命財產面對風險的規模就是**暴露度**（**Exposure**）；社區或人們保護生命財產安全的能力、能量與資源就是**容受力**（**Capacity**）。災害發生時，許多人生命財產安全遭受損害、摧毀，地方社區自身難保，需要中央與地方政府支援，或者需要鄰居或來自其他地區或國家的朋友的協助，這種狀況即顯示已超出社區**承受力**（**Carrying Capacity**）。我們面對的是一連串的不確定性（**Uncertainty**）：人的不確定性來自於心性的變化越來越難捉摸；自然環境的不確定性來自於從來就沒確定過。我們所能做的就是持續的能力建構（**Capacity Building**）。

近年來，**韌性**（**Resilience**）的概念更為重要。聯合國在諸多國際會議中特別強調特定組織、社群、社區、社會、體系，面對災害能夠抵禦、吸收、適應、調適、轉型和從災害中復原的能力。

1.1.2 當代的災害特性

大部分的人可能會覺得各種不同的環境危機所造成的災害累積並不會太嚴重。實際上，這些狀況與我們的距離並沒有那麼遠。都市化加快、過度開發、環境退化、人口不均勻成長，脆弱地區的發展失衡、高風險技術及日益嚴重的社會和經濟不平等現象之間複雜的相互作用，暴露度在增加；自然林地大規模衰退，緩衝空間大量釋出，自然與空間儲備越來越少，土地利用日趨複雜，因應能量弱化，災害規模擴大，後續社會衝擊的不確定性更高，整體脆弱度大幅提升。不完善的發展政策增加災害風險和損失，擴大衝擊社會和各公私部門，包含：開發位址選擇、生活、耕種、

政府治理、金融體系運作，甚至學校教育，這些長期以來既存或曾經的歷史條件及環境脈絡都是線索，也是環境的重要回應，暗示了過去的行為造成了現在或未來的可能災害。

1980 年代開始，全球均溫明顯提升，許多地區的天氣型態轉變，出現前所未有的災害，旱災、水災、超級暴風雪、颱風及熱浪等，極端天氣與天候事件發生的機率與強度增加，雨季與乾季、潮濕地區與乾燥地區也明顯出現對比；現在的天氣與氣候型態已超越一般的情況。維生的生態系統衰退、糧食安全和淡水儲備減少，都是生存的巨大挑戰。北極圈內夏季氣溫超過攝氏 18 度，南極超過 20 度；2020 年北極圈內西伯利亞 6 天 700 場森林火災，加州森林火災火勢越來越難控制，澳洲森林火災延燒將近半年，越來越難以有效掌握災害規模。

聯合國估計，到 2050 年，每年因自然災害造成的損失可能達到 2,500 億歐元，並造成近 10 萬人死亡。這個數字還不包含很多小規模災害的影響、後續長期身心健康衝擊、經濟和環境破壞的影響，真正的災害影響規模及受影響人口更高。

自 2000 至 2023 年，平均每年超過 1.89 億人受到災害的影響，有 5.9 萬人喪失生命，損失約 1,797 億美元。

災害管理以生命保全為目的，但需先認知到巨災常態化下的危害地景已成為動態的日常，過去用以描述情勢嚴峻的「極端氣候」已不能再視為極端，異常天氣也是正常。這個時代要全盤翻轉過去對災害的態度、標準和認知，重新理解當代天氣與氣候，認識「新常態」。

1.1.3 沒有自然的災害？災害的社會脆弱度觀點

自然災害長期以來都被視為是偶發的隨機事件，脆弱地區的人都有相同的受災風險。然而，「自然災害」的「自然」與人類有何關聯？以人類為主體，自然現象發生後的外力，造成人命或財產的損失，才稱之為「自

然災害」。受攻擊地區產生社會因應能力，「自然現象」的影響反映社會選擇的結果；環境與人類行為的相互作用之下，各種風險不斷的變動，最終產生災害。「災害」是自然事件與人類活動與行為互動的結果，而受災的嚴重程度則與人類社會的運作過程相關，其結果也反映社會現象的複雜性。外力大小與損壞的嚴重程度未必有直接關係，如果地區防災能力強，損害可能相對輕微；地區防災能力越弱，損害必然越嚴重。因此，在地震等自然現象中，損害狀況複合該地區實質環境與人員整備的強度。災害發生時，不只建築物、道路和維生系統等實質結構會被破壞，對於受害者的身心、日常生活、社區連結、組織、社會制度等心理和社會層面都會造成重大損害和影響，社會發展會受到長期嚴重阻礙，社會功能需要很長時間才能復原，重新回到社會運作的常態。

2015 年全球降低災害風險評估報告（Global Assessment Report on Disaster Risk Reduction, GAR15）指出：災害除了會影響人類的生命安全外，也會產生社會經濟與社會發展停滯的現象。災害風險的社會分配反映出既有存在於社會分配的不平等情況。窮人、老弱婦孺、少數民族、身心障礙者等，特別容易受到災害的實質影響，這些群體在災害研究領域常常被提到，為「特殊需求者」或「弱勢群體」。上述群體雖然特性有所不同，但同樣都缺乏經濟及社會資源、社會資本水準較低以及決策權力較弱。因為社會經濟狀況較差，經常被迫生活在較危險、安全程度較低的地區與建物，承受更高的受災風險。長期以來，風險偏高、資源又不足，復原能力相對也較弱，而形成惡性循環。

災害是社會、政治和經濟因素融合的產物，決定人們承受災害的風險，以及災害整備與復原能力。然而，災害是人類生活史的一部分，每一代人都經歷過各種不同的災害，某些災害事件甚至直接影響了歷史。因此，我們必須了解如何與災害風險共存。

1.2 緊急管理系統建構：風險管理、災害（危機）管理、後果（持續運作）管理

　　根據 ISO 22320（ISO, 2018a）的定義，緊急管理（Emergency Management）是指防止緊急事故發生和發生後加以管理的整體取徑（Overall Approach）。一般來說，緊急管理從風險管理出發，針對破壞穩定的潛在事件發生的前、中、後，進行預防、整備、應變和復原重建。根據 ISO 22300 的安全和韌性名詞定義（ISO, 2018b）：偶發事件（Contingency）是指有可能發生的未來事件（Possible future event）或狀況；緊急狀況（Emergency）則為需要立即行動的突發（Sudden）、急迫（Urgent）且通常是未預期狀況下發生的事件；事故（Incident）是指本身即是或可能導致干擾、損失、緊急事故或危機的狀況，這些干擾（Disruption）或狀況通常可以被預期（Anticipated）或準備（Prepared），但鮮少被準確預見（Exactly foreseen），特別著重於現場的處置作為。另一方面，偶發事件和緊急狀況，必然引發事故。

　　災害管理的範型（Paradigm）已經從緊急應變擴展成涵蓋平時規劃、行動和資源導入的全面性整合型緊急管理架構（Integrated Comprehensive Emergency Management），進而強調韌性（resilience），要復原得更快、更好（build back better）。此一架構連結風險管理、災害（危機）管理、後果管理（持續運作），包含預防原則、降低風險、減災、降低脆弱性及能力建構，其核心價值不僅在於消極的降低威脅，更在於積極追求創新機會。這些方式的結合構築了對於災害和意外事件的多道防線（圖 1-1），表 1-1 列舉了這些層次分明的防線各自可以發揮的效果。

圖 1-1　各類與風險管理相關計畫與手段之防禦概念

資料來源：姚大鈞、單信瑜，2015

表 1-1　各類與風險管理相關計畫與手段之效果

	風險管理	緊急應變計畫	危機管理	持續運作管理
降低事故後果	可以	可以	可以	可以
降低事故機率	可以	不可以	不可以	不可以
應用時機	事故發生前	事故發生後	事故發生後	事故發生後
風險類別	所有已知風險	特定已知風險	未預期風險（類別或規模）	特定風險
風險特性	不限風險	風險較大	嚴重後果	嚴重後果
保護層次	第一層	第二層	第三層	第四層
主要目的	防阻損失	降低損失	降低損失	降低損失搶佔市場

資料來源：姚大鈞、單信瑜，2015; ISO, 2018c, ISO 31000:2018 Risk management ─ Guidelines

1.2.1 災害風險管理

　　根據 ISO 31000:2018，風險的定義是：「不確定性對於目標造成的效果（Effect of uncertainty on objectives）。」偏離目標的「效果」（Effect）有可能是正向或負向。災害風險是「生命、健康狀況、生計、資產和各種功能系統面對災害的可能潛在損失，可能在特定社會或區域中發生」，「降低災害風險」是「辨識、評估和減少災害風險的系統性方法」，涵蓋了預防、減災和整備的概念，減災始於風險辨識，從確定所有風險的可能性開始，設定優先次序，找到根源，透過降低高風險群體脆弱度來因應災害性事件，進而降低社會整體脆弱度，促使災害風險最小化，從而避免（預防）或限制（減災和整備）自然災害的負面影響。常用來表達風險定義的數學公式包括：

風險（Risk）＝後果（Consequence/Loss）× 機率（Probability/
　　　　　Frequency）

或

風險（Risk）＝後果（Consequence/Loss）× 機率（Probability/
　　　　　Frequency）× 暴露度（Exposure）

或

風險（Risk）＝後果（Consequence/Loss）× 脆弱度（Vulnerability）×
　　　　　機率（Probability/Frequency）

　　後兩種表達方式分別強調：暴露度（Exposure）或脆弱度（Vulnerability）的概念；但是暴露度可以涵蓋在機率（Probability）中，脆弱度可以涵蓋於後果（Consequence/Loss）中。

　　之所以要強調「風險」，是因為災害的本質具有高度不確定性，且沒

有絕對的零風險，不可能完全避免各類災害和意外事故威脅。颱風來襲、降雨猛烈是無法預測的隨機事件，充滿了不確定性。但透過科學研究和觀測，得以嘗試讓人離災、避災；有些人比較積極、有些人無動於衷，部分人為因素確實影響結果。但是，對於人在事件中是否能平安度過，也不應該過度因果論。畢竟，每一場災害一定有人做好預防工作和適當應變而傷亡，也一定有人從未考量預防和適當應變卻安然無恙。

雖然風險的概念看似簡單，因而預期所有人都會依照風險的大小做好個人或組織風險管理，但實際上人類的決策還受到許多其他因子影響，尤其是受到諸多心理因素的影響。在各種偏見宰制下，實際上很容易輕忽災害的可能性和嚴重性，也有意無意地避談災害風險，不願意討論災害防救體制的缺失和促進作為。未能依據災害風險與利害關係人進行有效的風險溝通，促使他們採取適當、足夠的風險管理行動。這就引發了一連串的災害認識不足和低估風險，導致民眾不會積極了解、監督和投入必要的防救災作為，疏忽了實際上該檢視的是事前的災害風險管理作為。

風險管理的意義在於我們日常從事的工作和特定的計畫，總有不完全按照想像進行的可能，每個步驟都有需要被管理的風險元素，每項結果都有不確定性。因此，必須往前從「風險管理」建立防災教育的內涵和校園防災工作的架構。政府機關或公用事業機構執行災害管理工作是依據已經辨識出來的特定風險，亦即《災害防救法》所列舉的災害風險，以及政府公布有限的災害風險資料（災害潛勢），進行《災害防救法》與相關規定要求的災害管理工作。就這個面向來看前述的災害管理四階段，對於政府機關或公用事業機構劃分各階段工作內容確實易懂且明確。但是從更基本且全面的角度來看民眾個人或家庭，甚至於中小企業，四階段的區分方式對於非專責的防災業務人員就有相當的認知和實踐落差，在針對特定災害投入資源進行管理之前，必須先認知災害的風險特性，包括風險的相對高

低，掌握降低風險的工具與所需資源，才能有效進行風險處理及災害管理。

災害一旦發生會導致目標或是狀態的不利影響，需要務實面對災害發生可能性、可能影響程度的不確定性，以符合成本效益的有效手段，降低發生的機會與後果。我們可以用各種手段來規避導致災害的各種致災因子（或稱危害），也可以透過事前的預防作為，降低其發生的可能性和發生時的影響，降低災害風險（Disaster Risk Reduction）。然而，災害風險不可能完全消除，依舊會有殘餘風險（Residual Risk），災害仍舊可能發生。面對這些仍可能發生的災害或意外事件，必須在平時擬定好應變計畫、持續運作計畫、危機管理計畫，以便持續降低災害衝擊損失，並設法儘快復原。

基本的風險管理程序如圖 1-2 所示。首先，學校必須建立風險管理的意義，由教職員工、學生家長、社區、主管機關官員等利害關係人，共同討論各種自然災害、人為災害、意外事件可能的情境與影響，確認各項風險的當責者與承受者，檢討風險管理作為的效益，建立風險管理對於學校的意涵。然後進行災害辨識，列舉應該納入風險評估的各類災害與意外事件。接著透過災害潛勢、災害案例蒐集與分析，各災害業務主管機關提供的資料，例如：災害潛勢圖、教育部評定各校災害潛勢等級的標準與評定結果，輔以腦力激盪等方式，盡可能以量化方式推估災害發生的機率與衝擊和損失。之後把這些結果以半定性／半定量的方式建立學校的風險圖像（若以表格表示則為風險矩陣），讓學校對於其災害和意外的風險可以一目了然，以便學校據以排定優先順序，設法爭取資源來管理風險。

風險管理的有效手段包括規避（Avoid）、減緩（Mitigate）、轉移（Transfer）、分擔（Sharing）、自留（Retention）。以地震來說：規避就是遠離地震可能發生的區域；減緩是透過良好的建築規範與規劃設計施工來降低建築物倒塌損壞的可能和程度；轉移是透過保險將可能發生的一

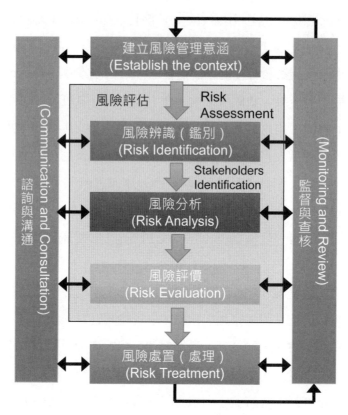

圖 1-2　ISO 31000 風險管理流程

資料來源：ISO 31000:2018c

部分財務損失由保險公司承擔。以防洪工程爲例，工程只是減緩（Hazard Mitigation）的手段之一。因爲工程有一定的設計依據，不可能無論多大的雨都不淹水，還是要依據特定地區的環境條件與需求。對於災害損失小，但是發生機會極高的風險，確實必須處理，也相對比較容易處理（例如：5 年、10 年頻率的降雨、小淹水；震度一級、二級的地震）。對於這些地區來說，或許也有其他方法（例如：截流、滯洪池等），也可能改善區域排水系統的工程作爲是最經濟快速的風險處理方式。但是，對於發生

機會低但衝擊極大的事件（例如：200 年頻率的大雨和大範圍淹水；震度七級以上地震），採用工程手段需要極端龐大費用，就有需要併同考量其他方式。自留的殘餘風險是指在前述三個手段都已經採行之後，還是會發生的災害風險期望值。這時候必須透過防災教育訓練和能力建構來做好應變準備，在災害發生時能夠啟動有效率、有效能的應變機制。這些過程都應該把利害關係人的責任分擔納入考量。

　　時至今日，災害並非是完全不可知的事件。現代科技進步讓我們可以預測某些災害發生的可能性、時間、地點和嚴重性。因此，我們必須透過更有效的預測、預報、預警與損害控管，了解危害種類與衝擊，努力針對不同區域，透過不同手段的組合，把風險降低到所有利害關係人有共識的可接受風險以下（As Low As Reasonably Practical, ALARP），減少傷害和影響。ALARP 是隨著自然環境變動和社會需求、民眾認知而動態調整的。

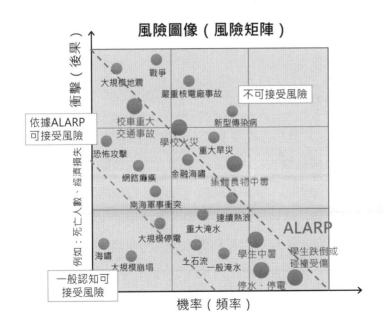

圖 1-3　風險圖像範例

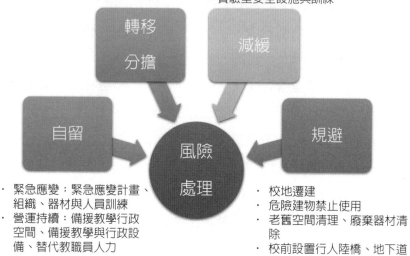

- 轉移：災害保險、學生平安保險、公共責任險
- 分擔：外包保全服務、外包午餐供應、外包校車服務

- 防減災工程：滯洪池、校地墊高、耐震補強、擋土牆
- 防減災設施：防水擋板、櫃子、飲水機固定、消防設施、校前增設行人穿越道、交通號誌、實驗室安全設施與訓練

- 緊急應變：緊急應變計畫、組織、器材與人員訓練
- 營運持續：備援教學行政空間、備援教學與行政設備、替代教職員人力

- 校地遷建
- 危險建物禁止使用
- 老舊空間清理、廢棄器材清除
- 校前設置行人陸橋、地下道

圖 1-4　風險處理手段

1.2.2 危機管理

　　危機（Crisis）是指已經發生或是顯然即將發生變化的不穩定狀態，會摧毀或影響整個組織，成為新聞媒體與社會大眾關切的焦點，需要緊急關注和行動以保護生命、資產、財產、環境。危機管理是一個全面性的管理程序，辨識可能造成威脅的潛在衝擊，並提供建立韌性的架構，讓組織具備有效因應的能力來保護主要利害關係人的利益、聲譽、品牌、價值創作活動，並有效地恢復運作能力（ISO, 2018b）。

　　如果在災害或意外事件發生時，學校已經依照「校園災害防救計畫」和其他相關的緊急應變計畫，啟動應變組織有效因應，即使災害衝擊極大

甚至於有傷亡,都還是可能在學校預期之內,且可有適當人力與資源加以因應,即便事件本身有危機特質,還是屬於可預期危機,妥善的危機管理即可有效控制;想定外的災害或意外事件衝擊遠大於學校因應能力,計畫中無任何程序可以依循,且無人力與其他資源可以應變,此時學校需要即刻的危機管理。另一個可能性則為無論災害或意外事件大小,學校在事前並未落實計畫和訓練,也無適當資源整備,且沒有採取適當的緊急應變作為,導致不必要的師生傷亡和財產損失,此時學校面對的危機更為嚴重。

1.2.2.1 危機的特性與因應

　　大部分危機都有不少共通點,事情接二連三發生,由於其意外性質帶有不確定性和不對稱性,加上緊急狀態下的資訊不充分,非常難以應付且不易溝通。事件本身或引發的狀況交互作用,引發更高的複雜度。

一、出乎意料:令人陣腳大亂的主因,因而未能及時充分反應。很多時候外部人員(如:傳播媒體、警方、監管機關、災區人員等)獲悉危機發生比組織內部人員更快、更全面。但是,組織內部一般都不會信任這些資料來源。

二、消息不靈通:危機出現的最初幾小時或幾天,可靠的消息不多。資訊真空期很快會充斥謠言和猜測,也正是成功的管理危機最需要採取行動和溝通的時刻。媒體首次報導後的最初 12 至 24 小時,組織的任何動作都是外界評判危機處理的主要根據。

三、受密切注視:所有利害關係人及社會大眾都會密切注視第一份聲明。對於組織在處理危機方面的做法和立場,輿論贊成與否往往決定事件走向,並很快有傳媒報導,必須做好迅速和全面回應的準備。

四、事情發展步伐加快:事情往往發展迅速並超出管理階層的控制。由於媒體運作的特性,消息與輿論意見透過互聯網即時流傳,管理階層經常無法在危機中主導議題和時間表。更常見的是危機關頭被迫回

應，而非主動出擊。這樣的回應品質很有可能衍生後續擴大的其他危機。

五、失去控制：綜合以上因素，管理階層會有「失控」的感覺。

評估危機可能發生或已經發生時，必須立刻因應，不可拖延。校方應該立刻召集核心人員成立危機處理小組，必要時請教育主管機關人員、律師或其他法務背景人員、熟悉媒體的專業人員、針對事件具有專業知識的專家加入。儘快蒐集資料與保留各項紀錄（影音、文件），訪談相關當事人，調查事實與發生過程，彙整報告。儘快擬定應提供的資料，對外發布訊息或召開記者會。危機處理過程中，所有小組成員必須有正面積極的態度，避免落入團體迷思（Groupthink）的困境。快速掌握狀況，設定危機管理目標，切忌認為可以藉由逃避或企圖掩飾問題讓所有人全身而退。指定專責的發言人，提升公布訊息的適當性與品質。危機發生時切記，災害或意外事件發生後家屬與媒體最關切的問題包括：學校曾經採取哪些作為來避免災害和意外事件發生？對於無可避免的災害和意外事件，學校做了哪些應變準備？媒體更希望在極短時間內獲悉下列資訊：

1. 災害或意外事件發生原因為何？

2. 學校如何在第一時間獲悉災害或意外事件發生？又當時如何緊急處理？

3. 災害或意外事件發生是否因為校方過失？

4. 若是因校方過失造成，校方有何特別處置？

5. 災害或意外事件發生之前有無任何警訊？若有，採取了哪些立即預防措施？

6. 如果災害或意外事件毫無警訊，平時又未採取任何預防措施，原因是什麼？

1.2.2.2 **危機溝通**

危機溝通最關鍵的三個動作：「傾聽」、「感受」、「同理心」，進而才是擬定對策「實際行動」，在過程中充分表現出「尊重」的態度。學校人員面對家屬或媒體的態度應該掌握下列原則：

1. 面對抗議、投訴要保持冷靜，不可動怒，先聽再說、多聽少說。

2. 不要衝動、不要大聲說話。

3. 自信對話、直視對方。

4. 發言或回應時設法主導討論的方向，充分表達立場、揭露資訊。

5. 態度誠懇、誠實，同理對方的立場與處境。

6. 不要擅自臆測對方的心境或想法。

媒體對應最忌諱三種態度：「否認、防衛、閃躲（Deny, Defend, Deflect）」。在各種危機狀況下，校長有非常多的資訊需要掌握，並要下達很多重要決策。為了有效溝通，學校最好能夠設置發言人，積極面對，在資訊提供上，做到快速、精確、充分。綜觀媒體上學校危機回應的常見錯誤包括：

1. 這是獨立事件、單一事件（民眾解讀：不要追究學校責任，純粹是運氣不好，不要擔心；還沒想到採取對策防範「下一次」）。

2. 事件都已照學校的標準作業程序處理（民眾解讀：沒有人有過失，一切都是不可抗力，受害者應該自認倒楣；學校大事化小、小事化無，家醜不外揚，自己關起門來處理，沒有適時、及時請外部單位協助。更糟糕的還會欺上瞞下，未確實通報）。

3. 我們已經採取更多作為，絕不容許類似的事件再發生（Zero-tolerance Policy）（民眾解讀：難道以前的作為容許 10% 或 50% 的發生機率嗎？）。

4. 學校是社區中最安全的場所（民眾解讀：受災者沒什麼好抱怨的，

因為在校外風險更高；如果孩子在校外傷亡比例實際上比學校低，上學更不安全？）

學校面對媒體時應該正面回應，必須說明的事項包括：

1. 承認且正視事件或議題的發生與存在。

2. 說明事件為何與如何發生。

3. 展現對受害者與家屬的同理心。

4. 指出協助受害者或受影響者的具體作為。

5. 說明為了防止事件再次發生，未來和事件相關的利害關係人溝通的機制。

6. 指出防止未來事件發生的實際作為。

危機發生時，各級學校應該提供媒體必要的資料，以便媒體更了解學校，把時間花在了解事件經過和學校的積極作為上。提供的媒體包（Media Pack）至少包括：

1. 學校的基本資料（地址、師生人數、班級數、成立時間、社區背景）。

2. 校長與主管姓名。

3. 教職員工人數。

4. 學校基本背景（招生狀況、升學狀況、發展特色）。

5. 校長個人簡歷。

6. 學校簡介。

7. 學校保全、緊急應變、防災相關的措施。

8. 學校和教職員工可供刊登的照片。

9. 最近的正面事蹟和獲獎。

10. 媒體包的電子檔（行動硬碟、隨身碟、光碟、雲端硬碟連結）。

資料來源：ISO, 2018b, ISO 22300:2018 Security and resilience — Vocabulary

1.2.3 後果管理：持續運作管理

　　重大災害的緊急應變之後，災害管理的下一個階段未必能立刻進入「復原重建」；但是，一定要盡可能設法持續運作。平時資源就有限，緊急時期的資源必定更為拮据。所以，防災另一個重要面向也要讓所有單位、社區、家庭、個人，能夠了解災害可能造成的影響，針對這些狀況，包括一定時間的停電、停水、停氣、通訊中斷、交通中斷等預先做好實質準備（不只是「心理準備」），以便減緩衝擊；即使災損不嚴重，但是外部環境（道路、橋梁中斷）或其他服務（水、電力、通訊、能源、大眾運輸）可能中斷。甚至學校所在地並未發生災害，但外部各種服務需求都無法滿足，營運一樣可能中斷。

　　持續運作的概念其實不困難，就是在事前設想好災害發生的情境，透過風險評估（Risk Assessment）和營運衝擊分析（Business Impact Assessment, BIA），辨識出核心作業和瓶頸乃至於可忍受的最長中斷營運時間，平時就針對災害或重大事件干擾的影響決定對策、投入資源，為了營運中斷和恢復做好「實質」的準備。依據 ISO（2019），無論是可預警或無預警的災害與意外事件，若事前做好了風險管理、緊急應變計畫及持續運作管理，相對較能有效應變，降低衝擊，並且儘快恢復預先設定的最低營運水準，這就是持續運作管理（Business Continuity Management, BCM）或產出持續運作計畫（Business Continuity Plan, BCP）（圖 1-5、圖 1-6）。只是，雖然歷經 921 大地震，臺灣還是沒有發展出持續運作的概念。

　　然而，學校應該針對可能面臨之災害後果預做準備，以確保應變效益，讓教育工作能有效地持續，不會因為建築物受損或其他機能中斷就停止運作，這必須要靠學校自主，不能都靠政府。以學校來說，過去的觀念是，反正災害很大，沒水、沒電，就是等著政府宣布「停班」、「停

課」，這樣的觀念必須逐步修正。學校的責任是確保學生接受教育的權利，即使發生重大災害，學校也必須能夠及早恢復部分或全部的教育功能。尤其，學校除了平時負擔教育責任，也經常是各級政府指定的避難收容處所，因此學校的持續運作不僅事關最短時間復課，更必須在災時配合政府與社區要求開設避難收容處所，讓民眾可以暫時安置，也讓學校可以繼續教學活動，並發揮避難收容功能。災害或事故對學校運作影響的示意圖請參考圖 1-7。對照 921 大地震時中部地區各級學校的災損和教育受影響的例子，持續運作計畫的制訂與準備對臺灣的各級學校來說有其必要。

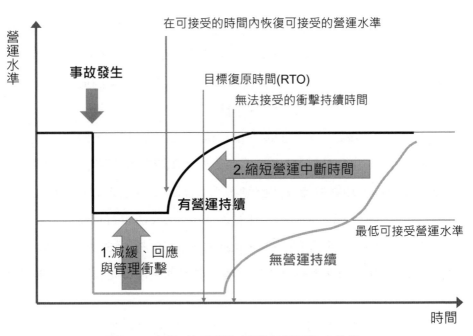

圖 1-5　突發（無預警）事件持續運作之效益

資料來源：改繪自 ISO, 2019

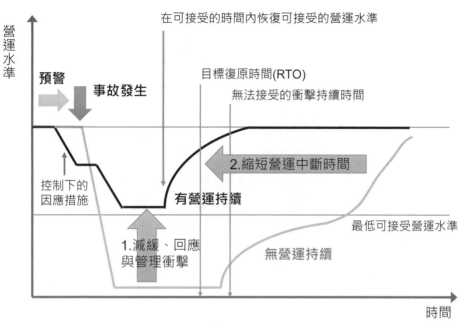

圖 1-6　可預警事件持續運作之效益

資料來源：改繪自 ISO, 2019

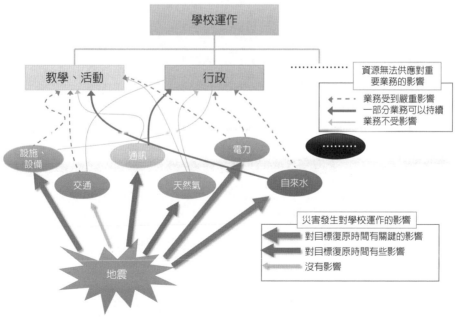

圖 1-7　災害或事故對學校運作影響的示意圖

圖 1-8　當時中部地區因地震扭曲變形的自來水管線陳列於臺北市自來水園區

圖 1-9　臺中市東勢區中山國小受損狀況

圖 1-10　臺中市東勢區中山國小受損狀況

圖 1-11　臺中市東勢區中山國小受損狀況

圖 1-12 臺中市東勢區中山國小受損狀況

圖 1-13 原地新建的臺中市東勢區東新國小

1.3 災害管理

災害事件無法定型化（Stereotype）。災害衝擊在不同季節、不同社會、不同政治環境，結果都不相同。沒有兩個一模一樣的災害，必須個別對應，量身訂做。但是，可以學習如何管理。

災害管理（Disaster Management）基本上區分為：**預防（Prevention）**、**應變（Response）**、**復原重建（Recovery）**等時期，又可依照災害管理工作的性質與內容區分為：**減災（Mitigation）**、**整備（Prepared-ness）**、**應變（Response）**、**復原重建（Recovery）**等四個階段，這四個階段無法明確切割，往往並行或是一個階段尚未結束，另一個階段又已經開始或進行中。在「巨災常態化」趨勢下，四個階段甚至可能逐步整合成為常態性的減災、整備和應變工作（王价巨，2016）。

「災害之複合性」、「複合性災害」並無明確之定義，但對災害管理是很重要的觀念。「災害之複合性」是災害衝擊層面之複合性，災害除了造成人員傷亡或財物損失，對社會衝擊也很大，非單一部門可解決，需要跨單位協調與合作；「複合式災害」則是指災害成因之複合性，有兩種以上的災因同時發生。

圖 1-14　災害管理循環

1.3.1 災害管理各階段工作

　　預防時期，減災主要在降低災害發生的風險，熟悉和理解災害形成的外部力量是首要之務。我們沒有辦法（也不需要）避免自然現象發生，只能盡可能降低受災風險。其措施可以是以技術解決方案為主體的結構性方法，例如：防洪堤防、抽水站、防砂壩、邊坡防護和建築物耐震補強等防災工程；也可以是非結構性措施，包括：立法、保險，或是各級政府的災害潛勢調查與風險評估，依據考量災害潛勢與風險相關法令規範土地使用管制，以設法規避風險。整備是為了在面對災害能有效應變且生存下來，舉凡：警報的教育、應變計畫與應變作業程序制訂、疏散避難路線與收容

圖 1-15　災害管理階段

資料來源：改繪自 Alexander, D., 2002

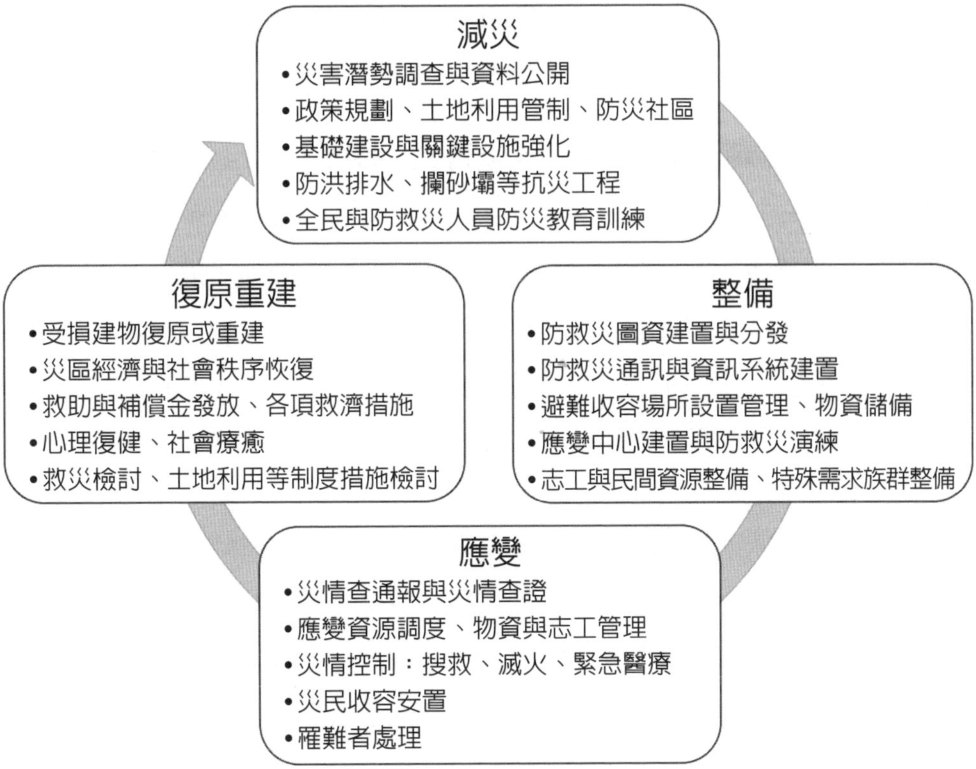

圖 1-16　各級政府災害管理循環四階段重點工作

安置場所選定、避難收容處所的管理與所需物資裝備準備、避難地圖製作與發放、應變組織設置與教育訓練及演練和急救措施等都涵蓋在其中。透過防災教育提升民眾風險認知，促進民眾採取有效的自主風險管理行動。因為規避和減災手段無法完全消除災害風險，必須做好應變計畫和整備工作來因應殘餘風險。應變是災害發生第一時間，每個人得以自己的方式因應災害，政府也會大量動員第一線緊急管理人員，例如：搜救隊，救護人員和警察；災後復原重建是將實質環境、社會、經濟、文化和環境系統復原到災前狀態或新的「正常」穩定常態的複雜過程；但是，個人、社區、國家和其他群體之間的「正常」現象有所不同，也必須在儘速復原、同步

減災和韌性水平間達成平衡，這需要比回復常態花費更多的時間和資源，取決於原有的社會經濟狀況、災害嚴重性及治理和財務的充足程度。

1.3.2 範型移轉—從應變、減災整備到韌性

　　早期災害管理的思考模式以「工程學派」為主力，以抵禦及抗敵的觀念面對災害帶來的「混亂」，希望藉由命令和控制系統引導災害可能造成的結果（王价巨，2010）。現在，全球遭受自然災害侵襲的人數在過去 10 年增加超過 2 倍，經濟損失超過 3 倍，隨著災損數字逐步上揚，間接反映了原有以緊急應變及重建為主軸的災害管理策略並未奏效（王价巨，2013）。

　　地質學家 Gilbert White 在 1936 年首度提出工程不是防災唯一方法的論點（White, 1936; 1988）。二十世紀後半，永續發展論點興起，空間規劃、心理、社會等領域的學者開始投入災害研究，也開啟了災害管理領域更多元化的發展。自 1970 年代以來，隨著災害管理觀念、研究和實務推動的持續發展，人們對於災害有了更廣泛、更深入的了解。不管是研究者或實務工作者都持續在探索更全面性、整體性的災害管理系統，希望減少災害的社會衝擊。Mileti（1999）指出，要確保安全環境就必須持續減災，災害管理須重新思考維護和促進環境品質、維持和提高人們生活品質、培養地方韌性（Resilience）和責任、維持地方經濟活力、確保代際公平與採納地方共同意見（Mileti, 1999）。很明顯的，上述整合永續發展、環境安全的工作目標已經超出傳統災害管理的範疇，將重點從應變和重建，轉移到減災，尤其是地方韌性的建構（王价巨，2014）。災害管理的範型不斷移轉，從以往著重在工程抵擋的災害防治和緊急應變，到這幾年「防災（Disaster Risk Reduction, DRR，或稱降低災害風險）」及「韌性（Resilience）」的概念成為目前國際組織、政府、研究者和專業者廣泛

推動的災害管理主軸，也擴及民間組織和社區，強調：人、組織及社群不僅需要學會如何與災害風險共存，具備災後復原的能力，還需反思和學習改善社會結構，復原得更好，為下一次的災害做好準備，進而建立受災的韌性。這種社會學習更進一步涵蓋了：業務持續運作計畫、韌性建構的機會、社會資本的形成。尤其，社會資本透過「網絡、規範和社會信任相互協調與合作，以實現互惠互利。」從社會面建構資源管道，以促進更快、更有效的復原。

　　韌性概念最早源於生態學，意指系統在經歷外來干擾後，回復至原始狀態之能力（Holling, 1973）。之後應用範圍擴大，過去數十年，已經在心理學、生態學、組織和管理科學等學科的不同領域都有相關研究。從社會－生態系統的互動角度，強調接納不確定性與意外的能力（Adger *et al.*, 2005）；從災害管理角度，強調社區組織如何面對與處理不確定性問題的能力（Berkes, 2007），同時考量災害衝擊之實質與社會經濟環境、災前減災、整備與災時應變、災後重建的能力（Bruneau *et al.*, 2003；Cutter *et al.*, 2008a），人與社區能夠預防、承受、調適災害，以及從壓力與災害後的衝擊復原，甚至復原得更好，且從災害經驗中成長進化。這也引導了目前關於韌性的主流概念強調：因應能力（Coping Capacity）、調適能力（Adapting Capacity）和轉型能力（Transformation Capacity）。影響韌性的內部要件包含環境的既有條件、減災與整備投入程度、應變能力、回復和調適力；外部要件為災害特性（包含災害頻率、數量、持續期間等）與強度（Cutter *et al.*, 2008b），涵蓋了災害管理、氣候變遷和社會保護，對尋求發展知識和技能以因應自然災害具有重要的意義，各國政府也陸續推動有關災害韌性的建構與學習。脆弱性和韌性是相關的概念，並非對立。容易在災害中受傷害，並不代表無法建構韌性。透過資源和資訊獲取的機會，鼓勵共同參與整備和應變行動，可同時增強調適能力與韌性、降低脆

弱度。除了防減災、整備必須有系統的梳理和教育訓練外，進一步確保組織及人員有即時應變和妥善復原的能力，是後續韌性建構的重要工作，也是永續發展的一部分。每項決策和行動都影響後續受災的可能性及嚴重性，也影響韌性。

1.4 防災教育的定位

自然災害越來越頻繁，必須採取更根本的措施來降低風險。教育是提高災害整備的重要方法，也是傳播安全和防災訊息的重要媒介，具有積極的影響力。防災教育（Disaster Risk Reduction Education, DRRE）是提供學校、家庭和社區正確的災害認知和共識的重要工具，進而才有可能從政策層面全面轉型，透過促進預防及整備文化，建構個人、家庭、學校、社區的韌性。

防災教育是建構防災素養與能力的教育過程，包括態度、知識、技能。社區的防災教育屬於社會教育的一環；學校的防災教育雖然是針對學童，但是希望藉此擴散到父母、家庭、社區和社會。家庭教育、學校教育、社會教育環環相扣，層層建構亦相輔相成。

1.4.1「生存」的防災教育

「爲什麼要推動防災教育？」、「防災教育的目標是什麼？」，很多單位把防災教育窄化爲消防訓練及疏散避難演練，是對防災教育本質最大的誤解。

到底什麼才是防災教育？面對這類的問題，我們通常會直接聯想到「在災害中存活」、「保護生命財產安全」和「建構安全的家園」等與「生存」相關的答案。的確，從生活教育開始的防災必須讓生命犧牲與心理創傷最小化，以擴大社會的生命力。這必須從清楚認識災害、了解必要

作為，傳承災害復原和重建經驗，來避免渾沌的認知而產生的心理障礙，進而了解及時採取必要行動，從而減少災害造成的生命和損失。因此，防災教育的意義在於透過教育過程學習判斷的原則；經由正確了解災害情境，建構心理上的準備；再透過學習因應的知識與技能，降低災害的實質衝擊。

防災科技發展同時也帶動社會的防災能力。但是，一旦極端事件越來越頻繁，強化防災能力的腳步趕不上破壞的速度，將會帶來更極端的災害。築堤技術可能越來越好，但一定要避免讓民眾誤以為堤防就代表安全；地震突發時，政府不可能保護所有民眾安全；政府雖然擬定相關建築法規，但是所有規範都只是底線，合法未必代表安全，民眾培育安全意識及對應的風險選擇，採取災害預防措施，主動學習知識技能及準備必要物資，加上自助和互助，都比期待公助更務實。另外，必須避免災害發生時由於不當行為而造成的人身傷害。如果遭遇颱風、暴雨，戶外活動（例如：觀海、觀浪、登山）經常導致死亡和人員失蹤，這明顯是民眾對於災害的自主意識選擇忽視災害力量和破壞的行為。我們必須加快防災教育的腳步並且改善當前漏洞，希望發生極端事件災害時，減少傷亡。

1.4.2「有意義」的防災教育

從「生存」的防災教育到「有意義」的生活防災教育。

防災教育不同於日常科目的學習，它具有特殊的內涵與挑戰。災害是緊急狀況，與一般人的日常生活經驗可能完全無關。百年甚至數千年一次的大規模地震、風暴、火山爆發等事件都是自然環境的一部分，卻是我們可能必須面對的極端現象。然而，災害，特別是會致人於死的大規模災害發生機率相對較低，即使相對頻繁的災害（例如：地區性洪災、坡地災害），從實質影響來看，一生中也可能就遇到幾次。因為不常發生，甚至一生中都不會遇到，即使一發生就會造成重大傷亡，也很容易被忽略，人

們願意採取相關作為降低災害風險的意願不高。我們當然不會希望藉由遇到災害來驗證防災教育的成果，但是，不管如何，永遠希望有需要的時候，學習的知識、技能派得上用場。

所有災害管理的知識都是奠基在人命傷亡的探究下不斷調整。我們從人命傷亡上去分析為什麼傷亡，這是件很殘酷的事，因此我們必須回應這些犧牲者帶給我們的經驗價值，把這些經驗轉變成知識與管理學問，再回到災害管理機制上，不能讓人命白白犧牲，也因此防災觀念永遠不斷的在調整修正。如果個人學習只是一次性的學習，以技能學習為教育重點，不懂得如何判斷與變通，遇到事件必然會面臨挑戰。因此，防災教育應將重點放在「終身學習」的層次上，持續更新知識。

基於災害經驗學習，防災教育要建構主動學習、獨立思考、自己解決問題的能力，進而學習生活、互助和同理心，珍視生命和尊重人權的精神。參加學校防災教育的孩子與同年齡者相比，對危害的準確認知明顯較高，家庭防災整備增加，恐懼程度降低，且對風險認識更切合實際。從他人的角度思考和同理心的熱情，以及志願服務等社會貢獻精神也是塑造「生活力量」的主要支柱，這些都是防災教育的重要意義。

1.4.3 整合「態度、知識、技能」的防災教育

防災教育要建構在不同利害關係人共同參與、共同承擔的機制上。防災專業者努力研究及描繪各類災害潛勢的區位，這些資料已經逐步累積，並點出不同地區的不同危害度。然而，這些資訊經常沒有直接傳遞給社會大眾。即使是政府單位，也未必願意聽取專業建言，更經常因為太多顧慮而不敢跟民眾說實話。然而，實際的狀況是，災害發生時，政府很難有效援助，最主要的獲救機會都來自於民眾「自助」和「互助」。但是自助互助必須有足夠的知識和技能。如果了解各類災害原理與在地災害潛勢，就

會意識到積極整備的必要性。因此，防災教育建構的是動員民眾力量共同因應災害的強烈意願。防災能力，包括：態度、知識、技能，是必須透過防災教育培養的力量，這也相對扣結了「素養」的各個面向。

一、防災教育，要讓「防災成為一種生活態度」

學校定期的防災活動一般是以疏散避難演練為核心。到學校訪視的時候，經常會聽到老師感嘆：「每次疏散避難演練，學生都不會認真看待。」越往國、高中到大學，這樣的感嘆越多；很多行政人員也覺得教學端的老師對於演練都不重視，甚至很多老師以為每年兩次的疏散避難演練就是防災教育。老師及學生為什麼覺得這件事沒有意義？怎樣才會讓師生以正確的態度參加演練？

過去的防災教育一直著重在動作及技能，以地震災害為例，尤其重視「趴下（Drop）、掩護（Cover）、穩住（Hold on）」，之後疏散集結點名，接著就回到教室繼續上課；碰到火災就是介紹滅火器和消防栓，以及背誦經常在改變的口訣。如果防災教育只是疏散訓練，地震速報系統響了，大家在意的是姿勢對不對、疏散速度是否夠快，不斷充斥著「快」、「不要講話」的叫罵聲，這樣的防災教育不僅失焦，更難讓人覺得有吸引力。也難怪有家長覺得「浪費子弟學習的時間」；再者，僅僅進行避難疏散演練也不足以稱之為防災教育。學校應努力的防災教育方向是培養「因應災害，與災害風險共存」的認知，建立「一輩子帶著走的能力」，讓防災成為一種生活態度。

二、知識：以判斷原則的教育取代標準答案的訓練

知識大致可以從動機（災害成因）和敏感性（社會和個人脆弱性）區分為：自然環境、社會環境、心理環境等三類。

學習各類自然災害現象的發生原因從科學認知的知識面來講是必要的。每個地區都有其獨特的環境，應該回應不同地區的環境差異，根據學

習發展階段進行系統性防災教育的整體規劃，回應各階段的防災教育目標，與家長、社區和政府合作，依據地方特性發展必要的在地防災教育模式。另一方面，考慮社會的防災能力，必須認識社會脆弱度。例如：地震時，強烈震動會破壞建築物和維生系統與生活；如果住在耐震建物，房屋倒塌致死的機率就大幅降低；如果平時就固定家具防止掉落，被傾倒家具壓傷的可能性就減少；如果保持良好的鄰里關係，緊急情況下就能互相幫助。這種環境規劃、建築設計、社區總體營造的觀點也是從社會環境切入的必要知識與技能。

了解人的痛苦經歷及從中得到智慧，會引導人們願意在災前加以整備並學習如何判斷；了解與災害有關的法律和志工問題，以及災害心理及創傷後壓力症候群（PTSD），有助於擺脫災害衝擊，還能進一步支持其他受害者，這也是從心理環境切入的知識教育。網際網路、AI、5G、AR、VR、物聯網的發展也間接促進了防災教育的發展。透過跨學科、全面性和探索性學習，培養學生發現問題及獨立學習、思考、判斷，並能為解決問題提出更佳對策的素質和能力，培養學生學習和思考問題的方式，思考情境，培養主動、創造力、團隊合作。

防災教育需要「橫向連結」和「整合」，跳脫學科架構的學習。在科學中，學習地震的機理，同時也可以考慮建物配置與格局、如何固定和布置家具，甚至發現及繪製危險位置。這些在目前都分屬不同學科，但是防災教育必須結合這些主題並建構整合性的知識系統，透過情境思考整合性學習。

三、技能：從「應變」到「整備」

疏散避難演練與消防訓練的目的，是學習在災害發生後保護自己及互相幫助。從初期應變的自救觀點，這類的教育訓練有其必要性，但是顯然是不夠的。保護的方式已經從傳統的緊急應變類型轉變為整備類型。防災

教育的目標不僅只關注緊急應變作為，復原重建、經驗學習、成長轉型進而積極投入下一次災害的準備，同時，經驗學習、建立韌性，也應作為防災教育的目標。

　　目前的疏散避難演練較偏重於地震災害及火災。因為所有的準備工作都集中在行政人員身上，這對行政端的老師的確是一件麻煩事。另外，在國、高中階段因為無關入學考試，老師和家長通常也都不太會重視。這可能都是防災訓練不廣泛或不被接受的原因。然而，學習防災的目的是災害發生後人們立即保護自己的生命，這是「自助」；鄰近的人們必須相互合作以挽救更多人的生命，這是「互助」。疏散教育訓練要導入真實情境，了解實際災害境況可能的「嚴重」性，讓每年例行性的掩蔽疏散技能訓練一方面養成了反射性動作，另一方面也藉由思考及討論，更貼近實際的可能狀況，而非單純的體能測試。

1.5 防災意識：人的災害心理與緊急行為

　　面對巨災常態化，喚醒防災意識是關鍵基礎。各種偏見和防災意識的拉鋸總是持續。從政府到民眾，不同角色有不同的責任，我們做了多少準備？社會大眾經常假設大規模災害不會在人生中發生，偏好想像日常的寧靜生活。一旦事情發生，各種「如果」、「後悔」、「早知道」的事後諸葛言論就會充斥，例如：「早知道會這麼嚴重，我就……」、「如果我們多準備一點，就不會……」、「後悔建築物耐震工作沒有早一點進行……」。即使指出特定災害風險，風險意識薄弱的人通常也不為所動，「建物改造需要錢」、「家具固定很麻煩」的推託之詞經常出現，甚至更多人總是等待政府的補助和經濟利益。對應到「海因利奇法則（Heinrich's law）」：1:29:300。「1」件「重大」意外，代表已經發生「29」件「輕傷」事故及高達「300」項隱性疏失，這些隱性疏失有很多

來自於態度與防災意識的問題。

防災意識相對較低的人總是認爲：「我活了這麼久，從來沒有發生過」、「以前沒有發生過，以後也不可能發生」、「不管發生什麼事，我都可以應付，不要太緊張」。然而，「以前沒有發生過」、「以後不會發生」和「發生了不會有事」是完全無關的獨立變數。會連結在一起只是人們不願意面對的藉口，從來就不是合理的邏輯。爲了有效地建立防災意識，我們必須先了解偏見。

1.5.1 理解人的「偏見」特徵

只要理解各種自然現象的機制，災害就能夠消除和抑制？這也是誤解。在了解各類災害形成機制下，爲了保護生命和生存的機會，更需要提高災害風險意識與因應能力。人會在觀看和聽聞事物之後做出決定，但是人類本來就有認知扭曲，阻礙了理性思考和判斷，因而有各種「偏見」，例如：健康偏見、同步偏見、偏見同化、狼來了效應，還有更多其他各種偏見。

前景理論（Prospect Theory, 也稱爲展望理論）說明在不確定情況下人爲判斷和決策的非理性心理因素。人們面對「獲利」的時候，往往選擇落袋爲安，寧可放棄機率較低但整體期望值較高的選項，傾向選擇百分之百確定或機率較高但期望值較低的「獲利」（認爲自己不會那麼好運）；面對損失時，卻寧可選擇機率較低但整體損失期望值較高的風險，不願意面對百分之百確定或機率較高但整體損失期望值較低的風險。換言之，大多數人面對損失風險時，寧可「賭運氣」（相信自己沒有那麼倒楣），這是面對災害必須克服的心理障礙之一。

瑞士乳酪理論（Swiss Cheese Model）瑞士起司在製造與發酵過程中很自然會產生小孔洞。將起司疊合，正常情況下每片起司孔洞位置不同，光線不會透過；巧合的極端情況，孔洞剛好連成直線，光線才會穿透。在

安全管理上就是意外事件的發生必然來自一連串防護措施的同時疏漏。但是，這些疏漏卻偏偏是很多自我感覺安全狀態下產生的。

「正常化偏見」（Normalcy Bias）不僅用於社會心理學和災害心理學，也是醫學術語。一般人總是會用過去經驗來論斷未來災害發生的可能性，而且低估災害發生的機會和損失，高估自己的因應能力。因此，經常聽到「無論什麼狀況發生，我們都做好了萬全準備。」疏散避難時經常會聽到：「沒想到災害會發生。」這都是一般人直接反射的心理狀態。人們腦中既有的觀念和認知偏見（Cognitive Bias）會使人在觀察世界的時候先入為主，實際狀況卻可能很難讓人如此放心。

從眾效應（The Effect of Sheep Flock），也稱羊群行為（Herd Behavior）或錯誤共識效應（False Consensus Effect）。由於人類是群體生活的社會動物，傾向認為自己的行為選擇和判斷應該與大多數人相近，即便知道是錯誤，也很可能會選擇「遵循群體準則」。因此，當周遭的人沒有動作，一般人也不會選擇疏散，大家會等待看看是否有人首先發難。因為，大家擔心異於他人或與現場氛圍相反的舉動，有可能導致尷尬或格格不入，社會性影響會讓大多數人本能的避免這種情況。例如：火警警報響起，即使覺得「可能有事」，通常不會立刻採取行動，選擇離開的人更少。大多數的人會認為「可能是誤報」、「可能搞錯」、「可能是測試」、「我先看看其他人怎麼做」、「我不想有奇怪的動作被當成奇怪的人」等等的壓力，反而導致人們認知失真。因此，我們要從過去的災害教訓理解「正常化偏見」的影響，了解人在緊急情況下是否能夠採取適當的行動。如果沒有足夠的防災意識，「我想可能是……；我想應該不會……」反映的心理反而是危險的。

災害發生機率或許低，但一次事件就可能失去生命或造成永久性傷害。1945 年 2 月 18 日南韓大邱地鐵火災事故導致 192 人死亡。但是，

即便車廂內煙霧瀰漫，大家努力摀住口鼻，卻都還是很平靜的坐在座位上，沒有人試圖疏散、討論交換意見、緊急決策、開門或快速移動到其他車廂、尋求服務人員協助；311大地震中，媒體報導顯示許多人認為：「由於大地震會導致混亂，我們無法立即撤離」、「無法想像海嘯會這麼大」。大部分沿海地區都有大型防波堤等防洪設施，但沒有人經歷超過10米的海嘯等各種因素，民眾用更多理由自我說服不會出事，也放棄了疏散的選擇。米蘇火山（Hono Mizu Volcano）爆發時，民眾類似的心理也有影響。即使火山已經呈現噴發的危險態勢，警報也發布了，但是很多人依然不願意疏散，因為認為「可能沒事」，導致很多人還在拍照，他們的心理認為：「我有時間拍照，也來得及疏散。」幾次火災現場顯示，現場民眾並不認為火災發生了或火災會迅速擴大，而是傾向認為會有時間從容離開。又例如：阿拉夜店火災以為是「特別節目」、八仙粉塵火災以為是「效果」、聽到尖叫聲以為是「興奮」、韓國的梨泰院事件。因此，實際上的問題是缺乏常識和風險意識。因此，面對各種突發狀況，能夠迅速採取有效行動保護自己的人「少得可憐」。日本是一個經常遭遇颱風的國家，即便如此，在19號颱風的災民調查中，竟然有83.7%從來不認為自己會受災。雖然災害潛勢圖已經很普遍，沒看過或沒確認過的比例卻高達七成。這種「災害一定會來，但災民一定不是我」的觀念是建構「與災害風險共存」必須要同時討論的災害心理。

日常生活中的問題，人通常有能力以自己的方式因應。然而，遇到沒有經驗的情況或特殊狀況（例如：突發性的災害），大腦可能一下子無法處理，人通常會感到疲倦。「大腦」為了自我保護，自然而然地會試圖避免壓力，運作機制經常會傾向忽略，透過「我沒事」或自我說服自己不是需要面對災害的人，保護心情穩定。然而，當這種防禦性的「健康偏見」過度時，會合理化延遲必要的行動決策（例如：疏散），人「不可能」的

成見和偏見發生作用，「健康偏見」會導致大腦自動將事物辨識爲正常的心靈功能（機制），限制了採取的行動，進一步被超乎預期的巨大力量震懾時，更難採取適當的行動，後果就更嚴重了，這就是具有危險訊號的「健康偏見」。換句話說，即便遇到必須儘快疏散的緊急情況，「大腦」的防禦作用可能阻礙應儘快離開的認知，導致危險狀況發生。

　　「樂觀偏見」（Optimism Bias）起因於人總是想盡辦法維持樂觀，致使一般人總是感覺自己比他人幸運，不認爲自己會那麼倒楣，因而自我解讀：「我活到現在，什麼沒見過？」、「我的能力應該足以應付這些狀況」、「哪會有什麼大地震在自己的有生之年發生」、「○○縣／市或○○鄉鎮是福地，不在山邊沒有土石流、不在海邊沒有海嘯威脅、附近沒有化工廠或核電廠，從來沒有發生過什麼大災害。」甚至看到明確事證也不加思索地回應：「這是以前啦！將來不會啦！」類似狀況尤其經常發生在經驗豐富的政府官員、退伍軍人、戶外活動高手、運動健將等，高估自己的技術和能力，導致危險行爲，承擔高度風險。如果以爲我們的防災作爲可以百分之百避免災害發生，或以爲災害只會發生在特定地區或特定對象，甚至於把災害和宗教信仰與平時作爲連結，更是無視於災害的不確定性本質，並犯了因果關係偏誤。相對的，也有些人遇到狀況選擇的是不願承認或判斷，只會說：「我不知道」、「我不明白」、「怎麼辦」。

　　我們的防救災作爲也是基於有限的知識與技能，不能過度強調因果關係，也不能以道德論述來論斷民眾的行爲。否則，我們也只是投入了有限的資源在被辨識出來且評價爲高風險的災害管理上，但對於疏忽或超越科學與工程知識範疇的部分，一樣無法用道德論述來評斷我們自己是否已經做好做滿。如果僅是以某些成功的案例來凸顯某些作爲的正當性和必要性，也可能是凸顯性偏誤（Saliency Bias）的結果，選擇性地誇大了符合自己價值觀或信念的記憶與經驗。

　　伊索故事的《牧羊人和狼》，村民們因牧羊人多次呼喊「狼來了」
而感到困惑；他們逐漸選擇不再回應。最後，即便碰到真實情況也不再相
信，羊群被狼吃掉了。故事的最初目的是告誡孩子們「不要說謊」；但反
過來說，它反而是培養了村民的「健康偏見」。狼來了效應是「由於反覆
出現假警報和錯誤訊息而使警告和警報不可靠」的效應。例如：警報太常
誤響或是各類警報發布但未必全然準確，有可能災前發報很多次，災害發
生也沒有太大影響，即便警報發布有可能只是虛驚（Near Miss），甚至
不會造成損壞（Missed Swing）。諸如此類的狼來了效應都妨礙了災害發
生時的正確決策。

1.5.2 常見的災害迷思

　　一般常見的災害迷思是人們在災害發生時會因為重大驚嚇（Shocks）
而不知所措，甚至喪失行為能力，因而無法自救、助人。重大災害和意外
事件不常發生，人們不熟悉災害情境，甚至於在重大災害發生時必然會感
受到震撼和緊張。實際上，災害規模大或者是未曾想像的情境確實有可能
讓人瞬間無法反應掌握狀況。例如：巨大的震動到底是因為地震、炸彈攻
擊、管線爆炸、飛機撞擊建築物、還是彗星撞地球，但是大部分的人會在
不久之後恢復鎮定。受驚嚇而變得無助的狀況並不常見，反而會自救且幫
助身邊的人（Alexander, D., 2002）。依據歷次重大災害經驗顯示，無論是
學校教職員工或學生，也不至於驚慌失措到完全喪失適當應變的能力。

　　也有迷思是關於災害發生時和災害發生後，當人們認為生命受威脅，
會有大量民眾恐慌（Panic，更明確地定義應是「反社會的非理性行為」，
而不是單純緊張、焦慮），因而瘋狂採取不理性行動設法逃離現場，展現
出脫離社會常規（Social Norms）的行為。實際上，這要視災害類別和環
境狀況而定。針對大規模地區性災害，恐慌較少發生，人們大多能保持理

性聽從指示疏散，有部分會自我判斷而「選擇」不疏散。然而，針對密閉空間或疏散時間過久、逃生通道開始坍塌或回堵，因為害怕而希望儘速離開危險情境的心理發酵，民眾心理開始產生變化，進而影響行為反應。但是，這涉及每個人的緊急狀態行為和災害心理差異與不同的決策反應，並非通則。

新聞媒體、電影和攝影師經常把生還者描繪成「無助的受難者」，塑造他們無力拯救自己和幫助他人的形象，這是「製造」出來的錯誤印象。實際上，人們會感到害怕（Fearful）、緊張（Anxious），但仍然可以採取保護他們自己和親人朋友的適當行動（並不是「電影中的英雄」才會如此）。2004 年國際紅十字與紅新月協會的世界災害報告綜整過去的災害狀況，包括在墨西哥、美國加州、土耳其和巴基斯坦的大地震與 911 紐約雙子星大樓恐怖攻擊倒塌，生還者即使身負重傷也都勇於協助搜索工作。日本阪神淡路大地震中（Hanshin Awaji Earthquake），因自助互助而脫困的民眾佔了七成以上；臺灣 921 大地震之後，民眾們也主動協助搶救鄰居；2015 年八仙粉塵火災事件，現場年輕人即使自己受災也不忘相互援助；2021 年太魯閣號事件，即便情況危急，大家也沒有爭先恐後，反倒更多人相互扶持，相互接應，協助疏散。

從災害經驗中發現，災害發生時才緊急呼籲、指示民眾疏散和離開現場，遠比處理民眾自主快速疏散更困難（Alexander, 2002）。這些民眾對於政府官員或救災人員經常造成困擾，因為他們忽略了官方的建議或警告。相對地，民眾們經常傾向自己理性判斷後冷靜面對嚴峻狀況。換言之，創造性的處理也是常態。

1.5.3 如何化解偏見？

各式各樣的風險來自個人周遭的不同來源，但是每個人都有偏見機

制，並且會無意中忽略不願接受的風險訊息，根據片段訊息反而無法辨識風險，導致未能採取適當應變措施。關鍵是人的風險意識，風險意識是一個自我說服接受的過程，需要培養。當一個人並未具備風險意識，對於風險感知就會逃避，更難有效地進行風險判斷。這樣的人，一直要他參加教育訓練並沒有太大意義。應該採取什麼樣的措施、何時、如何導正風險意識中的各種偏見？這是很大的挑戰。偏見是一個無意識的認知系統，沒有絕對的解決辦法。如何提高判斷風險的能力，以減少因偏見的誤判呢？

要了解「偏見總是會發生」。對一般人而言，偏見可能不由自主的就產生，很難特別注意到「我現在的想法是偏見」。若是如此，至少從習慣性觀察辨識周邊環境可能的地震、洪水或火災等潛勢情境開始，訓練自己思考「可能有偏見」來檢視自己，理解當下的感知會不知不覺地被扭曲，一旦發生災害，就可能致命。再者，「連結情境和行動」。對於某些緊急情況，制定初步的行動計畫，以利於緊急狀況快速遵循使用，不斷練習以在緊急情況下克服偏見。尤其災害情境與平時不同，很難像平時一樣穩定的擷取常識和發揮力量。透過持續的教育訓練把這些必要的知識和技能強化植入決策過程，對於緊急狀態之下的反應會有所幫助。不管是否是發生在自身周圍的事件，就算是發生在其他地方的災害，即使平時不會遇到，還是可以思考一下：「如果我在現場，我會怎麼做？」也能藉由這個事件所產生的議題和作為的情境來思考建構同理的過程。

了解自己面對災害的態度。願意面對災害的存在，願意思考災害、可以討論災害議題，才是防災教育的開始。「了解」災害的實際情況、意識到我此刻無能為力、意識到我可以透過「經驗」來做些事情；從這樣的經歷中「思考」自己的問題；如果透過自己的實際需求來意識到「解決問題」的流程，更能有效自我整備。為了促進對現實的準備和態度，要把每個生活環境作為思考的起點。從自身居住環境、建物、社區開始擬定防災

地圖，透過自己和家人的生活時間表，可以更具體地掌握必要行動和準備工作。爲了避免在緊急情況下被「偏見」所支配，我們必須在平時就培養判斷力及情境思考的能力，以確定緊急狀況下大腦能真正意識到危險，掌握機會、情勢推演、主動出擊，快速決策並有正確的反射性行動，控制損害。也清楚告訴自己，一個人先逃出來這個舉動雖然會被質疑甚至被取笑，但是以結果來看卻能幫助到別人，也就是不要受制於「正常化偏見」或「樂觀偏見」的迷思。

1.5.4 理解緊急狀況下的心理與行為

　　比對很多緊急狀況案例可以發現：平時大家都會答對的問題，經常沒有反應在災害事件的真實行爲上，反而受到心理因素的牽絆，延誤處置時機，災情擴大，導致傷亡。如何面對災害及危機情境，與每個人危機性格有關。每個人在面對危機的性格不同，可以從個人過去如何因應緊急狀況的經驗加以掌握，建構對於自己危機性格的理解。以火災爲例，先想想，看到火煙，你會有什麼動作？警報響了，你會有什麼動作，知道該怎麼疏散嗎？如何建立面對災害發生時的反射性動作，降低心理反應的影響，是防災教育還要努力的方向。有些必要作爲甚至可能違反人的本性，更需要教育形成習慣。只是，長久以來，我們的教育很少教我們認識自己，了解自己的危機性格，以及面對平時和緊急時期截然不同的心理與行爲狀態。

　　了解自己的危機性格，有助於在緊急狀況時做出更好的選擇。危機性格又區分成緊急狀態行爲和面對危機的心理。每個人在緊急狀況時會有積極聲音與保守聲音的自我對話。積極的聲音會催促你：做就對了、衝就到了；保守的聲音會要你等一下，想清楚，事情不是那麼單純。可是，保守的聲音通常會延遲一段時間才出現。所以大部分的人遇到積極的聲音就直接決策，緊急情勢下缺乏妥善思慮的直接決策，往往太過衝動而衍生不利

後果。但是，有些人很容易猶豫，有些人穩定，有些人慣性閃躲，有些人就是衝動。不管如何，緊急決策的時候，給自己多一點時間，頭腦會比較清楚。提醒自己，喘口氣，至少給自己 10 秒鐘，看清楚眼前全貌，想得更多更完整，才有辦法做比較好的決策。

　　大多數人在緊急情況的第一時間，腦袋會一片空白無法立即判斷情況，也會感到茫然。「意外」是由許多災害和事故串接而成，並努力使之「在假設內」，但「意外」必然還是以不同方式持續出現。此時，人的緊急應變決策其實都包含在決策曲線（Survive Arc）的四個階段（圖 1-17）：「否認－認知－判斷－行動」。為了不造成進一步的災害，我們期望透過防災教育來縮短否認的時間，使認知階段能快速地觀察環境變化，在緊急時刻喚醒該有的反射性動作或是記憶，以作為緊急決策的一環並「即刻行動」，透過教育訓練的積累，出現問題較能夠採取行動，而不是在常態和非常態之間做選擇。換言之，就是按照平時訓練的方式來做，透過採取與教育訓練相同的行動來保護自己，甚至在快速掌握資訊的狀況，有更多的餘裕時間能夠應付更多非預期的突發狀況。這四個階段看似很長，但在緊急狀況下，可能只有幾秒鐘之間就必須完成，需要練習「縮短否認－快速認知－正確判斷－確實行動」，才能在緊急狀況下，即刻反應、及時行動、縮短「否認」和「遲疑」的時間。

　　抗壓、溯源、正向思考、韌性、理性，在當代是更複雜的課題與能力。除了我們需要更多相互關心，傾聽、感受、同理心，外力介入的單向輔導通常只能幫助願意面對自我危機性格而尋求協助的群體；防災教育要更深化對於心理情境和行為反應的了解，建構自己的自我認知與調適能力才是根本。

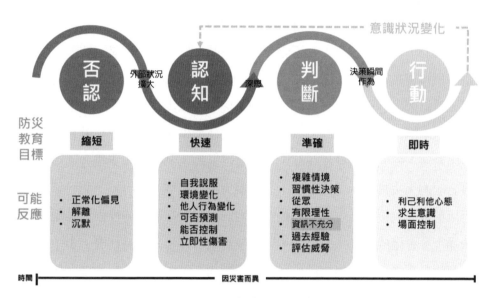

圖 1-17　緊急應變決策曲線

1.5.5 有效建立防災意識

　　防災教育最大的挑戰來自於民眾防災意識的低落。為了提高防災意識，必須透過情境思考，提高民眾對於災害和行動的認識，並培養適當的思想和判斷力。要有效的建立防災意識，必須清楚掌握地理環境屬性、災害歷史，了解人的因應特性，並有適當的教育訓練（圖 1-18）。從務實、在地、理解人性三個因素切入，清楚掌握環境特性、受災經驗、適性教育的深化與訓練模式，對個人建立「防災意識」有正向的影響。當缺乏災害認知與防災意識，即使不斷接收到宣導資料，充其量就是覺得「好可怕」、「好可憐」、「怎麼會這樣」。具備感知災害、探討災害議題的「自我意識」，「思考」會成為自我意識建立的重要過程。一旦能夠看到

其他地方的災害案例，進而思考自身的必要作為，真的遇到災害比較不會不知所措。因此，我們必須從災害歷史與在地災害潛勢掌握「過去確實發生過」的實際狀況，思考「我們身處的地區到底發生了什麼」以及「會發生什麼」，導入對「個人」可能的衝擊想像。例如：災害潛勢地圖不只是將整個地區的一堆資訊融入一張地圖，更大的意義在於透過圖像化的呈現，連結個人感官與經驗，進而進到情境中考量災害可能影響和衝擊，從某個地區過去發生了什麼、以後可能發生什麼事、可用資源在哪裡，從而提出看法。例如：對於住在 921 大地震災區的人們而言，集集大地震是難以忘記的大災害。不是住在 921 大地震災區的每個人也可以想想，如果自己目前所處的位置發生了相同強度的地震，或者在居住的社區因暴雨而無法通行，會造成什麼樣的破壞，該怎麼辦？可以事先做些什麼，事中該如何應變？事後該如何復原得更好，儘快回復正常生活？優先次序該如何規劃？這些都有助於提高災害認知和防災意識。

　　透過災害歷史、故事或經驗傳承理解人性，有利於提高災害認知和防災意識。從對於災害情境的設定與演變想像起，推演死傷人數、財物損失狀況，進而思考如何復原重建，且持續回到正常生活，從個人意識，同時關注災害事件心理和行為。但是，防災教育的目的並不是為了讓大家每天都在想會受到各種災害而惶惶不可終日，主要是希望透過各種活動，例如：講習和訓練，培養自己的災害認知和防災意識，做好準備。

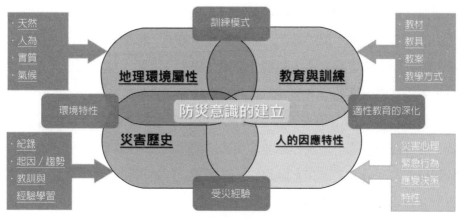

圖 1-18　防災意識建立的總體架構

1.6 境況模擬，情境思考

　　防災教育要先有正向的態度與正確的知識；防災訓練是基於正確的態度與知識，導入情境而採取的技能學習。因此防災的教育訓練必須首先注意到其方式是否合乎現代社會與環境。過去有許多防災訓練的規劃，並沒有經過經驗與邏輯的檢驗，例如：地震發生時，仍然有「第一時間關燈、開門」的迷思，並沒有設想關燈和電線走火的關聯到底是什麼？如果天色昏暗，關燈如何有足夠照明支援後續疏散？也沒有理解其實發生可能造成房屋結構（門框）變形的巨震時，任何人都會移動困難的事實；或者過去火災訓練中，「濕毛巾搗口鼻逃生」的不合理建議，穿越火場濃煙反而造成死傷的實際狀況。以學校每年固定推動的地震防災訓練來說，近年內政部消防署結合教育部等單位，推動地震第一時間「趴下、掩護、穩住」的保護動作，也是因應現代建築中，非結構性材料如：燈具、輕鋼架天花板、書櫃衣櫃等，反而是造成震災時受傷而無法脫困的重要因素；消防訓練除了傳統針對成人的滅火器教學（小學生以下使用滅火器必須考量滅火

器過重，孩童難以使用，最重要的任務是通報），也逐漸推動「火場求生」的「小火快逃、濃煙關門」原則，在決策前一樣都要考慮現場實際情境加以判斷。防災有非常多新觀念持續在導入及更新，都必須以災害的情境思考爲基礎，進而思考教育方式的有效性及適宜性。

何謂境況模擬？境況模擬是對未來可能發生的事件，其可能導致的結果加以合理描述。境況模擬並非鉅細靡遺的描述各種可能細節，而是基於關鍵驅力（危害）、相互關連性，掌握不同因素的可能情勢發展，以連貫方式掌握系統的不確定性和複雜性，並連結到未來決策，至少包含：危害驅動力、壓力、狀態、衝擊和應變方式（Driver-Pressure-State-Impact-Response Framework, DPSIR）。因此，境況模擬要建立思維能力和判斷能力，充分利用知識和技能。

境況模擬早已用於災害（風險）管理領域，儘管方法和應用隨著災害管理和風險範型而有所不同。1970 年代緊急應變計畫的出現和對民防的關注是重要關鍵，最初重點聚焦在技術性危害，後來逐漸擴展到天然危害，與脆弱度研究的進展相吻合。隨後幾年，境況模擬的使用快速增加，不斷擴大其作爲理解災害風險不確定性和決策工具應用的普及程度。

災害境況極爲多元，無法僅僅透過獲得特定知識和技能就有辦法完整因應，突發事件對於日常生活的衝擊又可能影響所有活動。不了解災害情境，永遠難以掌握災害發生時求生的關鍵。情境思考是災害整備的必要能力，例如：野外求生的「333 原則」：3 小時失溫、3 天沒喝水、3 週沒進食都可能導致死亡。在準備工作上，除了態度、知識、技能、體能、裝備、訓練的整體搭配外，還需導入野外環境的情境思考，了解如何掌握避免失溫的機會，再來才是補充水分及尋找食物。擬定災害防救計畫時也必須有災害想定（實際的危害程度經常遠超出想像）、演習演練需要清楚的目標和情境設定、繪製防災地圖需要思考災害發生境況；預先規劃即是在降低風險和緊急狀況下的不確定性，對於緊急決策一定有幫助。如果能夠

透過境況模擬連結災害情境與日常生活，培養思辨能力，例如：想像災害並考量如何處理，平時全面性學習，輕鬆的在日常生活中學習防災，並透過行動降低災害風險，也會對防災工作有更深刻的理解。因此，透過情境思考，防災教育訓練才能導入常態性運作的程序加以回應。對兒童而言，防災教育更是必須從掌握孩童在災害中的各種情境開始，因為災後心理、情感和行為反應的年齡差異會導致不同的問題，都需要不同於成年人的身心、社交和情感支持形式。防災教育與宣導要從情境開始，永遠需要謹慎推敲，審慎說明，學習可以一輩子帶著走的能力。

應變是災害發生時立即採取的行動，整備階段花費大量的精力來規劃應變措施，境況模擬就是很重要的工具。平時就針對應變和復原重建加以想定，再導入減災整備的規劃。可以涵蓋下列步驟（表 1-2）：

表 1-2　境況模擬步驟

流程	說明
步驟 1 **確定風險（驅力）**	確定要解決的風險。如果是高度不確定性的風險，應界定解決的問題或脆弱性，後期再逐步確定風險。這個階段是將分析目標和結果具體化的過程。
步驟 2 **背景研究**	透過諮詢相關專業者及所有利害關係者，研究步驟 1 所界定的主題。應完整考量風險的各個面向：危害、暴露度和脆弱性，以清楚辨識衝擊的方式和可能位置。
步驟 3 **構想方案**	考慮並定義方案及其過程的關鍵目標、效益和特徵。
步驟 4 **發展替代方案**	組構一系列的替代方案及方案的可能後果。透過簡單的描述和關鍵參數來綜整方案，並加以比較，進而選擇最符合預期目標的方案及其可能的挑戰。
步驟 5 **敘事**	更細緻的探討選取的方案，包含：描述其挑戰性、合理性，並擴展思考境況的未來發展，包括：環境、觸發因素、時程、地域範疇、可能的因應方法和重要涵構。

流程	說明
步驟 6 **評估影響和重要性**	更廣泛評估在宏觀體系中的影響。考慮可能導致鏈結的影響與超出預期的複雜性和連帶關係，並找出可能導致這些重大影響的因子，以便聚焦分析重點。
步驟 7 **溝通和行動**	透過有意義的定性和定量說明，將主要發現傳達給利害關係者。內容和複雜性應針對受眾的特性加以調整，明確說明可能的結果對於因應風險、提供決策和行動依據具有的可信度。
步驟 8 **評估和更新**	隨時評估目標是否達成。境況模擬的可能性和特徵會隨著控制因素的發展而變化，隨著人員介入也會發生變化，應隨時調整以確保或提高有效性。

　　境況模擬的初期訓練可以透過發生過的災害案例來思考。透過角色同理的過程，你的想法是什麼？反覆詢問會發生什麼狀況，要如何因應，並根據境況培養判斷力和行動的靈活度。即使因為判斷錯誤，也可以思考為什麼會做出這樣的決策導致負面的後果，再推演一次可能更適合的決策。

　　這幾年，「情境思考及導入」讓學校演練開始改變，跳脫了以往只是就地掩蔽及疏散的演練。情境可以設定在各種時間，例如：上學期間、上課、下課、用餐、午休、放學、班級課、科任課。即便是上課時間，也可以假設疏散路線阻塞了或故意隱藏正在疏散的孩子，藉此檢查點名的確實性，這些改變導入了更符合實際狀況的情境，使教育訓練更務實。甚至，可以進一步積極思考想定外的狀況。「想定外」是超出地方態度、能力、因應措施的狀態。「想定外」的災害明顯會越來越多。在「最壞的情況（Worst case scenario）」下也要有持續惡化（getting worse and worse）的準備。但是，「想定外」的狀況必須以基本狀況情境想像務實處理為基礎。

　　透過境況模擬，也能藉以釐清體驗活動、演練、真實狀況之間是有所差異的。例如：近年很常讓學生進行火場的濃煙體驗，若沒有適當的情境探討導入，其實會有誤導的疑慮。真實火場中穿過濃煙反而更危險，原因

在於濃煙體驗的煙是白色、乾淨、無味、常溫，真實火場的濃煙是黑色、有毒、有臭味，甚至高溫。如果認清楚實際情境的狀況，就會知道應該教育學生穿越濃煙是不得已的最後狀況，否則關門阻煙才是火災應變的首要。除此之外，若門的材質易燃，應注意有無對外窗可以向外求救。火災跟地震的避難行為完全不同，地震屬於廣域型，會整體一起啟動；火災則是點狀擴散的方式，從離火源最近的點向外擴散。把握火災的應變原則為「往下往反方向離開」，煙會往上竄升，待在下風處則會嗆傷。把這些原則整合到情境中，就可以思考，進到任何場所，是不是有觀察逃生門和疏散路線的習慣；進到室內是否觀察對外窗；要離開時是否知道如何判斷溫度；是否了解火與煙的特性；是否對於溫度和味道有一定的敏感度；是否知道為什麼不能搭電梯；是否知道人的避難行為而能設法互助。防災教育無法提供一體適用的答案，只能引導，情境思考，經驗學習。居家和陌生環境的熟悉度差異也影響心理狀態。這些原則都不難，平時稍做思考就能理解，緊急時刻就能救命。合法不代表安全，求生只能靠自己。

防災科技不等於災害管理。尤其是避難疏散，不了解情境思考、緊急狀態的行為和災害心理，科技決定論甚至可能致災。防災教育與宣導要從情境開始，永遠需要謹慎推敲、審慎說明，學習一輩子帶著走的能力，這絕非一直上課就可以理解，更不是形式，而是要透過情境思考補足生活經驗之不足，才會長遠。

1.7 防災教育的支持系統和網絡

除了以避難訓練和災害發生後的應變型防災教育為中心的傳統防災教育之外，我們更要強調「生命的重要性」和「互助、共好」的價值。更進一步，防災教育要導入如何在災後重新回歸生活。每個人都知道生活的重要性及互助，但是，真正意義是什麼？應該採取什麼樣的教育方法？答案

在於「經驗學習」和「網絡連結」。

　　支持、培育並壯大防災教育的全國性系統，也是擴大防災教育的一環。防災教育強調實踐而不是得獎。強調互助精神的實踐教育訓練和以災害將持續很長時間為前提的教育訓練，旨在發生災害時防止損害擴散的教育訓練，保護幼兒的教育訓練幫助和保護需要幫助的人。

　　面對冷漠的團體應該如何開始，該如何讓他們對防災感興趣？我們要從災害中學習生存、互助和同理心，並思考如何生活和獨立自主。目的是培養積極參與防災領域的公民領袖；目標是開發人力資源，在減災、整備、應變、復原重建過程中，可以吸引和支持更多民眾參與，進而培育公民領導人。讓大家了解並引起人們對參與防災的興趣，是防災教育的間接目標。

　　具備災害經驗的人和沒有災害經驗的人在同時面對災害時行為會有其差異。經歷過重大災害的人在下次遇到災害時，因為心理的自我慰藉，相對會較能冷靜採取行動。但是，未必大家都有受災經驗，體驗活動的導入及受災經驗的分享就有其意義，也在過程中讓參與者思考，進而影響應變行為。生命的重要性、同理互助及具有受災經驗者的經驗分享，試著用活動、言語表達，參與者的同理過程會帶入情境畫面，透過引導間接理解災害整備的必要性。不僅是災害經驗的分享動機、思考，甚至是失敗的故事，還有參與志工的經驗教訓，除了討論以外，災區的實地踏查走訪，實際場景畫面結合在地的災害歷史也是重要的體驗。甚至是參觀相關設施、觀賞影片照片、聆聽故事解說，都是很棒的教育方式。但是，一定要確認資訊接收者是否正確接收到資訊提供者所欲傳達的觀念、知識和關鍵訊息。

第2章 防災教育與安全校園的國際策略發展

2.1 校園安全總體架構

防災教育的國際策略發展

聯合國教科文組織（United Nations Educational, Scientific and Cultural Organization, UNESCO）依據兵庫行動綱領（HFA），將降低災害風險納入教育的發展目標。全球防災和韌性教育部門聯盟（Global Alliance for Disaster Risk Reduction and Resilience in the Education Sector, GADRRRES）在 2013 年制定了《校園安全總體架構（Comprehensive Safe School Framework）》，制定了學校全面安全的三大主軸（圖 2-1）：(1) 安全學習設施（Safe Learning Facilities）；(2) 校園災害管理（體制）（School Disaster Management）；(3) 韌性防災教育（Risk Reduction and Resilience Education），並在 2017 年更新。分別從硬體面、制度面與軟體面著手，安全的學習設施著重在建築區位、結構與非結構設施等硬體面強化；校園災害管理機制及韌性防災教育則強化學校相關防災應變作業發展、擬定與演練，及防災教育內涵的發展、落實與持續運作。校園安全總體架構的目標，包含（UNESCO, 2013b；IFC, 2010）：(1) 保護學生和教師，避免師生傷亡；(2) 面對可預期的災害，規劃教育的持續性；(3) 保障教育部門的資源投入；(4) 透過教育強化因應氣候的智慧韌性。

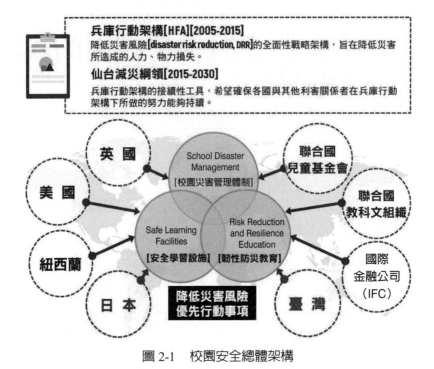

圖 2-1　校園安全總體架構

2.1.1 安全學習設施：從環境到設備

　　學校平時爲教學使用，災時可爲臨時收容處所，故學校環境與建物結構安全都是重要的課題。爲使每所學校都是安全學校，最好能在都市規劃過程中就思考學校的區位，透過選址初步避免可能的危險因子，進而才是透過建物設計，將建物和非結構性設施與基礎設施之風險來源極小化，包含爲了就地保護和疏散所進行的設計、室內配置和安全擺設。從環境來看，建築師和都市計畫技師 Oscar Newman 在 1970 年代提出防禦空間（Defensible Space）理論，認爲環境、都市、建築的規劃設計對犯罪行爲有重要影響，應從空間規劃設計著手預防犯罪，保護鄰里安全。FEMA 另外一個定義是指建物周邊區域，該區域已有效處理植被、雜物和各類型可

燃物，可以減緩火災蔓延，亦即緩衝區的概念，這也是從環境著手的減災概念。

　　學校建築以長條型、U 型、L 型、H 型為主，以提升機能性與採光，但地震時容易造成建築結構、基盤、地盤、非結構設施方面的建物損害。可能因為鋼骨梁柱焊接不良的人為因素，或斷面受雨水侵蝕變小，導致地震發生時，瞬間的衝擊產生變形。位於土壤液化區的學校，基盤與地盤容易受到地震影響造成建物傾斜、戶外開放空間產生地表塌陷、龜裂等情況。建物外牆附著物可能會掉落或損毀，室內電燈、教學設備等吊掛物也可能會掉落。

2.1.2 校園災害管理體制：從組織建立、計畫到演練

　　學校可藉由：(1) 建立學校災害防救組織；(2) 擬定「校園災害防救計畫」；(3) 了解並釐清各利害關係者的責任（包含教師與行政人員、學校技術人員、家長監護人、學生等）；(4) 進行防災演練等行動，強化災害韌性（UNISDR, 2010）。印度政府推行「安全校園計畫（School Safety Programme）」，將災害管理導入學校正規教育的課程，另外還將校園的安全執行計畫納入社區計畫，藉由宣傳與教育活動建立防災意識，更為了讓學生和學校工作人員學習緊急應變技能，規劃境況模擬、活動、培訓和演練，並提升校園建築的結構性安全。

　　學校的工作人員須接受一系列例如：疏散、急救、簡易搜索和救援、學生監管、庇護、營養和衛生等應變能力培訓，每年舉行至少兩次演練，使其有能力運作災害應變組織，練習並改進建築物疏散和集結、就地掩蔽和家庭團聚等標準作業程序（IFC, 2010）。以現實情境進行模擬演練的方式有助於校園災害管理的研擬與檢核。例如：印尼的災害教育協會（Konsorsium Pendidikan Bencana）以態度與行動（Attitude and Action）、學校政策（School Policy）、整備計畫（Preparedness Planning）、資源運

用（Resource Mobilisation）作為評估之四大主軸，從學校的課程與活動內容、政策規章、災害防救相關計畫與標準作業程序、建築結構與防災設備的設計與整備，檢視學校是否提供足夠且正確的災害知識、進行社區脆弱度與學校能量評估、建立完整組織架構與作業流程、提升學校安全性、整合學校同仁與社區利害關係者定期演練進行參與式監督與評估（Consortium for Disaster Education, 2011）。

　　校園災害管理行動計畫應納入所有利害關係人，包含：地方政府、專家、非政府組織和社區等。災害防救組織需要強有力的領導（一般是校長），成員包含所有學校教職員工生、家長、社區夥伴（包含企業、警消醫療部門、商店等）、災害特殊需求族群等主要利害關係者代表（IFC, 2010），組織規模取決於學校人口、規模或教育階段（例如：小學、中學或大學）（UNISDR, 2010），加以分組並培訓（DDMA, 2000），以培育減災、整備、應變與復原重建規劃的能力，檢討並更新校園緊急應變計畫（IFC, 2010），使計畫更符合學校的地區特性，並透過全災害取徑進行整備及處理緊急情況。

2.1.3 韌性防災教育：適性的教材、教案、教具與推動方式

　　防災意識與計畫需透過創新有趣的活動設計傳播給每個人（DDMA, 2000）。課程是否有效，可從課程、教法、學生評量、教師專業發展、學習成果、課程整合等面向進行檢視（Selby & Kagawa, 2012）。在校園韌性防災教育的推動上，以兒童為中心的防災工作（Child-Centered Disaster Risk Reduction, CC-DRR）主要目標在加強兒童的技能，使他們了解社區災害風險，並能夠協助降低潛在災害的風險和衝擊（Benson & Bugge, 2007）。CC-DRR 在國際上受到許多非政府組織的支持，執行過許多計畫，例如：英國發展地質災害教育網站（Education for Geo-Hazards, The edu4hazards.org），美國紅十字會與 ISDR、UNESCO 合作開發 Masters of

Disaster（MOD）課程幫助教師將防災教育納入核心課程，國際計畫組織讓開發中國家的兒童參與防減災及氣候變遷的國際政策活動，如：日內瓦 2009 年全球減災平臺會議、2007 年 COP13 峇里島會議等；許多區域和國家都執行過防災教育計畫，如：美國堪薩斯州、玻利維亞、辛巴威、莫三比克、所羅門群島、吉爾吉斯共和國、薩爾瓦多、尼泊爾、菲律賓、孟加拉國、牙買加等（Back *et al*., 2009）。澳洲政府亦極力投入、研究和推行 CC-DRR 政策，例如：Educating the Educators 計畫，其培養教師在課堂上奠定韌性防災教育的信心，建立中小學生因應災害的能力；另一項改變計畫是青年社區計畫—The Cardinia Hills Youth Fire Readiness Project，該計畫進行學齡前兒童消防教育以縮小認知差距；以及透過同儕領導文化的改變，改善與提升青年對消防安全態度和整備；最後是檢視森林火災和緊急管理程序，強化學校緊急管理對策。透過有效的教育與行動，針對可能發生的災害風險進行整備（UNISDR, 2017）。

2.2 國際防災教育的推動策略：CCA、DRR、SDGs 的整合考量與教育目標

　　2019 年 11 月美國奧勒岡州立大學教授 William J. Ripple 等人在《生物科學（*BioScience*, biz152）》期刊發表〈世界科學家們的氣候緊急狀態警告（World Scientists' Warning of a Climate Emergency）〉，指出從 1979 年第一屆世界氣候大會（World Climate Conference）至今，由於氣候劇烈變遷的趨勢，多數科學家認為需要立即採取行動，陸續於 1992 年通過《氣候變遷綱要公約》、1997 年《京都議定書》、2015 年《巴黎協定》等具體對策，但目前的消費與生活方式對於地球氣候、生態圈與人類仍然存在巨大且長遠的負面衝擊，未能有效改善氣候危機。世界的環境有越來越多可能突然發生且快速致災的高度不確定性事件，聯合國及許多國家也開始

積極正視脆弱的特性及嚴重性（Schiller, Pulsipher, 2007），思考政策工具的運用及從國家高度思考韌性的因應。

　　UNISDR 於 2005 年 1 月在日本兵庫縣神戶市召開第二次世界減災會議，發表《兵庫行動綱領（Hyogo Framework for Action, HFA）》，內容為 2005 至 2015 年間降低災害風險的全面性減災戰略（Disaster Risk Reduction, DRR）；2015 年間通過了與氣候永續相關之全球性準則（圖 2-2），該主軸的三大主題為「永續發展」、「氣候變遷」、「災害管理」，並以「降低脆弱度」及「提高韌性」作為整合性策略。

　　《2005-2015 年兵庫行動綱領（HFA）：建立國家和社區對災害的抵禦能力》提到：「將災害風險教育納入課程、建設安全的學校設施是實現國家發展目標的兩個優先事項。」因而必須「利用知識、創新和教育在各層級建立安全文化」，其中也明確指出學校在建構公眾意識、建設更安全、更具韌性的社區有其關鍵角色：

一、明確揭露有關風險和自我保護措施的訊息，以激勵人們採取行動；

二、在學校課程中納入防災知識；

三、評估當地風險並執行預防和緊急計畫；

四、推動減災防災的方案和活動。

　　《仙台減災綱領 2015-2030（Sendai Framework for Disaster Risk Reduction 2015-2030, UNISDR）》拓展了《兵庫行動綱領（World into Action: A Guide for implementing the Hyogo Framework）》關注的災害韌性，以環境、韌性建設為其主要範疇，提出七項全球目標[1]，期透過經濟、

---

[1]　《仙台減災綱領 2015-2030》之七大全球性目標為：實質降低災害致死率；減少因災害影響人數；減少災害造成的直接經濟損失；減少災害對關鍵基礎建設施之破壞，保護基礎設施如醫療與學校機構之災時基本功能；增加具有國家與地區層級減災策略之國家數目；強化針對開發中國家的國際合作；提升災害風險資訊的可獲取性。

結構、法律、社會、健康、文化、教育、環境、科技、政治和體制上的整合措施，降低災害風險與脆弱度，並加強應變及復原重建的整備，進而提高災害韌性，以預防新興災害及降低既有的災害風險（UNISDR, 2015）。

　　在 2000 年千禧年發展目標（Millennium Development Goals, MDGs）[2] 基礎上，「永續發展目標（Sustainable Development Goals, SDGs, UN）」除了正視尚未解決問題之外，也提出經濟成長、社會進步及環境保護等三大面向的新危機與議題，作爲跨國合作指導原則，提供世界各國永續發展之重要指引。聯合國教科文組織的「全球教育議程」中明訂應致力發展更

圖 2-2　氣候永續相關之全球性準則概念圖

資料來源：改繪自 UN, 2017

2　千禧年發展目標包含：消滅貧窮飢餓、普及基礎教育、促進兩性平等、降低兒童死亡率、提升產婦保健、對抗病毒、確保環境永續與全球夥伴關係等八大目標。

具包容性、迅速應變和韌性的教育系統，希望透過人、地球、繁榮、和平與夥伴關係採取行動，以滿足兒童、青年和成人需求，利用知識、創新和教育來建立文化。

《巴黎氣候協定（Paris Climate Agreement, UNFCCC）》則在環境、國際政治範疇中，明確提出本世紀全球溫升限定在 2℃ 以下，並以 1.5℃ 為目標。

《仙台減災綱領 2015-2030》和永續發展目標的整體目標同樣為複雜且高度關聯的社會與經濟演進過程之產物，因此在兩份文件的目標與指標架構上有重要的輔助作用，《仙台減災綱領 2015-2030》五項全球性目標（A. 實質降低災害致死率、B. 減少受災害影響的人數、C. 減少災害造成的直接經濟損失、D. 減少災害對關鍵基礎設施破壞，保障政府基礎服務，例如：醫療與學校的災時基本功能、E. 增加具有國家與地區層級減災策略的國家數目）與永續發展目標之三大目標（1. 消除貧窮、11. 韌性永續城市及社區、13. 因應氣候變遷的緊急行動）與十一項指標有明顯共通性（如圖 2-4、表 2-1）（UNISDR,2015）。

然而，還是要先釐清：氣候變遷、災害韌性、永續發展，是三個不同時間尺度的課題。氣候變遷不一定是災害，氣候變遷調適的方法本身也有可能致災；具備災害韌性未必會永續，過於偏執的強大韌性對於世界或許就是災害；某個個人和群體的永續也有可能是另一個群體的災害。氣候變遷造成淹水，是否一定是災害？民眾選擇建物越墊越高的調適方法，是否造成不同的受災者？低窪地區的豪宅不淹水了，一定會造成其他地方淹水。SDGs、CCA、DRR 有可能分別是目標、背景趨勢、基礎工作，要有清楚的論述和邏輯梳理，才會有適宜的對策。

圖 2-3　永續發展目標（Sustainable Development Goals, SDGs）

資料來源：UN, 2015

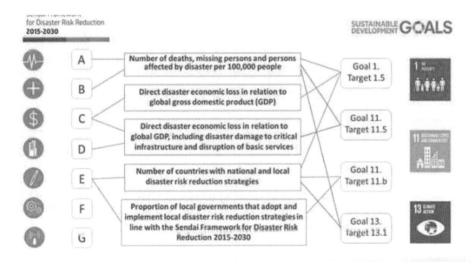

圖 2-4　《仙台減災綱領 2015-2030》與永續發展目標之指標對應關係圖

資料來源：UNISDR, 2015

表 2-1   《仙台減災綱領 2015-2030》與永續發展目標之指標共通指標對照表

SDG indicators		Sendai Framework indicators
Goal 1. End poverty in all its forms everywhere		
1.5.1	Number of deaths, missing persons and directly affected persons attributed to disasters per 100,000 population	A1 and B1
1.5.2	Direct economic loss attributed to disasters in relation to global gross domestic product (GDP)	C1
1.5.3	Number of countries that adopt and implement national disaster risk reduction strategies in line with the Sendai Framework for Disaster Risk Reduction 2015-2030	E1
1.5.4	Proportion of local governments that adopt and implement local disaster risk reduction strategies in line with national disaster risk reduction strategies	E2
Goal 11. Make cities and human settlements inclusive, safe, resilient and sustainable		
11.5.1	Number of deaths, missing persons and directly affected persons attributed to disasters per 100,000 population	A1 and B1
11.5.2	Direct economic loss in relation to global GDP, damage to critical infrastructure and number of disruptions to basic services, attributed to disasters	C1, D1, D5
11.b.1	Number of countries that adopt and implement national disaster risk reduction strategies in line with the Sendai Framework for Disaster Risk Reduction 2015-2030	E1

	SDG indicators	Sendai Framework indicators
11.b.2	Proportion of local governments that adopt and implement local disaster risk reduction strategies in line with national disaster risk reduction strategies	E2
Goal 13. Take urgent action to combat climate change and its impacts		
13.1.1	Number of deaths, missing persons and directly affected persons attributed to disasters per 100,000 population	A1 and B1
13.1.2	Number of countries that adopt and implement national disaster risk reduction strategies in line with the Sendai Framework for Disaster Risk Reduction 2015-2030	E1
13.1.3	Proportion of local governments that adopt and implement local disaster risk reduction strategies in line with national disaster risk reduction strategies	E2

資料來源：UNISDR, 2015

2.3 各國的防災教育

2.3.1 美國

　　美國對於防災教育強調「認識災害而不怕災害」。美國從 2003 年開始推廣全民準備運動（Ready Campaign），希望藉教育使民眾進行緊急整備（Emergency Preparedness），為了幫助一般大眾了解可能的災害風險與因應方式，美國聯邦政府主要是以提供免費的網路資源（Ready.gov 網站）來幫助大眾認識風險，以及防範危害可能轉變成災害（Identify Risk and Prepare for The Effects of Disasters）。美國聯邦政府藉由免費且即時提供各種防災資訊，除了幫助大眾了解各項災害的風險及相關整備的方式，更

重要的是對這些防災資訊的分類與分級，讓大眾得以由淺入深地了解各項災害的成因及個人與家庭的防護方法。

　　這個運動於 2006 年擴大至學生。美國聯邦緊急管理總署認為，兒童具有能積極影響周遭群體的特性，可有效將災害整備資訊帶到家庭，進而提高兒童本身的風險認知，同時也會影響周邊的家人。期望藉由防災教育的推廣，進行家庭的災害準備工作，提升民眾對於災害之風險意識。美國也特別強化各學齡孩童的團隊合作、創造、領導與溝通等能力，推動自主參與並使孩童有能力提供家庭及大眾宣導和教育。FEMA 原有之「FEMA for Kids」改版成立「Ready Kids」，提供工具協助家長與老師教導 5 歲兒童至 18 歲青少年對於緊急事件之了解及因應、緊急事件前中後之作為、培養團隊合作、創造、領導與溝通等能力，最後使其自主性參與並有能力宣導、教育、喚起防災意識與進行整備。Ready Kids 提供之教材課程分為四級，依學生教育程度及各類對象需求設計。

表 2-2　美國 Ready Kids 教材說明

課程等級	授課對象	教材目的
1 級	一至二年級（小學）	了解各災害或緊急事件，促進調查、創造及溝通能力。
2 級	三至五年級（小學）	研究當地或全國性社區緊急事件，並運用創意及文字說明對於緊急整備的了解。
3 級	六至八年級（中學）	發展圖像小說，說明對於緊急整備的認識。藉研究、遊戲、模擬、討論與驅使探索活動獲得知識。
4 級	九至十二年級（高中）	藉由討論、多媒體研究、調查與訪談進行宣導運動，以提高大眾對於緊急事件的意識及準備。

資料來源：彙整自「Ready Kids」網站

2.3.2 英國

　　英國的防災教育重視「防災融入生活」。英國學校教育系統有四個關鍵階段（Key Stages）：初等教育 Key Stage 1 與 2（5 至 11 歲）、中等教育 Key Stage 3 與 4（11 至 16 歲），由於英國除了水災外，沒有特別嚴重的自然災害，所以僅將災害成因與影響納入地理課程中。以火山爆發災害爲例，初等教育 Key Stage 1 課程（小學低年級）教授火山爆發現象；Key Stage 2 課程（小學高年級）進一步理解火山爆發原因；中等教育 Key Stage 3 與 4（國中、高中）課程教授全球火山爆發歷史事件及其對環境、人類生活的影響，英國學界仍持續且積極地推動學校將災害因應方式融入初等教育、中等教育課程中。

　　以聯合國防災教育目標爲發展導向，國際間提倡由大專院校發起草根運動，透過社區參與以提升民眾的防災韌性，進而將影響力擴展至社區、社會，藉由專業學術及人才落實防災教育，並結合跨區域的交流。英國大專院校於災害防救領域發展較爲成熟。近年來，許多專家學者全力投入災害防救相關研究外，更有許多大專院校陸續增設災害管理、緊急應變相關課程與系所，目前英國已有十四所大專院校開設災害防救相關研究所，這些系所含括了災害風險及危機管理、災害防救體系及策略運用、人道救援、緊急醫療及救護、避難及防災建築等專業領域。部分大學開始針對防災教育教材進行設計，以提供教師和學生們至各國進行防災教育推動，教學對象以偏鄉中、小學的 6 至 15 歲學生爲主，期藉此提升位居高災害風險地區中小學生防災意識，教學方式多爲桌遊、歌唱、小組討論與競賽等模式，並依據各學校特殊性加入生活元素，以提升學習專注力及學習成效，且打破傳統簡報式的教學法，教材主題包含臨時庇護所的搭建方法、居家水防工程、臨時廁所搭建等內容。

圖 2-5 探討如何建構臨時庇護所的結構框架（reciprocal frame）

資料來源：陳永芳攝

圖 2-6 志工利用朝會時間講解地震的成因及因應策略

資料來源：南投縣立仁愛國中李孟桂校長攝

圖 2-7　　志工利用英文課以英文教授急救包要如何準備

資料來源：嘉義縣立大林國中歐香吟校長攝

圖 2-8　　志工利用早自習時間，透過「填字遊戲」學習水災因應的方法

資料來源：嘉義縣梅山鄉梅山國小邱文嵐校長攝

圖 2-9　防災志工與社區志工討論水災防範可行的方法

資料來源：陳永芳攝

2.3.3 紐西蘭

　　紐西蘭和澳洲的防災教育（兩個國家共同推動）強調「基本原則的判斷教育」。紐西蘭防災教育從 2006 年開始，主要由民防及緊急管理部（Ministry of Civil Defence & Emergency Management, MCDEM）推動，並與地震委員會（Earthquake Commission, EQC）針對學校防災教育合作開發網站──「What's The Plan, Stan?」（www.whatstheplanstan.govt.nz），以提高師生對於災害之認識，掌握基本原則，使師生得以因應未知情況。

　　「What's The Plan, Stan?」網站除說明災害知識，也針對學校各角色提供整備資訊，並依紐西蘭學校課程決策方針原則撰擬教材及資源予教師參考使用，納入災害防救基礎知識與技能，並結合至健康與體育、社會

學、科學及英語等四門課程。目前僅針對一至三年級學生（5 至 7 歲）設計，教材主要爲教師使用指南，內容爲各防災單元課程中活動辦理方式、各類災害介紹、涉及學校相關之角色應變功能介紹、災害模擬演練與相關輔佐工具等，部分課程同時配合輔助光碟及「What's The Plan, Stan?」網站，因網站建置互動式地圖說明紐西蘭各地發生之歷史災害，使學生更了解自身居住之地區可能的潛勢災害，進而進行整備。

　　網站目的爲提高紐西蘭民眾對災害有基本認識，由中小學校著手推動防災教育扎根，平時促進中小學做好校園防災整備，並提供師生們於災害發生時正確知識與安全的因應措施，再藉由學生的影響力將防災教育延伸至家庭與社區，讓全國民眾具備正確防災觀念、掌握基本求生原則，因應未知的災害狀況。「What's The Plan, Stan?」針對學校、教師，以及學生家長，提出三大計畫推動方向：

一、學校管理：協助學校規劃災時緊急應變方法。

二、教師授課：「What's The Plan, Stan?」網路平臺提供大量災害認知與災害整備等相關資訊，使教師能夠將防災教育融入教學課程中。

三、學生與家長學習：透過「What's The Plan, Stan?」網路平臺，提供家庭有趣且容易理解的防災相關資訊。

　　「What's The Plan, Stan?」設計災害防救相關教材作爲教師教學指南，包含：各防災單元課程中活動辦理方式、各類災害介紹、涉及學校相關之角色應變功能介紹、災害模擬演練與相關輔佐工具等。部分教材同時配合輔助光碟及「What's The Plan, Stan?」網站互動單元，達到最佳教學效果。

　　學生每個學習階段的目標與能力都不相同，「What's The Plan, Stan?」目前針對一至八年級（5 至 12 歲）的學生規劃兩階段教學重點，作爲老師教授課程參考。爲了讓學生能夠串聯自我生活經驗與學習內容，教授內容以當地社區爲背景，鼓勵走出戶外探索、體驗，這不僅使學生與

地方建立起更大聯繫，也間接鼓勵社區共同執行減災工作。

表 2-3 「What's The Plan, Stan?」防災教育課程

學習階段	一至三年級（5至7歲）	四至八年級（8至12歲）
教學重點	著重了解災害事件，以及如何發揮對社區的影響力。	以一至三年級教材爲基礎的進階課程。 ➡ 著重了解災害對當地、歷史的影響，以及判斷事件發生的風險與因應作爲。
教學課程	**1. 判斷 Hazard 與 Emergency 的差異。** ➡ 認識詞彙與概念。 ➡ 了解危害和緊急情況差異。有助於學生判斷嚴重性與因應方式。 **2. 認識災害事件。** 認識國內常見的災害。可利用災害照片激發討論與思考。 **3. 探討哪裡可能發生災害，並以科學角度解釋發生原因。** ➡ 調查居住附近可能發生的災害。 ➡ 運用照片、網路資源或 DIY 科學實驗，了解災害發生原因與方式。 **4. 探討如何降低災害損失。** ➡ 設定災害情境，讓學生分組針對「受困家裡」、「無法回家」、「撤離」、「沒有錢」、「沒有水」、「無法通訊」六個狀況進行討論，找出解決辦法。	**1. 探索災害事件對國家與歷史影響。** ➡ 回憶災害經驗。 ➡ 透過歷史／民間故事與傳統文化，探索當地災害與造成的影響。 **2. 了解災害發生的原因。** ➡ 以一至三年級（5至7歲）課程爲基礎，更深入了解災害發生原因與方式。 **3. 探索附近地區曾經發生與可能發生的災害事件。** ➡ 讓學生分組針對指定災害進行調查與報告。探討內容可包含災害發生原因、環境特徵易引發災害、災害事件如何影響環境與自身、災害事件故事。 ➡ 彙整各組調查結果，建立當地災害地圖。 **4. 想像災害發生在生活中。** 想像自己在家裡、學校、回家路上等任何生活場景，可能會發生什麼樣的狀況。 **5. 了解如何做好整備工作。** ➡ 思考自身周邊有哪些人員、組織可以運用。

學習階段	一至三年級（5 至 7 歲）	四至八年級（8 至 12 歲）
	➜ 根據每一組的討論結果，列出必要清單與制訂整備計畫。 ➜ 後續可讓學生實際準備清單物品，以及公開發表成果說服民眾。 5. 參加具有可信度的相關活動，連結防災觀念與生活。	➜ 思考如何協助有特殊需求民眾、動物因應災害。 ➜ 學生分兩組檢視校園應變、疏散計畫，兩組交替擔任指導角色，檢討及熟知災時因應策略。 ➜ 學生可根據政府、社區，以及家庭個人層面，討論這些對象可採取的因應措施。

資料來源：「What's The Plan, Stan?」網站

圖 2-10　「What's The Plan, Stan?」宣導海報

圖 2-11　「What's The Plan, Stan?」網頁照片 I

圖 2-12　「What's The Plan, Stan?」網頁照片 II

圖 2-13　The I.M.P.A.C.T team

照片來源：「What's The Plan, Stan?」網站

2.3.4 日本

　　1995 年日本阪神淡路大震災是一個重要的里程碑，「自助、共助、公助」促成了日本自主防災社區數量大幅成長，也開啟了防災志工元年。此外，最關鍵的就是防災教育的深化與多元化，強調培訓公民領導者，透過人與人之間的聯繫來保護生命和社區。2011 年的 311 大地震海嘯，促使學校重新思考學校與教師責任與社會及社區之間的關係，強調學校應成為社區維生系統的中心；對在地人文精神的尊重，並強調學校應扮演在地

人文活動的中心據點角色，學校身爲地方社會的一部分，應參與地方社會活動的參與及共同規劃，促進學校教育的進展。學校教育的基本理念也朝向民主自由、多元開放、包容理解，鼓勵各種團體與組織之間的相互合作。具體改變包括學校的決策納入師生的參與、強化跨領域學習與人際信賴關係的建立，並且確認唯有教師們自主意識、自願強化防災教育與擔任學校與社區防救災工作，一切才可能推動與落實；並把教師由「技術的熟練者」透過「活動過程的省察」轉化爲「反省的實踐家」。

　　日本的防災教育重視「緊急時期就按平時整備的方式」。日本文部科學省（相當於臺灣之教育部）於 2008 年召開「支援防災教育懇談會」，並指出防災教育之目的爲：「以學校及地方社區爲主體，利用各種場合及機會，培育能夠積極執行防災工作之人才。」防災教育人才必須增進四種能力：

一、增進防減災能力，了解地區災害及其特性，以及防災科學技術知識。

二、增進災害發生時保護自己性命，以及災害當下生存之能力。

三、增進災後重建過程中，重新營造安全安心社會之能力。

四、增進支援他人確保性命以及社區安全之能力。

　　日本的防災教育不單只是訓練學生緊急應變能力，更訓練校園與地方社區民眾，一同學習增進災前、災時與災後重建等長期能力，並在前述會議中提出三個主要方針：

一、相關研究單位、機關應結合自然科學與社會科學知識，提供資訊予社會大眾學習。

二、促進居民自主自發的防災意識，使整體社會意識到防災的重要，長期維持防災行動。

三、結合現代科學技術及社會「災害文化」，培育與自然共生的人才。

　　日本政府在防災概念的領域上強調必須先向基層推廣，與日常生活相互應用與結合；因此日本政府針對不同的災害類型、不同的學習階段研擬多種防災手冊，包含針對學校於 1997 年發行「學校地震防災教育手冊」，針對學生於 2005 年製作「學校地震防災教育指導教材」等，讓學生認識災害、具備災害的防範知識，建立正確且迅速的判斷力，尤其因應地方特性更要建立適切的行動力。同時也研擬許多防災教育桌遊，透過遊戲模擬災害情境，於有限時間內讓學生發想與思考提出具體緊急避難、疏散行動，以及處理各種災害；高知縣以南海海槽地震想定爲基礎，推廣防災教育世代傳承，讓防災教育能夠「文化」化；宮城縣於 311 大地震後，加強深耕基層防災教育，發展學校防災主任、安全主幹教師制度、中學生參與防災工作、推廣學生防災社團、釐清社區學校責任分擔等。

　　在防災演練方面，因爲對於防災的重視，日本的學校與幼兒園，每個月進行一次防災演練，依照學校的災害特性，演練內容包括：火災、地震、海嘯，以及複合災害情境，如地震加上海嘯等。另外，每個學期必須另外辦理一次外人入侵的應變演習。日本地方政府的教育委員會（相當於臺灣的教育局處）會在年度中指派教育委員到學校現場視察防災演練，並立刻提出檢討和改善建議。在防災教育方面，各都道府縣和市町村的教育主管機關大都編定了防災教育輔助教材和事例集，提供教師使用和參考。希望第一線的教師把防災教育的相關內容融入到各科的教學和學校的活動之中，達到防災教育培育態度、知識、技能的目標。

2.3.5 印度

　　印度政府於 2002 至 2007 年第十個國家五年政策中，提出自然災害管理策略，致力於建立安全校園，且極爲重視校園災害管理推動。爲了實現安全校園願景，印度政府研訂四大方針以推動政策：

一、將災害管理納入學校課程。

二、將災害管理、災害觀念、災害整備融入校園。

三、透過工程性與非工程性的方式，保障校園面對自然災害時的安全。

四、研擬校園災害管理之整備計畫。

　　在校園災害管理體制部分，印度政府要求各學校依據災害潛勢類型編訂災害整備計畫，並籌組校園災害管理團隊；此外，透過政府相關計畫及中央中等教育委員會（Central Board of Secondary Education, CBSE）進行災害管理的師資培訓。除了師資培訓外，政府亦積極將災害管理概念深入學校各項活動，如：校園民防訓練、消防安全訓練，以及小學繪本。印度教育災害管理相關課程將災害管理導入八、九、十和十一年級課程中，作為前端學程的一部分。

表 2-4　印度災害管理課程大綱

課程級別	課程大綱
Class 8 （同臺灣六年級）	整備作業——災害管理的重要部分。 1. 地震 2. 龍捲風 3. 水災 4. 乾旱 5. 人為災害
Class 9 （同臺灣七年級）	1. 災害管理者必知的關鍵術語 2. 災害管理的組成 3. 災害風險管理介紹——了解減災 4. 特定災害和減災——地震、坡地災害、糧食災害、龍捲風和乾旱 5. 預防常見的人為災害——火災、鐵路和道路交通事故、恐怖攻擊

課程級別	課程大綱
Class 10 （同臺灣八年級）	1. 介紹 2. 海嘯——致命性海浪 3. 生存技能 4. 災害期間的替代性通訊系統 5. 安全的施工做法 6. 責任分擔 7. 後續規劃
Class 11 （同臺灣九年級）	1. 社會層面 　(1) 介紹 　(2) 兒童權力和緊急情況 　(3) 性別與災害管理 　(4) 社區在災害管理中的角色 　(5) 地方機構在災害管理中的角色 2. 地理層面 　(1) 水災 　(2) 龍捲風 　(3) 地震 　(4) 海嘯 　(5) 坡地災害

資料來源：GoI–UNDP, DRM Programme

2.4 臺灣的防災校園運動

在 1999 年 921 大地震之前，臺灣沒有「防災教育」一詞。

921 大地震之前，規模較大的地震是 1964 年的白河地震；風水災方面，1959 年的八七水災是臺灣有紀錄最嚴重的水災。1990 年歐菲莉颱風侵襲，導致銅門村第 12 鄰與 13 鄰遭土石掩埋，是第一起受到社會重視的土石流災害；但「土石流」一詞在臺灣廣為人知，則是因為 1996 年賀伯颱風重創南投縣信義鄉神木村，陳有蘭溪及和社溪沿岸災情慘重，造成 27 人死亡、14 人失蹤；崩坍災害方面，1997 年溫妮颱風導致林肯大郡

社區發生順向坡滑動最令人觸目驚心。當年臺灣的教育屬於「教改前」階段，教育目的和教育內容基本上以升學考試的科目和內涵爲主，即使各學習階段的課本中提到地震、颱風，也僅限於自然災害成因的說明。

2.4.1 推動歷程

1999 年，921 大地震造成七百多所校舍受損，重建過程中除了新校園運動的硬體建設外，也開始注意到教育面的災害議題。適逢教育部開始推動教育改革，包括災害在內的各種議題都被提出來討論，「防災教育」這個詞開始被提及。

臺灣的「防災教育」比較正式的啟動點，應追溯自 2003 年（圖 2-14）。教育部顧問室邀集各地區具有災害防救經驗之學術機構（單位），共同推動「防災科技教育人才培育先導型計畫」。當時的推動由 1997 年國科會成立的「防災國家型科技計畫辦公室」協助籌劃，推動期程自 2003 至 2006 年共計四年，計畫經費源自科技預算，主要工作重點在於防災課程的發展及推動。當時邀集了許多理工領域的學者專家，分工編撰提供給各級學校使用的防災教育教材；第二階段是 2007 至 2010 年的「防災科技教育深耕實驗研發計畫」，經費來源依舊是科技預算，負責協助規劃和管理的仍然是「防災國家型科技計畫辦公室」，工作重點仍然是以「課程發展及推廣」和「實驗與學習推廣」爲主，提供經費給大專院校進行防災通識課程和專業課程（例如：土木工程相關科系）的教材編撰和試行，也在最後兩年完成了提供學校使用的「校園災害防救計畫」範本，並開始進行實驗性的校園防災訪視輔導。這是第一次有防災相關領域學者專家進入校園，了解校園內災害管理和防災教育的實況並給予改善建議。本期計畫也初步建立師資培育機制並試行，但進展及成效有限。

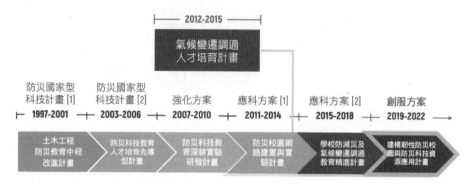

圖 2-14　臺灣防災教育推動進程

　　綜合而言，在 2003 至 2010 年階段中，還是以自然科學和工程思維來推動防災教育。當時也反覆建立各種防災教育教材、教案，但是幾乎都侷限在災害發生原因和現象描述，對於災害的其他層面，例如：災害風險觀念、災害的社會衝擊、非工程治理的災害管理手段、個人與家庭的防災觀念與知能等幾乎都未著墨，更遑論緊急狀態的心理和行為理解。此外，針對學校端，也未針對防災教育和其他學習領域關連與結合的可能性加以探討，對學校如何推動防災教育及校園災害管理還未深入探討與建議。但是，即使如此，這個階段仍完成防災素養和能力指標建構，並完成了各學習階段大規模師生防災素養檢測，對於當時防災教育的發展累積了非常寶貴的資料。這個時期，教育部完成了所有 921 大地震嚴重受損校舍建物拆除重建；並於 2009 年啟動了既有校舍建築物的耐震評估和補強專案計畫。

　　在這個階段進入尾聲時，經過相關單位的多次討論，決定將次階段的防災教育推動工作交由教育部的「環保小組」負責，並於 2011 年開始新的防災校園建置四年計畫。2013 年，教育部資訊及科技教育司成立，防災教育的推動轉移到這個新設單位，但經費來源依舊主要仰賴科技預算，並以科技教育為名義推動。在歷經 2011 至 2014、2014 至 2018 兩個四年，

2019 至 2022 第三個四年計畫為「建構韌性防災校園與防災科技資源應用計畫」，負責推動防災教育和提升臺灣校園災害管理能力，建立了防災校園建置模式，由災害防救領域學者專家入校輔導訪視，也成立各縣市防災教育輔導團並持續增能，協助各級學校增進災害管理能量。

2.4.2 校園安全主要架構建立

　　就學校的災害管理工作來說，家長把學生託付給學校，學校對於學生在校內的安全有一定的責任。一如我們到電影院、百貨公司等公共場所，電影院和百貨公司負責該場所的公共安全，設施設備必須符合法規，員工必須經過訓練，有能力在災害或意外事件發生時，引導消費者疏散、避難，以確保消費者安全。然而，不同學習階段的校園特性不同，愈高的學習階段，通常校園空間愈大、建築物及設施設備愈多，因而學校的管理組織體系也愈龐大，校園管理的分工也愈細密。國內透過協助學校成立韌性防災校園，執行在地化災害潛勢檢核、防災地圖製作、「校園災害防救計畫」擬（修）訂、避難演練及建立在地化防災教學模組等工作。推動內容從導入情境思考、緊急思維、災害心理等概念著手，並結合聯合國教科文組織發展出之全方位校園安全的三大支柱──安全的學習設施、校園災害管理體制、韌性防災教育為核心主軸，逐步完成：環境掌握、學校能力能量盤點、校園防災地圖建置、相關資源導入、韌性防災教育推動等五大面向工作，防災校園工作架構如（圖 2-15）所示。

2.4.2.1 環境掌握

　　學校是學習的場所。學習場所的安全是學校管理人員的責任。學校需要建立正確災害潛勢基礎資訊與知識，透過自然與人為災害潛勢評估、社區人文狀況、災害歷史之了解，以及校園實質災害管理環境與設施設備建構與分析調查，評估學校所具備之機會與威脅。學校的安全責任，可以區

分爲：學校的硬體設施及災害防救的軟體作爲兩個面向。

　　硬體設施方面，學校應針對校園硬體結構、校園周邊及校內環境進行檢視。在學校設立過程中，其設立與建築物的興建均必須符合環境影響評估法、都市計畫法、水土保持法、建築法等相關法令要求，且內部空間與設施的配置與功能、尺寸乃至於疏散避難的出入口與動線亦均必須符合建築技術規則與各級學校設施設備的相關規範。另一方面，各級學校也必須符合《消防法》對於消防設施設備的要求。然而，教育部並未針對學校設置的位置所必須符合的環境條件有嚴格限制，例如：不得位於活動斷層地質敏感區、山崩地滑地質敏感區、大規模崩塌潛勢區、土石流影響範圍內等區域內，因此部分學校因其地理位置與環境條件，而必須面對較高自然災害的風險。即便已經依法設立建造，亦應關心所在的周邊環境是否有所改變。學校平時應針對地勢、坡地等自然環境進行潛勢評估，了解學校特性和現有狀況，若校園周邊及校內環境可能有一些危險徵兆，平時須多加留意，小地方都可能釀成大災害，俾利事前防範處置，例如：低窪地區淹水可能性偏高，或鄰近海邊學校，校園就有可能因爲海岸溢淹或漲潮而進水。構造物裂縫都是破壞的暗示，觀察的重點地方包括：擋土牆、排水溝、階梯、牆壁、天花板、坡道。檢視擋土牆的觀察重點如下：(1) 是否異常滲水，正常出水孔應該會平均出水，若有些出水孔出水量較大則爲異常滲水；(2) 是否有龜裂外凸或外斜的狀況；(3) 洩水孔在雨天是否正常洩水；(4) 擋土牆上的地錨是否鎖頭斷裂、板子分離。若家裡或學校與擋土牆距離較近，更應依上述觀察重點加強檢查。排水溝應注意有無裂縫，若有外來力量擠壓，可能會造成排水溝變形。

　　除此之外，學校還應檢視校內設施擺設狀況，避免增加災害發生的風險或是災害發生時，影響疏散動線，例如：固定飲水機、避免於樓梯間堆滿雜物等。若在床邊或是重要出入口擺設櫃子，可能會在地震時倒下，堵

塞路線或壓傷人，針對空間應多考量潛在風險，以降低危險發生。校園內階梯的高低差容易使人跌倒受傷，因此建議順平，或階級至少達三階，以符合人體工學。輕鋼架天花板是臺灣地震受傷來源最高的物件之一，地震時容易整塊板子掉落砸傷人，建議總務組相關人員應確保輕鋼架符合耐震施工規範，若目前未符合，也建議未來應編列相關經費進行補強。另外，亦應辨識學校的各種災害風險，例如：校園很常見的火災高風險地點，廚房、教職員辦公室等。尤其教職員辦公室延長線使用比例高，經常布滿灰塵又串接更多延長線，火災風險特別高。若管線使用年限過久，電線走火風險都在增加。

　　學校本身的環境與設施條件方面，從幼兒園階段到大學階段，面積與空間逐漸增加、建築物逐漸增多、設施設備也更多元複雜，人為災害的致災因子增加，災害風險也隨之提高。以幼兒園來說，雖然空間較為狹小，且可能位於大樓之中與其他單位共用建築物，但是幼兒園本身的人為災害致災因子以廚房或一般教室的火災為最主要。國小階段建築物數量增加，校內也有地下室或屋頂的儲物空間、資源回收與廢棄物暫存區域；且除了廚房以外，也有電腦教室、電腦機房，自然科學教室、創客教室，校內也有變電設備等設施，可能導致災害發生的條件也增加了。到了高中階段化學實驗室與藥品準備室增加了化學物質可能導致的危害、生活科技教室和家政教室也提高了意外傷害和火災的風險。至於擁有機械或汽修類實習工廠的高工或餐飲類烹飪教室與烘焙教室的高職，乃至於使用各種電子、機械設備、大型吊車，化學物質、甚至於包括毒性化學物質與高壓氣體的大專院校與研究所的實驗室，其風險更不言而喻。

2.4.2.2 **學校能力與能量**

　　學校應針對現有之教師人力、能力以及經費、設備器具等物資進行全面性的調查與盤點，結合校園環境狀況進行學校容受力與緊急避難任務可

達成度評估，進行學校整體之能量盤點。尤其，行政主管的支持攸關學校是否能夠全面推動與落實校園災害管理作為。

　　針對校園防災，學校中的每個人都有任務。老師必須要了解相關的法律責任，尤其各班老師在災時為班上的指揮官，緊急狀況時，老師一定要迅速做出判斷：若老師指揮學生就地掩蔽，這是「責任分擔」；假設地震很大的情況下，老師選擇繼續上課，承受的就是全班生命損傷的高風險，完全「責任承擔」，兩種作為所要擔負的法律責任有別。或許是因為過去的演練往往沒有面對實際情境，演練程序導致錯誤觀念，很多教學端老師誤以為防災是行政端老師的工作。其實，緊急狀況時，現場的初期應變者都是教學端的老師。這有賴未來更多的溝通，讓教學端老師了解自己的責任，並進而積極培養自身的能力。

2.4.2.3 校園防災地圖與計畫

　　在災害或意外事件發生時，教職員工採取適當的應變作為確保師生的安全。學校一方面需要擬定災害防救計畫，確認災害防救相關組織，另一方面需檢視防災地圖之製作，是否具備易懂、易操作、提供資訊完整等功能，以在學校發生緊急災害事件時，確實能作為師生避難疏散之依據。

2.4.2.4 相關資源導入

　　學校需積極導入政府與社區之相關資源，以強化學校相關之軟硬體設施與災害管理事宜之執行。尤其，災害管理是一門專業的學問，一般學校教師或行政主管若未接受過專業的訓練，難以具備正確的知識與態度去推動學校之災害管理作為。政府資源的投入與規範要求，專家的輔導、經費的挹注，可有效協助學校建置防災校園。

　　學校採購的防災設施設備應依學生特性調整。一般小學及幼兒園會添購防災頭套，認為頭套才能發揮最大程度的保護作用。頭套在日本稱作防災頭巾，使用目的為避免在疏散過程中，餘震導致的玻璃爆裂傷到臉。

更重要的是，應該要了解，保護的原則在於「緩衝」原則，而非頭套，其他例如：枕頭、墊板或書本反摺，這類同樣能夠提供緩衝的物品也可以利用。我們現在反而要訓練學生掌握原則，隨手可以取得自我保護的物品。再更進一步思考，為什麼需要緩衝物？有沒有墜落物才是根源。一層一層的思考「為什麼」，才能有效保護，並採購必要的資源滿足保護的需求。

2.4.2.5 韌性防災教育推動

學校需積極建立在地化災害管理知識課程，並提供教師教學能力之培養，以傳遞正確的災害管理知識。透過正式課程、創意活動、研習活動等各式管道，提供學生、教師、家長及利害關係者正確的災害管理知識與能力培訓。尤其，演練的實施可以強化師生之災害管理技能，將知識落實於行動，並落實「校園災害防救計畫」之實際可行性。

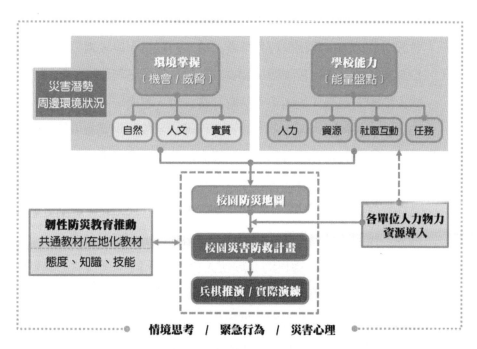

圖 2-15　校園災害防救工作內涵

資料來源：王价巨，2016

2.4.3 防災校園類別

　　為使防災教育更細緻且全面化，就學校推動經驗與能量可分為兩種推動類別，各類型學校執行項目有所不同，包含：基礎防災工作、進階防災校園兩類。

2.4.3.1 校校都應該是防災校園─基礎防災工作

　　基礎防災工作主要以初次接觸、辦理防災工作之學校為主，工作重點主要為：成立「校園災害防救組織」，確保平時能落實執行任務，災時能順利應變運作；此外學校進行整體能量盤點（例如：災害潛勢、基礎設施、建築物安全、教職員工能力等），掌握學校環境與能力基礎上，製作「校園防災地圖」，擬定「校園災害防救計畫」，透過兵棋推演或實兵演練進行檢討與更新，並設計研擬適合防災教育課程及宣導活動。相關工作說明如下：

（一）建置防災校園：學校由校方行政人員、教職員組成校園災害防救委員會及運作、進行校園環境調查及在地化災害潛勢檢核、製作校園防災地圖、編修「校園災害防救計畫」書、整備防災器具。

（二）防災教育課程及宣導活動：教育課程應結合校內相關領域教師，妥善運用防災教育教學資源，共同建立能夠反映在地環境及在地災害特性之教學課程且融入各科領域。宣導活動應發揮校園環境特色或結合社區組織，營造有助於防災教育推動之宣導項目，包括動態或靜態之校園防災宣導活動或創意競賽活動等，使家長參與及了解。

（三）辦理防災演練：演練目的在於使人員熟悉不同災害情境之應變作為，並提升應變技能。學校每學期應至少舉辦一次防災演練（不含預演），可納入各類災害一併辦理，但災害情境需考量邏輯性與合理性。演練內容可依該年度規劃重點研擬腳本，依據可能發生之災害類型、規模，依實際需求設計並辦理實務演練。

（四）應記錄並留存相關防災工作，以建立完善可持續性防災校園，並利於業務交接時，能快速掌握災害防救等工作。

2.4.3.2 防災成為校園與教育特色－進階防災校園

已具備基礎防災工作推動經驗之學校，可持續精進與推廣防災校園工作，除了持續進行前述「基礎防災工作」之外，更強調防災教育可以結合鄉土教育、環境教育、氣候變遷教育、社區合作等議題，著重「夥伴」的導入參與和合作，以學校爲「區域性防災教育資源中心」的概念，藉由評估學校所處區位、空間及資源，依其特色建置發展防災基地，將其防災成果及成效往外拓展和延伸。配合學校建置需求研發防災教具或教材，藉由與社區、政府部會及相關團體之合作，積極導入相關資源並發展在地化教材教案，思考長期營運之方式。亦可結合教案教學，研發創新防災教學工具，以提升學生之學習意願及防災量能吸收度，近年積極於各學校導入科技應用，擴散防災教育能量。學校進階防災相關重點工作說明如下：

（一）防災基地規劃建置：依據學校所處區位、空間及資源，規劃防災教室或防災教育資源中心等防災空間之完備，並研發防災教具或教材學校配合建置需求，運用於教學或提供遊學參訪之營運推廣計畫。

（二）防災校園諮詢指導：提供縣市內其他學校（含幼兒園）有關防災校園建置諮詢及辦理實務工作坊。

（三）防災夥伴關係建立：簽訂學校與社區（或鄰近學校）合作協定，建立學校與社區防災推動組織，並辦理防災共識會議，認同彼此的防災意識與理念，進而建立雙方的合作目標。若有必要，得與社區共同辦理防災避難演練（兵棋推演或實兵演練）進行驗證，從而召開會議進行檢討，並討論雙方夥伴關係、災時合作模式。

（四）知識推廣宣導：藉由學校活動或社區活動等學校與社區間共同活動，將防災教育觀念與議題融入。

（五）環境檢視調查：和社區（或鄰近學校）一起進行環境踏勘與觀察課程，認識在地化災害潛勢，依據需求共同製作相關圖說或辦理工作坊進行討論環境檢核議題。

（六）營運合作規劃：依據在地特性及與社區（或鄰近學校）或防災教育輔導團之夥伴關係，研擬後續共同合作策略與營運規劃。

第3章 學校的災害管理工作

面對災害可能帶來的衝擊與影響，學校管理人員、教師和學生應做好保護自己免受人身傷害和生命損失，以及保護學校財產免受損害之準備（UNISDR, 2010）。校園災害管理（School Disaster Management）是一個評估與規劃的過程，涵蓋人身保護與應變能力的課程開發設計與管理機制，目標在保護學生與教職員免於人身傷害，將破壞之影響減至最低，確保所有兒童接受教育的持續性，並發展並維持安全的文化（IFC, 2010），可概分為「防災教育」和「災害管理」兩個範疇。

防災教育以學生為主要對象，教職員工次之。學生的防災教育連結教育部課綱的完整教育課程，建立國民基本的防災態度與知能。教職員工的防災教育則是功能導向，希望提升校園災害管理的能力或教師基本的防災知能；前者主要針對行政人員，後者是針對一般教師。

校園災害管理的循環步驟，包含：(1) 評估危害、脆弱度、能力和資源；(2) 降低實質環境風險、安全設施維護、標準作業程序和災害應變教育訓練的規劃和執行；(3) 藉由模擬演練，定期測試減災整備計畫和技能，並根據經驗修正計畫（IFC, 2010）。若有應變經驗，則應進而檢視相關計畫的適宜性，並導入機制調整與經驗學習。

3.1 各類災害風險的基本認識

進行災害管理之前應先對各類災害風險有基本的認識，並了解主管機關的相關措施和作為，必要時亦可提供學校和社區共同合作的相關資源。

3.1.1 自然災害

　　在土石流方面，行政院農業部農村發展及水土保持署制訂了土石流潛勢溪流的調查和提報辦法，把臺灣地區發生土石流風險較高的溪流列為土石流潛勢溪流，每年都會檢討更新數量。部分學校本身或聯外道路、學區的社區被土石流潛勢溪流的影響範圍涵蓋部分，也就是土石流一旦發生，這些區域就可能受到影響而造成建築物或設施受損與人員傷亡。部分有土石流風險的學校雖然經過教育部的災害潛勢評估得知風險為高或中，卻不清楚土石流影響範圍和災害發生後的衝擊，包括學校本身沒有災損，但聯外道路中斷等。尤有甚者，土石流也只是坡地災害的一種，坡地災害成因還包括順向坡、岩體滑動、岩屑崩滑、落石等四類經濟部地質調查及礦業管理中心分類的型態，也包括一般的地滑（深層或淺層土體移動）、坡地表面受嚴重沖蝕後的泥流或泥水等。以坡地災害來說，政府機關本身或委託民間機構調查哪些坡地為順向坡或具有岩體滑動、岩屑崩滑、落石的可能性，在圖面上加以標示；但調查評估並未涉及各種成因可能的影響範圍和傷亡損失。因此坡地災害潛勢圖只是把地質專家判斷的四種「可能導致坡地災害」的坡地（並非受影響範圍）位置和範圍繪製成地圖。土石流潛勢圖則略有不同，土石流潛勢溪流是透過業務主管機關制定的調查程序和判定原則，由工程師調查可能發生土石流的溪流與其集水區，利用電腦模擬和經驗判斷認定土石流發生後「可能的影響範圍」。

　　淹水潛勢由經濟部水利署負責評估。水利署委託學術或工程顧問機構利用國內外開發的淹水模擬軟體，針對設定的雨量條件，模擬降雨事件中各地區可能的淹水深度。因為淹水潛勢圖不只一張，而是根據不同的降雨迴歸期製作，是各類災害潛勢圖中唯一有「機率」概念的潛勢圖資。淹水潛勢圖製作過程頗為複雜，因為對任何地區來說，地形、地貌、土地利用型式、排水系統狀況都不同，引發淹水的降雨位置、範圍，降雨強度和時

間長短，都直接影響可能的淹水範圍和深度。所以工程師利用過去的降雨觀測資料，假設降雨位置、強度、時間長短（延時），並把原本的地理條件與排水系統條件輸入特定電腦程式計算，「模擬」特定降雨條件下特定地區可能淹水的範圍和深度。目前經濟部水利署提供的淹水潛勢圖有 6 小時累積雨量 150 mm、250 mm、350 mm；12 小時累積雨量 200 mm、300 mm、400 mm；24 小時累積雨量 200 mm、350 mm、500 mm、650 mm 等 10 種情境。相關資料並未說明這些降雨情境所對應的迴歸期。換言之，同樣的降雨條件在不同地區發生的機率並不相同，圖資的使用者在看到淹水區域和深度時，並無法對應到這樣的狀況可能發生的機率。不同的假設降雨事件會計算出不一樣的淹水結果。當然，因為參數設定差異，不同研究機構或軟體公司的程式對同樣的條件，淹水區位、範圍、深度都可能會得出不一樣的結果。然而，淹水潛勢圖即使不能被認為是颱風豪雨造成淹水的「預測」工具，卻是實用的「風險溝通」和「風險評估」工具；畢竟，風險是相對的，較低窪、排水系統設施不足的地區淹水可能性確實較高。

　　目前教育部防災教育資訊網的 GIS 圖臺只顯示 24 小時 500 mm 的淹水潛勢。如果需要了解在其他降雨條件下的淹水潛勢，可以到水利署防災資訊服務網的便民服務檔案下載專區（http://fhy.wra.gov.tw/fhyv2/disaster/downloads）下載淹水潛勢圖的 jpg 格式圖檔或 GIS 用的 shp 格式檔案。

　　地震方面，目前只能以地質學家的研究，根據地表露頭（斷層破裂面有延伸至地表且有明確科學證據）的斷層位置（包括長度）調查確認；易言之，若有深層的斷層無法透過地表證據而引發後續調查與確認，就是所謂的「盲斷層」，我們根本不知道這些斷層的存在，即使是這條斷層是過去一萬年或十萬年之內錯動過的活斷層，甚至過去曾經造成重大災害的地震，科學家們也無從得知。海嘯方面，目前正透過學者專家評估臺灣四周的海溝、海槽可能發生巨大地震的情境，以數值模式計算可能引發的海嘯

到達臺灣沿岸地區的可能水位高度，計算海嘯造成的淹沒深度。

3.1.2 人為災害

在人為災害部分，內政部消防署並未針對重大火災、爆炸製作災害潛勢圖，因為這些災害發生的可能地點無所不在。

學校針對火災應該認識 ABCD 四類火災，掌握校園中不同類別火災的高風險場所，且了解其滅火的原理。各類火災建議滅火方式如表 3-1 所示。

表 3-1　火災類別與滅火方式

火災類別	名稱	說明	建議滅火方式
A 類火災	普通火災	指木材、紙張、纖維、棉毛、塑膠、橡膠等可燃性固體引起之火災。	可以水或含水溶液的冷卻作用使燃燒物溫度降低，達成滅火效果，亦可採窒息方式、移除可燃物等方式滅火。
B 類火災	油類火災	指石油類、有機溶劑、油漆類、油脂類等可燃性液體及可燃性固體引起之火災。	可以掩蓋法隔離氧氣，採窒息方式滅火，亦可移除可燃物或降低溫度。
C 類火災	電器火災	指電氣配線、馬達、引擎、變壓器、配電盤等通電中之電氣機械器具及電氣設備引起之火災。	使用不導電的滅火劑控制火勢，亦可截斷電源後，依情況採 A 或 B 類火災方式滅火。
D 類火災	金屬火災	指鈉、鉀、鎂、鋰與鋯等可燃性金屬物質及禁水性物質引起之火災。	通常必須使用針對金屬火災之特定滅火劑才能有效滅火，並需視金屬種類使用特定滅火劑。亦可嘗試以窒息或移除可燃物方式滅火，惟千萬不可用水滅火，因嘗試以水滅火可能因氧化反應而使火勢更旺盛。

資料來源：內政部消防署，2017

　　若要針對可能發生爆炸或重大火災的大型石化工廠或石化工業區進行情境假設和評估，不確定性太高，情境太多，至今亦無相關資料。惟可依據內政部消防署頒布的《公共危險物品及可燃性高壓氣體製造儲存處理場所設置標準暨安全管理辦法》判定該工廠是否屬於公共危險物品及可燃性高壓氣體製造、儲存、處理場所。公共危險物品場所需要的判定基準，包括物品種類、分級與管制量，如表 3-2 所列。

表 3-2　公共危險物品之種類、分級及管制量

分類	名稱	種類	分級	管制量
第一類	氧化性固體	一、氯酸鹽類	第一級	五十公斤
		二、過氯酸鹽類	第二級	三百公斤
		三、無機過氧化物 四、次氯酸鹽類 五、溴酸鹽類 六、硝酸鹽類 七、碘酸鹽類 八、過錳酸鹽類 九、重鉻酸鹽類 十、過碘酸鹽類 十一、過碘酸 十二、三氧化鉻 十三、二氧化鉛 十四、亞硝酸鹽類 十五、亞氯酸鹽類 十六、二氯異二聚氰酸 十七、過硫酸鹽類 十八、過硼酸鹽類 十九、其他經中央主管機關公告者 二十、含有任一種成分之物品者	第三級	一千公斤
第二類	易燃固體	一、硫化磷 二、赤磷 三、硫磺		一百公斤

分類	名稱	種類	分級	管制量
		四、鐵粉：指鐵的粉末。但以孔徑五十三微米（μm）篩網進行篩選，通過比率未達百分之五十者，不屬之。		五百公斤
		五、金屬粉：指鹼金屬、鹼土金屬、鐵、鎂、銅、鎳以外之金屬粉。但以孔徑一百五十微米（μm）篩網進行篩選，通過比率未達百分之五十者，不屬之。	第一級	一百公斤
		六、鎂：指其塊狀物或棒狀物能通過孔徑二公釐篩網者。 七、三聚甲醛 八、其他經中央主管機關公告者。 九、含有任一種成分之物品者。	第二級	五百公斤
		十、易燃性固體：指固態酒精或一大氣壓下閃火點未達攝氏四十度之固體。		一千公斤
第三類	發火性液體、發火性固體及禁水性物質	一、鉀 二、鈉 三、烷基鋁 四、烷基鋰		十公斤
		五、黃磷		二十公斤
		六、鹼金屬（鉀和鈉除外）及鹼土金屬	第一級	十公斤
		七、有機金屬化合物（烷基鋁、烷基鋰除外）	第二級	五十公斤
		八、金屬氫化物 九、金屬磷化物 十、鈣或鋁的碳化物 十一、三氯矽甲烷 十二、其他經中央主管機關公告者。 十三、含有任一種成分之物品者。	第三級	三百公斤

分類	名稱	種類	分級	管制量
第四類	易燃液體及可燃液體	易燃液體：指在一大氣壓時，閃火點在攝氏九十三度以下之液體。	一、特殊易燃物：指在一大氣壓時，自燃溫度在攝氏一百度以下，或閃火點在攝氏零下二十度，且沸點在攝氏四十度以下之物品。		五十公升
			二、第一石油類：指在一大氣壓時，閃火點未達攝氏二十一度者。	非水溶性液體	二百公升
				水溶性液體	四百公升
			三、酒精類：指一個分子之碳原子數在一到三之間，並含有一個飽和羥基（含變性酒精）。但下列物品不在此限： （一）酒精含量未達百分之六十之水溶液 （二）易燃可燃液體含量未達百分之六十，且閃火點及燃燒點超過酒精含量百分之六十水溶液之閃火點及燃燒點		四百公升

分類	名稱	種類	分級	管制量
		四、第二石油類：指在一大氣壓時，閃火點在攝氏二十一度以上，未達七十度者。但易燃液體及易燃液體含量在百分之四十以下，閃火點在攝氏四十度以上，燃燒點在攝氏六十度以上，不在此限。	非水溶性液體	一千公升
			水溶性液體	二千公升
	可燃液體：指在一大氣壓時，閃火點超過攝氏九十三度未滿攝氏二百五十度之液體。	五、第三石油類：指在一大氣壓時，閃火點在攝氏七十度以上，未達二百度者。但易燃液體及可燃液體含量在百分之四十以下者，不在此限。	非水溶性液體	二千公升
			水溶性液體	四千公升
		六、第四石油類：指在一大氣壓時，閃火點在攝氏二百度以上，未滿二百五十度者。但易燃液體及可燃液體含量在百分之四十以下者，不在此限。		六千公升

分類	名稱	種類	分級	管制量
		七、動植物油類：從動物的脂肪、植物的種子或果肉抽取之油脂，一大氣壓時，閃火點未滿攝氏二百五十度者。但依中央主管機關指定之方式儲存保管者，不在此限。		一萬公升
第五類	自反應物質及有機過氧化物	一、有機過氧化物 二、硝酸酯類 三、硝基化合物 四、亞硝基化合物 五、偶氮化合物 六、重氮化合物 七、聯胺的誘導體 八、金屬疊氮化合物 九、硝酸脲 十、丙烯基縮水甘油醚 十一、倍羰烯 十二、其他經中央主管機關公告者 十三、含有任一種成分之物品者	A 型	十公斤
			B 型	
			C 型	
			D 型	一百公斤
第六類	氧化性液體	一、過氯酸 二、過氧化氫 三、硝酸 四、鹵素間化合物 五、其他經中央主管機關公告者。 六、含有任一種成分之物品者	第一級	三百公斤

資料來源：公共危險物品及可燃性高壓氣體儲存處理場所設置標準暨安全管理辦法，2019

　　依據行政院環境部頒訂的《毒性及關注化學物質管理法》，「毒性化學物質」是指人為有意產製或於產製過程中無意衍生之化學物質，經中

央主管機關認定其毒性符合下列分類規定並公告者。其分類如下：（一）第一類毒性化學物質：化學物質在環境中不易分解或因生物蓄積、生物濃縮、生物轉化等作用，致汙染環境或危害人體健康者；（二）第二類毒性化學物質：化學物質有致腫瘤、生育能力受損、畸胎、遺傳因子突變或其他慢性疾病等作用者；（三）第三類毒性化學物質：化學物質經暴露，將立即危害人體健康或生物生命者；（四）第四類毒性化學物質：化學物質具有內分泌干擾素特性或有汙染環境、危害人體健康者。毒性化學物質洩漏的災害風險，理論上可以針對使用毒性化學物質（尤其是傳播迅速的氣體）的工廠（毒性化學物質運作場所）位置加以定位，假設洩漏情境，利用數值模式依據可能的風向、風速模擬分析有毒氣體擴散範圍，產製出毒化災潛勢圖。「關注化學物質」是指毒性化學物質以外之化學物質，基於其物質特性或國內外關注之民生消費議題，經中央主管機關認定有汙染環境或危害人體健康之虞，並公告者。

實際上，各企業呈報的「危害預防及應變計畫」並無法於各級政府環保或災害防救主管機關網站查詢下載。各級政府亦未公布毒化災潛勢圖，也未提供教育部與各級學校使用。因此，教育部的校園災害潛勢評估網頁並未納入毒性化學物質製造或運作場所位置與物質之項目與數量資訊，亦無法提供毒化災潛勢資料。但是，即便欠缺這些明確的資料，學校也應設法了解緊鄰學校周邊的大小工廠和社區狀況（有些小型工廠位於一般民宅內），對於其發生火災、爆炸或毒化災的風險至少做出最初步的評估。若是學校一、兩百公尺範圍內有大型工廠或工業區，則應該設法了解其工廠類型，並蒐集資料判斷其火災、爆炸、毒化災的最惡劣狀況（Worst-Case-Scenario），以便預先評估必要的應變作為並研擬及執行防災訓練。

輻射災害則是依據《核子事故緊急應變法》第 13 條「核子反應器設施經營者應依中央主管機關之規定，劃定其核子反應器設施周圍之緊急應

變計畫區，並定期檢討修正。」目前核一廠、核二廠、核三廠之緊急應變計畫區範圍為 8 公里，範圍內的學校均納入緊急應變計畫，另有行政院核能安全委員會協助進行輻射災害的防災教育，並定期參與核電廠事故的疏散避難演練。

3.1.3 災害歷史資料蒐集

　　所有災害都是在地的，在地的災害歷史反映了危害、空間環境與社會狀況的互動特質。災害歷史資料的蒐集有幾個來源可以參考。最具權威性的來源是政府機關的資料，其中又以各直轄市、縣市與鄉鎮市區的「地區災害防救計畫」最佳。這些地區災害防救計畫中，不僅有該行政區各類災害潛勢資料，也蒐集了歷年的災害資料；多半都有發生日期、時間、地點、範圍及災損，針對較重大的災害事件會有更完整的敘述。其次是蒐集其他政府機關可能保存的調查資料，例如：行政院農業部農村發展及水土保持署土石流及大規模崩塌防災資訊網有「重大災害事件」調查資料，各級學校可以參考（https://246.ardswc.gov.tw/Achievement/MajorDisasters）。

3.2 環境踏勘與災害風險評估

　　學校的災害風險評估必須了解致災因子現況及風險處置作為的效果。災害風險的影響因子包括外部大環境的自然條件，例如：地理位置、地形、地質，及人為的防減災工程，如：堤防、抽水站、排水系統、滯洪池、防砂壩、護岸等設施是否存在且功能良好；也包括內部環境如校內排水系統、擋土牆、地錨是否提供適當的防護。此外，校舍的建築物耐震能力、設施設備的安全性等也影響災害風險。了解致災因子必須由外而內，先了解學校所處環境的災害潛勢，從校外的大環境著手，了解區域性災害概況，進而掌握學校座落位置周邊區域的災害歷史，再針對校內進行踏勘與檢核。

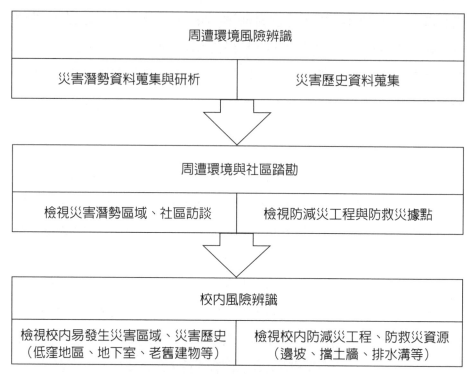

圖 3-1　學校災害潛勢評估與踏勘流程

3.2.1 大尺度：地區環境掌握

　　針對大範圍的環境區域，需優先辨識對學校有直接、立即影響的災害風險類別。自然災害方面，針對地震、水災、坡地災害（含土石流）、火山、海嘯；人為災害主要風險源則涵蓋重大火災、爆炸、毒化災、輻射災害（核災）等。重大火災、毒化災的主要風險源自於鄰近學校的工廠或工業區；輻射災害主要針對核電廠。「災害潛勢圖」的意義是針對不同危害加以描繪，這類地圖在國際上比較通用的名稱是 Hazard Map，也就是致災因子地圖或危害地圖。災害的業務主管機關或學術研究單位在這些地圖上圈繪出災害發生時可能發生的區域和影響的範圍，提供土地開發或防救

災規劃參考。教育部即是依據各災害防救業務主管機關製作的災害潛勢圖資評估各級學校災害風險。但在使用前應先了解災害潛勢圖資的意義及限制，以免誤解、誤用、誤判。這類地圖還不足以成為「災害風險地圖」，因為災害風險意味著災害可能發生的機率和後果，但這類地圖除非繪製時已經掌握災害發生機率，並且明確標註，否則就會造成誤解。

3.2.2 中尺度：社區環境踏勘

在了解大環境的災害概況之後，要進行社區踏勘和訪談。學校人員可以透過和公所人員或與村里長、社區耆老、意見領袖的訪談，蒐集在地發生過的災害事件。另外，也應該透過社區訪談，了解社區中容易發生災害的地點，或比較常積水、道路中斷的地點。踏勘時如果可以由公所或村里長陪同，更可以清楚了解歷年來建造的工程，包括新建年代、毀損年代、重建年代等；也可以知道哪些地方設置有監測設施，例如：人工水尺、智慧水尺、水位計、監視器等。

社區防減災工程主要是針對水災、坡地災害與土石流。為了減輕水患，政府機關可能建造堤防、抽水站、排水系統（包括區域排水、雨水下水道等），少數區域設置了滯洪池、疏洪道，這些設施都有助於在豪大雨時降低淹水的機率或高度。土石流部分則透過護岸和防砂壩降低土石流溢流淹沒和掩埋溪流旁的房舍或土地。至於坡地如果是利用擋土牆或地錨等工程來保護則多半有特定對象，例如：上方或下方的建築物或道路等。另外，政府機關針對較大規模的坡地滑動也可能以地表或地下排水設施降低滑動機會，或者設置監測系統觀測邊坡移動的狀態希望及時預警。

社區踏勘的另外標的是防救災據點，包括警察、消防單位、醫療院所等。若該村里的避難收容處所不是學校而是民眾活動中心、寺廟等場所，應一併了解其位置、安全性、適合利用的災害類別、可收容人數、使用狀態、管理維護狀況、交通動線等，並認識管理人。

3.2.3 小尺度：校內災害風險與安全性檢視

校內檢視主要有兩層意義：第一層是針對可能導致災害的風險源、第二層是可以提供防護的設施與設備。二者都直接影響到災害和意外事件的風險。學校教職員工並非各類災害的專家或技師，往往認為自己沒有專業背景，不應該或沒有能力進行建築物或設施設備的「檢查」或「評估」。但是，學校教職員工要負責的是「管理」，需做的檢查和評估都非「專業」等級，而是依據給定的方法和標準可操作的初步檢查和評估。關鍵在於訂定檢查和評估的機制，定期檢查檢查評估。一旦發現狀況或有疑問，再呈報主管機關並請相關單位人員或專業技師做進一步的檢查、評估和建議處理方式。因此，學校教職員工還是有最基本的檢查和評估責任，熟悉並落實檢查和評估作業。為了方便學校進行檢查與管理，以下依據災害類別來依序說明。

大多數學校容易輕忽颱風的防備，常是因為近年來只要發布陸上颱風警報，在警戒區以內的學校往往會因為各縣市政府依據氣象預報的風力判斷是否達到《天然災害停止上班及上課作業辦法》標準，事先停課。因此，即使學校在颱風侵襲期間發生災損，也不太會造成學生傷亡。但是，學校教職員工一樣應該避免颱風時的設施設備損失；此外，颱風的外圍環流也可能造成師生仍在校時的受傷風險。颱風時可能因強風受損且造成二次災害的風險源包括：

1. 校舍屋頂、加蓋的鐵皮屋、遮陽板鐵皮、水塔與水箱、太陽能板與相關設備。
2. 風雨球場鋼棚、溫室與各種棚架（植物、動物養殖）。
3. 遊具、體育設施（籃球架、足球門等）。
4. 走廊擺設、樹木、圍牆、看板、門窗。

每年汛期前，學校人員應針對校舍屋頂上的鐵皮屋頂、水塔、水箱、

太陽能設施等進行檢查，檢視其固定底座是否良好或者是底座鋼架、錨釘已經鏽蝕而使前述的設備已經會移動。老舊的圍牆，儘早修繕或拆除。各種棚架、遊具、體育器材若可臨時拆除並移動至室內的，應在陸上颱風警報發布後儘快處理；不可移動者應加強固定。樹木應定期修剪，颱風前應加強固定。走廊上和女兒牆上放置的花盆或供學生休息、閱讀的桌椅，應移動到室內。

　　颱風或其他原因帶來的豪雨，會造成學校內外淹水、積水可能造成的災害包括：

　　1. 師生觸電、涉水不慎受傷。

　　2. 電力線路受損、電器用品受損。

　　3. 地下室淹水、車輛泡水。

　　4. 變電設備、電梯、教學設備損壞。

　　5. 教室漏水。

　　應明確指出校內外低窪易積水地區（例如：校內地下停車場、地下室的舞蹈教室等），並在校園平面圖上標示校內易因淹水損壞之設備（例如：置於地下室之緊急發電機、電梯）。平時，尤其是梅雨、颱風季節前一定要檢查屋頂和走廊等各處的排水溝、排（洩）水孔（尤其是屋頂的排水孔）。排水溝、排水孔堵塞導致雨水無法順利排出，屋頂洩水口若被樹葉、雜物堵塞，則屋頂容易積水造成頂樓漏水風險大增。平時亦必須掌握校外易因淹水阻斷之道路（規劃疏散避難路線很重要），在大雨期間跟村里長保持聯繫，避免在校外嚴重淹水時放學，造成師生和家長的危險。在交通部中央氣象署對當地發布豪大雨特報後，應及時在校內重要出入口或教室、辦公室架設防水擋板或堆置沙包。若已開始積水則應針對積水區域加以管制，適時關閉地下室、一樓教室總電源，避免牆面插座或延長線漏電導致涉水的學生觸電。另一方面，位於山區溪流旁的學校，也可能因為

溪水暴漲、沖刷護岸，造成部分校地流失、建築物受損等狀況。

坡地災害包括：山崩、落石、泥流、土石流，人工處理過的邊坡在發生滑動或崩塌時，也可能有擋土牆傾倒、道路或地面陷落等狀況。除了泥流與土石流多半是在豪雨時發生以外，山崩、落石也可能因為地震引發或者既非下雨或地震時也可能發生。位於山坡地（標高在一百公尺以上者；標高未滿一百公尺，而其平均坡度在百分之五以上者）（行政院農業委員會，2019）範圍內的學校可能有自然邊坡或人工擋土設施，即使不在政府編定的山坡地範圍內，也有學校校內外地面高低差顯著而有擋土設施或校舍建築物分階依地勢而建。學校可能發生坡地災害的潛在災害型態包括：

1. 建物遭土石或泥水侵入、建物或設施遭土石掩埋。

2. 擋土牆或其他擋土設施傾倒、毀損。

3. 建物或周圍道路地基掏空、建物傾倒或滑動。

上述這些狀況可能造成建築物或設施設備受損，亦可能造成人員傷亡，端視其規模大小而定。在山區若發生大規模的土石流所造成的危害十分巨大，將會直接造成人員及設施的損失，也可能阻斷道路、沖毀橋梁或導致整個聚落被土石掩埋，民眾的房屋無法居住。另一方面，颱風、豪大雨所引發的土石鬆動或地基掏空亦可能導致建築物受損或造成安全疑慮。

因此，當學校周邊或校內有自然或人工邊坡、擋土牆時，校方應將校內與緊鄰校園外有邊坡與擋土設施區域在校園平面圖上標示。並評估校內可能因邊坡滑動、崩塌或擋土牆傾倒損壞之校舍（例如：位於擋土牆上方或前方的校舍，建議規劃倉庫、專科教室而非班級教室），平時預先規劃在颱風、豪雨期間的替代空間。了解學校周邊可能因邊坡滑動、崩塌或擋土牆傾倒阻斷之道路（規劃疏散避難路線很重要），調查是否有替代道路，以便師生和家長在颱風、豪雨期間利用相對較安全的道路上、下學。地震對學校可能造成的影響包括：

1. 校舍建築物倒塌或受損，嚴重者為結構系統之梁柱明顯變形或出現較深裂縫，輕微者為牆壁、地板出現裂縫，梁、柱、樓板、牆面、樓梯混凝土剝落，門窗變形、玻璃碎裂，外牆磁磚剝落。

2. 圍牆或擋土牆倒塌、傾斜或出現裂縫。

3. 設施設備受損，包括司令臺、體育設施、變電設備、水電瓦斯管線、電梯、電腦資訊設備、實驗設備、廚房設備、空調設備、鐵捲門等。

4. 輕鋼架天花板倒塌或掉落。

5. 教室、辦公室等櫥櫃倒塌、教具或其他物品掉落受損。

6. 實習工廠的機臺受損或移動，管線斷裂。

7. 地震引發火災、化學災害等二次災害。

　　學校愈大、設施與設備愈多，面對的地震風險項目愈多。有些學校有游泳池、音樂廳、創客教室等，各級學校有各類實驗室，技職學校還有各種實習工廠，其複雜程度不一。各個場所的管理人員均必須針對地震可能受損或引發二次災害的設施設備，評估其受損風險，並進行預防處理，例如：加強設備的固定和物品的收納。

　　由於公立學校幾乎都已逐步進行耐震評估與補強，但是有部分學校建築物的混凝土氯離子濃度偏高，平時就有混凝土剝落現象，更應該加強地震安全防護作為。此外，歷年來大大小小的地震中，都有學校發生雨遮或輕鋼架天花板掉落或受損狀況，應在建築師或其他專業人員協助下，了解這些附屬於建築物的部分結構體、非結構構材、設備、輕鋼架天花板等是否符合內政部「建築物耐震設計規範及解說」第四章及附錄 B 之規範。

　　人為災害方面，學校除了有廚房、烹飪教室、化學實驗室可能使用火源之外，也有眾多可能引發火災的電器設備和電線。因此，除了平時由消防設備廠商進行消防設施與設備的檢查與維護之外，對於致災源應該妥善

管理。校園內如果有油漆、溶劑等易燃物品，應規劃適當的空間儲存。瓦斯管線與供電系統均應定期檢修，並針對辦公室與教室、實驗室的用電安全進行管理。近年校園中火災屢屢發生於師生較少使用的樓頂或地下室儲藏室、資源回收場等場所，可能是因為線路老舊，又有易燃物品；又因沒有安裝火災偵測設備，導致災害容易擴大，這些都是在火災預防方面應該特別注意的事項。火災預防的常識較為普及，無論是內政部消防署或各直轄市、縣市的消防局都提供相當多資料可供參考。但重要的不只是知道這些常識，而是要建立安全管理制度，落實執行。因此，學校的防火管理人除必須針對較高風險的火源做好管理之外，也必須確保校園內的消防設備保持在良好狀態，並確實要求自衛消防編組人員定期訓練。

3.3 學校減災整備的規劃與執行

校園災害管理中的減災與整備工作都屬於災害和意外事故發生前的預防作為。首先從風險辨識開始，了解學校天然與人為災害潛勢，完成風險評估之後，依照風險高低與風險處理資源的多寡，進行風險處理優先順序的排序，據以規劃和執行減災與整備工作。減災措施包括災害潛勢資料的持續蒐集、校園內外環境的定期檢視與評估、建物耐震補強或附屬設施設備的強化、防洪擋板的設置或抽水機購置、消防設施設備維護、疏散避難動線規劃與避難地圖繪製張貼和動線指標的安裝、教職員工的應變編組、裝備購置和訓練演練、全校避難疏散演練的規劃與執行、防災教育與防災宣導活動的規劃與推動等。就防災教育或訓練來說，行政人員因為負責學校的災害管理與防災教育與活動的規劃，必須透過增能研習提升災害防救基本知能，以及執行災害管理工作所需要的專業知能；一般教師則應認知自己是班級在緊急狀況時的指揮官，應具備正確的避難引導觀念與能力。學校災害管理各階段的主要工作項目如圖 3-2 所示。

[教育×情境×認知×內化]

減災
Mitigation

建構韌性防災校園

配合都市韌性規劃
建築結構強化
維生管線盤整
災害潛勢資料蒐整
防災資源資料庫建置
疏散動線梳理
防災意識與作為導入
校園安全巡檢機制建立
安全設施維護管理

整備
Preparedness

健全災害防救機制

學校緊急應變小組設置
應變機制精進
物資器材儲備
備援機制掌握
災前的災後復原計畫
應變講習與教育訓練
演習演練常態化
宣導活動多元化
情境導入防災體驗

應變
Response

落實災防組織運作

緊急應變體系運作
災情蒐集損失查報
疏散避難對策執行
評估、標記、搜索救援
醫護機制緊急搶救
警戒與動線管制
師生臨時安置對策
救援物資取得運用
環境清理對策
復原工作籌備
後勤作業
維持持續受教權利

復原
Recovery

推動更好的重建

中長期安置與心靈安撫
啟動學校持續運作機制
協助受災師生
啟動復原重建體系
硬體設施復原重建
召開災後檢討會議

圖 3-2　學校災害管理各階段之主要工作

　　學校必須進行四項重要的防災整備行動：(1) 建立學校災害防救組織；(2) 擬定「校園災害防救計畫」；(3) 了解並釐清利害關係者的責任（包含教師與行政人員、技術人員、家長監護人、學生等）；(4) 進行防災演練，強化災害韌性（UNISDR, 2010）。學校之災害防救組織應由校長領導統籌組成，組織成員要包含教師、行政人員、家長、學生等，組織規模大小取決於學校人口、規模或教育階段（例如：小學、中學或大學），主要任務有：(1) 制定、審查、實施校園防災計畫；(2) 成立緊急小組，分配成員職責進行疏散、急救等作為；(3) 校內所有人員（含特殊需求者）共同演練；(4) 建立預警系統；(5) 與地方警消單位及學生家長溝通及協調；

(6) 將災害應變內容納入課程教學；(7) 準備、採購、儲存維護防災用品；
(8) 定期審查（UNISDR, 2010）。以操演、反思和修正減災與整備災計畫
等步驟，落實校園災害管理作為（IFC, 2010）。

3.3.1 災害管理體制

　　為了確保學生的受教權，學校必須建立並執行完善的災害與安全管理
體系與機制。教育部頒布的《教育部主管各級學校及所屬機構災害防救要
點》（以下簡稱《災害防救要點》），即已遵照國際上通用的災害管理循
環：減災、整備、應變、復原重建，區分了學校的各階段災害管理工作內
涵，如同 3.3 之內容。

　　依據《災害防救要點》，各級學校平時的災害防救工作包括修訂「校
園災害防救計畫」，並依據計畫執行減災、整備工作。針對校園的災害風
險進行辨識、評估與處置，之後並定期針對風險進行監測，持續改善。在
硬體的部分，主要的工作內容包括定期檢視政府各機關公告之災害潛勢資
料，了解學校所在地的災害潛勢變化，持續蒐集並彙整學校所在區域的災
例。定期檢查與維護校內建築物與設施設備，有安全疑慮時及時改善。軟
體的部分，除了對學生進行教育與防災活動之外，教職員工應辦理防救災
訓練，全校師生定期辦理全校防災演練；並與地方政府與社區保持聯繫，
建立並維持防救災事務的合作關係。

　　為了使全體教職員工相互合作、共同推動災害防救相關作業，規劃災
害防救相關事宜，落實平時減災整備、災時應變及災後復原重建等災害防
救工作，學校應規劃校園災害防救組織（圖 3-3）（校園災害防救計畫撰
寫指引，2020）。組織分為「平時階段」和「應變階段」。

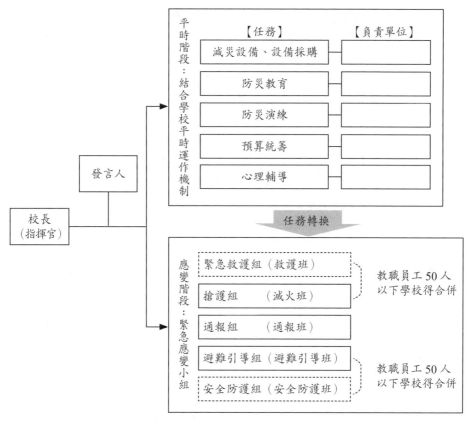

註：1.「緊急應變小組」應整合原有防救災相關編組，括號內表示自衛消防編組。

　　2.「緊急應變小組」原則分為 5 組，得依需求分為 3 組（搶救組、通報組、避難引導組），或採階段分組。

　　3. 學校得視實際需求增減組別，惟應同時考量自衛消防編組之需求。

　　4. 學校得視情況，安排人員於不同階段支援不同組別。

圖 3-3　校園災害防救組織架構

資料來源：校園災害防救計畫撰寫指引，2020

　　「平時階段」由校長負責督導學校各處室依其業務職掌及權責，於平時進行減災整備工作，並妥善規劃減災整備工作分配（表 3-3），擬定負責單位和協助單位，必要時可尋求專業團隊支援與協助。「校園災害防救組織」統籌規劃減災整備工作如圖 3-4，全體教職員工生須共同執行。

此外，平時階段也應規劃緊急應變小組，劃定權責與分工，明確列出指揮官、指揮官代理人、發言人及各分組負責人及其代理人等相關資料。

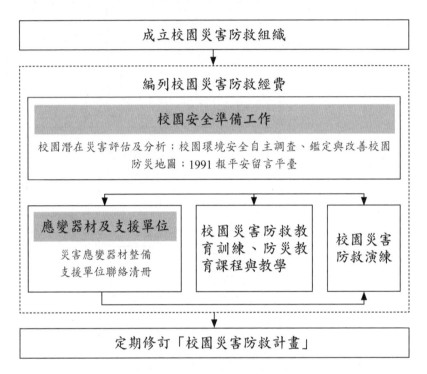

圖 3-4　減災整備工作架構圖

資料來源：校園災害防救計畫撰寫指引，2020

依據「校園災害防救計畫」和其他各相關法令，校園中減災整備工作包括：

1. 「校園災害防救計畫」之統整。

2. 校園基本資料與災害潛勢資料之更新。

3. 防災教育規劃與執行。

4. 防災演練之規劃與執行。

5. 校舍檢查、維護與改進。

6. 實驗室安全檢查與改進。

7. 消防與其他防災設備檢查與維護。

8. 防救災器材與物資管理。

9. 學生健康狀況與特殊學生等醫療相關資料建置與管理。

10. 政府各防救災機構聯絡與協調（包括避難收容處所開設）。

11. 志工與家長協調聯繫與訓練。

12. 校車安全檢查與維護及司機教育訓練。

13. 廚房安全管理與廚工防救災訓練。

14. 校園防災活動與家長防災活動辦理。

15. 災害管理工作管考。

表 3-3　平時減災整備工作分配表

工作項目	工作內容	負責單位
計畫與組織持續改善	▶督導「校園災害防救計畫」之修訂與執行。 ▶建立災害防救組織，分配任務與資源。 ▶訂定校園災害管理的目標與工作內容，分配資源，領導教職員工執行。 ▶訂定工作考核與成效評估機制，落實考評，實施獎懲，持續改善。	校長
環境與設施管理	▶進行校園災害潛勢評估，掌握學校所在區域與校內災害特性。 ▶統籌編修「校園災害防救計畫」，定期檢討更新。 ▶製作校園災害防救圖資，如校園防災地圖等。 ▶定期檢視並持續提升環境、建築物、設施設備之安全性。	總務處
防救災設施設備維護	▶消防設施、設備之檢查與維護。 ▶避難設施之檢查與維護。 ▶避難收容空間管理。	總務處

工作項目	工作內容	負責單位
防救災物資儲備	▶ 緊急應變器材與裝備之維護與更新。 ▶ 防災物資之儲備與更新（水、乾糧等）。 ▶ 緊急醫療器材裝備之儲備與維護。	總務處 健康中心
防災訓練	▶ 擬定教職員工生防救災教育訓練計畫（消防、傷患救助、疏散避難、收容安置、災後心靈撫慰與輔導等）。	總務處 學務處 健康中心 輔導室
防災教育	▶ 規劃與實施學生的防災教育課程。	教務處
防災活動 防災演練	▶ 規劃學生防災活動（參訪、社區活動、競賽等）。 ▶ 規劃全校師生防災演練。	學務處 教務處
防災研習	▶ 規劃與執行教師防災教育研習。 ▶ 行政人員災害管理研習。	教務處 學務處 總務處
防救災資料保管與更新	▶ 定期更新教職員工與師生緊急聯絡資料。 ▶ 定期更新教職員工重大傷病、身心障礙等特殊個案資料。	學務處 人事室 健康中心
地方政府與民間團體合作	▶ 即時更新地方政府防救災單位聯絡資訊。 ▶ 定期與地方政府災害防救業務人員互動，確認災害防救協助機制。 ▶ 建立與維持與民間團體災害防救合作機制與夥伴關係。	總務處
社區合作	▶ 規劃與執行與社區之防救災合作（社區防災教育、疏散避難演練、避難收容訓練等）。	總務處 教務處 學務處

資料來源：部分參考自校園災害防救計畫撰寫指引，2020

3.3.2 校園災害防救相關計畫的擬定、執行與考核

學校針對安全有非常多的計畫需要擬定，最主要的還是「校園災害防救計畫」。此外，如果學校針對緊急應變有特殊的需求，或願意花更多心力超前部署，則可以擬訂緊急應變計畫。不管什麼計畫，都不是為了提供

檢查獲評鑑，更未必要厚重的內容，能夠務實有用才是重點。

3.3.2.1 校園災害防救計畫

　　「校園災害防救計畫（School Disaster Management Plan, SDMP）」之目的在協助學校辨識危害、管理危害，以及透過規劃和有效應變來減輕影響，確保緊急情況下學生和工作人員的安全（DDMA, 2000）。計畫應簡要說明角色、責任和執行程序，提供具體行動方向，分步驟設定標準作業流程，但確保有足夠的靈活性，在突發緊急程序中仍可運作，且須審查、定期更新（UNISDR, 2010）。此外，要綜合說明各階段預防、整備、應變和復原重建作為，不同緊急情況下，決策過程仍應保持一致；需與學校、社區協商，確保計畫適合學校，且學校與社區皆了解計畫內容、接受培訓，並與學生家長分享；應協調外部支援單位（警察、消防、救護等）及其他緊急服務機構、地方政府；同時，明訂員工和學生責任範圍和限制（DDMA, 2000）。針對脆弱度評估，應調查與蒐集的資訊包含學校建物、學校周邊危險植被、建物、自然環境、氣候資訊，以及當地緊急救援服務機構資訊等，並彙整當地災害歷史與當地相關專家（例如：工程、水利等）進行危害評估，確定人員、財產環境的脆弱性，制定因應對策，針對緊急疏散避難計畫，須依不同的災害類別確立可安全撤離地區，疏散路線應避免在潛在危險路線上，並設立疏散的簡單規則，疏散避難地圖應放置於顯眼位置（UNISDR, 2010）。計畫內容亦應包含地圖與平面圖（例如：災害潛勢圖、學校平面圖、設備管線分布位置圖等），以提供評估使用；預警系統、疏散避難路線地圖、撤離人員收容位置列表、演習計畫、緊急聯繫程序、學校財產清單和災時可能產生危害的設備、緊急交通、備用警示系統、學校紀錄備份等（UNISDR, 2010）。

　　2014 年《各級學校校園災害管理要點》名稱修訂為《教育部主管各級學校及所屬機構災害防救要點》，明訂應遵循本要點之單位為「本部主

管各級學校及本部所屬機構」，並新增條文：「各直轄市政府教育局及各縣（市）政府得準用本要點規定，督導主管學校及幼兒園辦理災害防救工作。」允許縣市政府「得」要求幼兒園依照本要點辦理防災工作。此外，內文中最重要的修訂也包括「學校及機構應結合所在地區災害潛勢特性，訂定『災害防救計畫』及相關具體作為」，將「校園災害防救計畫」的名稱確立，與《災害防救法》規範下地方政府的「災害防救計畫」名稱一致。

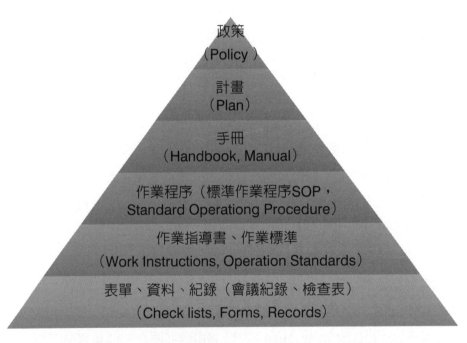

圖 3-5 「校園災害防救計畫」相關文件管理體系

目前臺灣從幼兒園到大學的各級公私立學校都可以從教育部的防災教育資訊網登入後，下載完整的「校園災害防救計畫」。各級學校必須遵循教育部的規定，擬定「校園災害防救計畫」。為了讓各校相關人員可以順利擬定「校園災害防救計畫」，教育部制訂了計畫書的範本提供給各級學校使用，目前版本包括：一般學校、幼兒園、特殊教育學校。

　　各級學校應該依照學校本身的特性，準備計畫書中所需要的各項資料，納入其中。計畫書區分爲五篇，基本架構包括：學校概況（學校基本資料、校園災害管理組織與任務分工（平時與應變）、學校災害潛勢（潛勢圖與分析）、減災整備階段任務與分工、應變階段任務與分工及基本應變程序、災害復原重建階段任務。計畫的附錄包括了執行校園災害防救工作必須使用到的各類空白表單，地震、海嘯、淹水、坡地災害、輻射、空氣汙染、火災、實驗室、毒化災、生物病原災害等各類災害獨特的應變程序與重點等。由於各級學校的條件不同，尤其是技職類學校有各種不同的實習工廠，除了計畫書中已經提供的參考圖、表之外，學校應該針對本身的特性，自行補充擬定符合學校需要的圖表與資料。其中的災害潛勢資料應至少繪製地震及淹水的災害潛勢圖，並呈現與最鄰近潛勢區的相對位置，其他災害則視需求繪製，學校並編輯該校的建築物、平面圖、教職員工生人數、災害應變組織、校園防災地圖、校園防救災物資、防救災單位聯絡電話等資料，就可以完成計畫編定。此外，教育部並製作了撰寫指引，讓學校人員可以了解計畫書各部分內容的意義與細部的撰寫指導。學校人員只需要登入教育部的防災教育資訊網就可以下載計畫書範本，自行編修。爲了確保「校園災害防救計畫」可以落實執行，學校應該以書面化程序必須建立來訂定管制要求：

1. 發行前被審核其適切性。

2. 審查及修訂，必要時重新審核。

3. 確保文件的變更和目前版本狀況加以識別。

4. 確保相關文件版本在使用場所可被取得。

5. 確保文件保持清楚易懂、容易識別。

6. 確保外來原始文件的識別並管制其分發。

7. 防止過時（失效）文件非預期使用，如爲任何目的而予以保留時，應加以適當鑑別。

　　教職員工的教育訓練也屬於減災和整備工作的一部分。在一般教師方面，因為要進行防災教育的教學，除了本身教育過程建立的有關災害的基本知識以外，對於災害防救知能的不足，也必須透過研習課程建立。無論是校內自行辦理研習，或者是縣市防災教育輔導團辦理的研習，都是必須要辦理的防災教育活動。

　　目前教育部與各縣市教育局處，並未指定校園災害管理的主要承辦處室與承辦人。學校目前多半是總務處或學務處負責，因為總務處負責學校的建築和設施設備，學務處負責校園安全與防災演練，所以各校就由校長自己指派主責單位。在校園防災工作中，防災教育由教務處負責，但多半都沒有落實在課程中，而是以學務處規劃的防災宣導活動充數，或者舉辦一些防災漫畫、防災標語、防災書法活動應付，或由少數老師製作幾個與防災相關的教案交差。至於校園災害管理方面，校園防災計畫編修、防災地圖製作、防救災物資整備、防災演練這幾項工作，就多由總務處和學務處分工。

　　因為包括校長在內的教職員工，對於災害或意外的風險管理和當責（Accountability）沒有概念，所以沒有能夠針對事件處置的問責中，計畫擬定、應變作業程序擬定與熟知、裝備的有無和妥善狀態、應變人員訓練與實際作為等，釐清權責與問責；因此就輕忽了建立明確權責分工與責任歸屬以及實際上落實災害管理工作的必要性和重要性。

　　以目前各校的概況而言，計畫的編修僅為總務處或學務處承辦人個人處理，其他的人即使會簽，也根本不看內容。簡單說，學校行政業務龐雜，每個人自己完成承辦的業務，是最基本的要求。但是，校園防災這種跨處室的業務，除非校長主動介入，否則很難建立良好的橫向協調和整合機制。

　　在校園災害防救工作的輔導與管理考核方面，雖然「校園災害防救要

點」指出是由教育部學生事務與特殊教育司主管處理，但該單位並未建立任何校園訪視輔導或評鑑機制，因此地方政府教育局處也並無法令授權與要求進行輔導或評鑑。校園災害管理的評鑑，就端賴各縣市本身在校務評鑑中納入的項目來檢視校方提供的書面資料。過去在教育部對縣市政府的「統合視導」期間，防災教育和校園災害管理被納入視導項目；各級縣市政府確實因而較為重視。但「統合視導」在 2015 年各縣市陸續拒絕配合辦理後，2016 年起停止辦理。目前防災教育和校園災害管理業務，併入由行政院災害防救辦公室負責的每年度「災害防救業務訪評」，由中央政府檢視縣市政府教育局處提供的書面資料，評定各縣市的執行狀況。

3.3.2.2 緊急應變計畫

應變計畫（Response Plan）是預先蒐集為了因應事故使用而開發、彙整、維護以備使用的程序（Procedures）、情報（Information）。因此，緊急應變計畫（Emergency Response Plan）針對無預警災害（例如：地震、火災、爆炸、重大意外事故）發生後以及可預警災害（例如：颱風、豪雨、淹水）瀕臨發生前，單位採取可以減輕災害損失的緊急預防或搶救措施，屬於風險管理工作的一環。因為緊急事件和狀態甚少發生，絕大部分的人員缺乏相關的經驗，因此必須事先擬定緊急應變計畫並加以訓練，以減少傷亡和損失，並達成許多法令要求單位針對合理可預警（Foreseeable）執行符合注意義務（Due Diligence）或合理注意義務（Reasonable Care）必須的應變工作。可預警的災害，在災害發生前應採取的緊急應變行動包括：監測災害資訊、發布警戒，臨時水災預防作為，如：堆沙包、架設防水擋板、關閉防水閘門、啟動抽水設備等與火災時的初期滅火；以及避免傷亡的疏散避難、臨時收容等。

在各個單位的管理體系中，緊急應變計畫可能是獨立的一份計畫、可能有多份獨立（應整合但未整合）、也可能是其他計畫的一部分。對單位

來說，最有效能和效率的方式是擁有一份獨立的緊急應變計畫。單位在經過風險評估和處置之後，針對殘餘風險較高的災害和意外事故，以全災害取徑（All-Hazards Approach）擬定完整的緊急應變計畫，涵蓋的核心作業包括：災害通報與確認、情資蒐集管理與研判、應變啟動、疏散撤離、安全維護、救災搶險、傷患救護、臨時安置、災損清查、復原清理、歷程紀錄等。

在政府體系內，無論是主管災害防救或勞動安全，或某些行業的目的事業主管機關，在以維護公共安全（Public Safety）目標之下，為了讓單位擁有最基本的應變能力，因此政府災害業務主管機關擬定了不同計畫，要求民間企業或學校等遵行，例如：內政部要求各單位制訂「消防防護計畫」、環境部要求毒性化學物質運作場所制訂「危害預防及應變計畫」、勞動部要求危險性工作場所制訂「緊急應變計畫」等。單位為了符合法令而備妥要求呈報的計畫，但計畫間彼此獨立，在單位內並沒有整合。另外，諸如政府機關或學校，依法有「災害防救計畫」，其中涵蓋「減災、整備、應變、復原重建」各階段工作事項，應變僅為其中一部分，且針對災害防救任務加以規劃，不必然針對單位受災時的應變作為有具體規劃。

民眾或單位經常以為依據政府法令要求制訂且提供「範本」或「格式」撰寫計畫就等於做好了應變準備，且以為政府要求的是「最高標準」。實際上這是個極大的誤會。災害和意外事件的規模、發展性與複合性皆因地點、時間、內外環境的不同而異。然而，政府制訂架構、格式、內容、編組的計畫，並非為每個單位量身訂做，其最大問題是沒有「情境」的概念。亦即這些計畫範本和應變程序，考慮的是共通性的基本原則「底線」，並未涵蓋不同災害規模、災害發生位置、災害擴大方式、受威脅資源、可用資源等攸關應變作為的因素。因此，單位必須依據本身能量、災害特性與應變能力量身訂做緊急應變計畫。

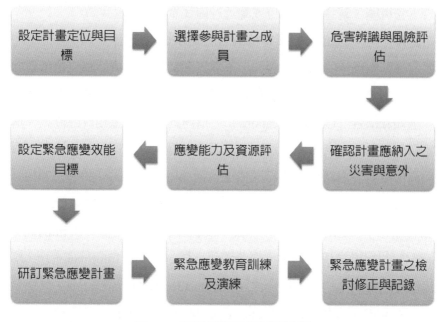

圖 3-6　緊急應變計畫制訂流程

資料來源：姚大鈞、單信瑜，2015

緊急應變計畫制定之基本原則包括：

1. 應制定各類緊急狀況之應變指引（內容可包括計畫架構與流程、緊急狀況的一般性處理原則及計畫啟動原則），作為研訂緊急應變計畫之參考，並對辨識出之風險因子及對應的緊急狀況予以分類。

2. 緊急應變計畫內容應包含應變組織架構、各級人員之角色與權責、通報、現場搶救、醫療救援、消防、人員疏散及災區再進入等措施和步驟。

3. 規劃緊急應變處理措施時應將可能導致二次災害之因素納入考量。

4. 計畫程序應包括災害發生時向政府單位、民眾及媒體及相關利害團體發布必要訊息之方式。

5. 規劃緊急應變計畫時，應將利害關係者之需求納入考量，包含主

　　管機關、緊急支援單位或鄰近社區民眾等。

　　緊急應變計畫必須根據單位的實際需求編製整備，事故發生時才能有效發揮緊急應變的功能。否則，不僅資源耗損，更可能造成單位對於風險有錯誤的安全感，成為單位隱性的風險。緊急應變必然會面對的問題包括：通報和溝通（Communications）、指揮責任、資源和資源協調、情報蒐集與狀況評估、人員和交通控制、環境保護、計畫與訓練、媒體、政治等面向。擬訂計畫時可參考相關標準包括 NFPA® 1600（NFPA, 2019）、ISO 22320（ISO, 2018b）等。ISO 22320 是 ISO 制訂的緊急管理－事故現場管理指引（ISO, 2018b）。其中涵蓋了指揮與控制（Command and Control）的組織結構與程序、作業情報（Operational Information）、事故現場應變組織內部的協調與合作（Coordination and Cooperation）、決策支援、可追溯性、情報管理（Information Management）、跨單位的可操作性（Interoperability）。對單位來說，如果無法即時應變，可能造成暴露於危害的範圍和財產損失擴大。單位內部的緊急應變人員未必是專家，但需要建立系統讓外部專家可以快速展開工作。單位必須快速成立應變組織以便執行政府救災人員與外部專家提出的需求。

　　緊急應變的主要行動可以區分為：應變啟動、人員調度、物資調度、內外部溝通（圖 3-7），至少必須包括下列內容：

1. 計畫目的與相關單位。
2. 風險評估（災害潛勢、可能危害源與對員工、大眾和環境可能造成之傷害）。
3. 警示與通報機制。
4. 應變人員與設備清單（應變資源清單）。
5. 應變人員編組與相關單位之分工職掌和權責。
6. 危害物質（汙染物、消防水）處置。
7. 公共訊息（媒體對應、發言人）。

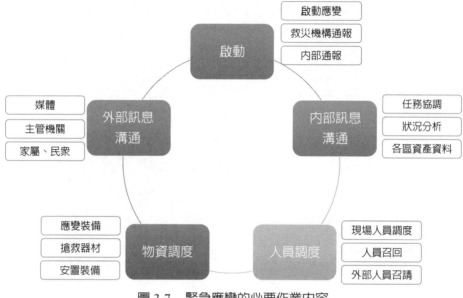

圖 3-7　緊急應變的必要作業內容

資料來源：姚大鈞、單信瑜，2015

3.3.3 資源盤點與整備

　　學校針對災害應變的需求，必須建置各種防災儲備與器材，並且融入平時的訓練與演習中實際使用。日本的各級學校均具備防災倉庫，由學校、社區、志工等共同維護，災時可以提供學校與民眾一定的自救能量。

3.3.4 學校的防災儲備

　　臺灣目前各級學校也逐步建置防災器材儲備，以下案例可以比較日本與臺灣的學校防災儲備差異。

圖 3-8　防災倉庫

資料來源：日本茨城県日立市立東小沢小学校，2015，https://www.city.
hitachi.lg.jp/higasiozawa-e/004/003/p040112.html

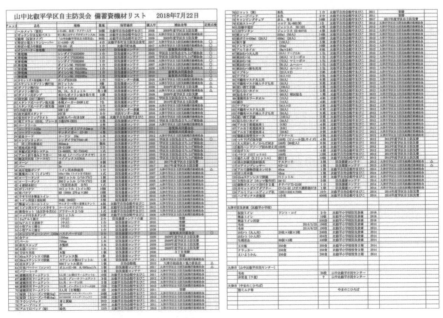

圖 3-9　日本學校的防災儲備清單（例）

資料來源：学区防災備蓄資機材リスト，2018，http://blog.livedoor.jp/
shagal/archives/51989016.html

表 3-4　學校防災器材儲備檢核表（例）

應變器材	數量	單位	存放地點	負責人員	檢查結果 已完備	檢查結果 需改善	改善內容
個人防護具							
工作手套	30+166	雙	學務處				災時搶救設備及避難需要
安全帽	10+93	個	學務處				
防災頭套	5+15	個	學務處				如有學童頭套破損，學校預備用
簡易式口罩	20	個	學務處				
安全鞋	0+6	雙	學務處				災時搶救需要（供搶救組使用）
成人雨具	200	套	學務處				
兒童雨具	0+1193	套	學務處				災時（雨天），學生使用
哨子（警笛）	20	個	學務處				
檢修搶救工具							
（移動式）抽水機	0+1	組	總務處				本校位在淹水潛勢區內，預備用
（移動式）發電機	0+1	個	總務處				維持災時各項需求之發電
破壞工具組	1+1	組	總務處				災時清除障礙物需要
挖掘工具	1+1	支	總務處				
緊急照明燈	10	組	學務處				
抽水泵	2	支	學務處				
沙包	5	個	總務處				
滅火器（ABC）	55	支	全校各處				
撬棒	0+3	支	總務處				災時破壞門鎖使用

應變器材	數量	單位	存放地點	負責人員	檢查結果 已完備	檢查結果 需改善	改善內容
安全管制用工具							
夜間警示燈	0+5	組	學務處				設置緊戒標誌，以免人員跑入危險區域
警示指揮棒	3+50	組	學務處				災時避難引導需要
反光型指揮背心	30+23	件	學務處				
手電筒	2+3	個	學務處				災時清除障礙物需要
警戒錐	0+10	支	學務處				設置緊戒標誌，以免人員跑入危險區域
安全警戒線	0+2	捲	學務處				
攜帶式揚聲器（手提擴音機）	2	個	學務處				
監視器	123	臺	學務處				
通訊聯絡工具							
無線對講機	15+9 (6+3)	支	學務處				由指揮官、兩位副指揮官、各組組長持有及組員一位持有（含幼兒園）（6支因數量不足需增加，另外3支，器材損壞時備用）
收音機	1	臺	學務處				
緊急救護用品							
自動體外心臟電擊去顫器（AED）	1	組	F棟1樓				
急救箱	1	組	學務處				

應變器材	數量	單位	存放地點	負責人員	檢查結果		改善內容
					已完備	需改善	
氧氣筒／瓶	2	個	健康中心				
緊急保暖毯	0+10	件	健康中心				防止體溫急劇下降
骨折固定夾板	0+5	個	健康中心				災時傷患人員需要
長背板加頭部固定器擔架	1+1	個	健康中心				
三角繃帶	10	個	健康中心				
冷敷袋／熱敷袋	16/2	個	健康中心				
額溫槍／耳溫槍	28/3	支	健康中心				
醫用口罩	4628兒／3150成	個	健康中心				
酒精	62	瓶	健康中心				
消毒水	48	瓶	健康中心				
折疊式擔架	1+3	個	健康中心				災時傷患人員需要
輪椅	2	個	健康中心				
臨時收容用品							
備用電池	100	個	總務處				
阿里山帳篷（歐式帳篷）	5	組	學務處				
睡袋	1	個	學務處				
其他							
剪刀	0+10	把	總務處				災時用於搶救、緊急救護之輔助用途

應變器材	數量	單位	存放地點	負責人員	檢查結果		改善內容
					已完備	需改善	
飲用水	0+58（30+28）	箱	總務處				58箱700毫升礦泉水=974.4公升（1箱／24瓶）（30箱備於校內；另28箱視狀況與合作商家添購）
乾糧	0+785	包	總務處				營養口糧
備用發電機	1	臺	F棟B1				平時備用柴油950公升，約可供電5小時
自來水塔	4	座	D棟 F棟 廚房				擁有92.55噸蓄水量，於災時與雨水回收水塔搭配可供2-3天用水
雨水回收水塔	3	座	D棟 F棟				擁有55噸蓄水量，於災時與自來水塔搭配可供2-3天用水
檢核日期	109年9月23日			檢核人簽章		校長簽章	

註：灰字部分為建議增加數字，實際情形得視需求自行增減或調整。
資料來源：部分參考自校園災害防救計畫撰寫指引，2020

表3-5　學校災害應變器材檢討分析表（例）

個人防護具器材	
工作手套	依照校園緊急應變組織人數，每人各備兩雙（含幼兒園12人）
安全帽	依照校園緊急應變組織購買六種不同顏色以便辨識人（黃色安全帽外圍加上紅色標記：指揮官及副指揮官、黃：搶救組、藍：通報組、綠：避難引導組、紅：安全防護組、橘：緊急救護組、白：機動組）

檢修搶救器材	
破壞工具組、挖掘工具	可各添購一組備用，提供搶救組使用
撬棒、抽水機、發電機	目前學校未有，因此添購
安全管制用工具器材	
夜間警示燈、警戒錐	目前學校未有，因此添購提供標示危險區域使用
警示指揮棒	現今僅有 3 支，增加 50 支供避難引導組 53 人全員使用（幼兒園 6 人）
反光型指揮背心	現今僅有 30 件，增加 23 件供避難引導組 53 人全員使用（幼兒園 6 人）
緊急救護用品器材	
緊急保暖毯、骨折固定板	目前學校未有，可添購備用
折疊式擔架	相較於普通擔架比較好收納，可多添購備用
其他器材	
飲用水	依據衛福部，每人每日最少攝取 1500ml 的飲用水，檢討採半日飲用量
乾糧	依據衛服部，每人每日熱量攝取不可低於 1200 大卡，檢討採半日食用量

表 3-6　緊急應變小組文件及器材分配表（例）

組別	搶救組	通報組	避難引導組	安全防護組	緊急救護組	機動組
文件分配	教職員點名單	1. 教職員點名單(總表) 2. 支援聯絡清冊	1. 教職人員點名單 2. 避難疏散情形調查表 3. 班級人員清點紅綠表	1. 建築物及設施危險判定表 2. 教職人員點名單	1. 教職人員點名單 2. 教職員工生送醫名單	1. 班級人員清點紅綠表 2. 教職人員點名單

組別	搶救組	通報組	避難引導組	安全防護組	緊急救護組	機動組
器材分配	1. 安全帽 2. 工作手套 3. 破壞工具 4. 挖掘工具 5. 手電筒 6. 滅火器 7. 反光背心 8. 無線對講機	1. 安全帽 2. 工作手套 3. 手提擴音機 4. 收音機 5. 無線對講機	1. 安全帽 2. 工作手套 3. 哨子 4. 指揮棒 5. 反光背心 6. 無線對講機	1. 安全帽 2. 工作手套 3. 手電筒 4. 糧食物資 5. 飲用水 6. 備用電池 7. 無線對講機	1. 安全帽 2. 工作手套 3. 急救箱 4. AED 5. 氧氣瓶 6. 擔架 7. 酒精（消毒水） 8. 帳篷、睡袋 9. 無線對講機	1. 安全帽 2. 工作手套 3. 無線對講機

註：器材平時應使用收納箱依各組裝箱，方便災時搬運

3.3.4.1 緊急避難包

緊急避難包（或稱防災包）不是一定要放什麼，重點在於「思考自己在緊急時期的迫切維生需求」。關於緊急避難包，很多人誤以為防災包是躲藏時要使用，或以為是地震過後躲在家裡瓦礫堆裡求生要吃的，這受到之前東星大樓生還者吃冰箱腐爛蘋果維生的誤導訊息影響。問題在於，推行這麼多年，民眾對於「防災包」的想像很模糊。

日本政府歸納特別需要準備的物資，依類別分成三級：0 級（隨身攜帶）、1 級（緊急帶出）、2 級（安心儲備）。

一、0 級（隨身攜帶）# 日常隨身包的物品，例如：口罩、手電筒、暖暖包、乾洗手、隱形眼鏡……等。

二、1 級（緊急帶出）# 緊急離家避難應攜帶的物品（約 3 天份，後背包可負擔的容量），例如：眼鏡、水、收音機、保暖毯、簡易廁所、乾電池、證件影本、常備藥……等。

三、2 級（安心儲備）# 在家避難或隔離的物品，會需要較大的儲備分量（1 週至 1 個月不等，視情況而定），例如：衛生紙、飲水、米飯麵條、果醬罐頭或即時料理包、耐久放的乾果蔬菜……等。

　　災害可能單獨發生，也可能前後來到（例如：疫情蔓延又碰上旱災或地震），這就是複合式災害，因應準備的情況就更複雜了，都需要細細思考和情境想像，不是簡單歸類和清單就可解決。所以，重點在於：民眾要依照災害情境思考自己的生活所需，進而有所準備。

　　一般在講的防災包就是「災害時要攜出使用」，屬於一級。民眾要能自己考量準備的物品，分級準備比較不會困惑，也比較符合情境思考。所以，針對情境想像需求，比較容易按照自身確實需要準備物資，也才不會裝了一堆不符合自己需要的東西（也失去每個人一包，量身打造的意義）。

　　學校緊急避難包的準備也是一樣的原則，準備班級和學校的緊急避難包。因為情境不同，和家庭的準備也就有所差異。學校班級應思考老師緊急攜出時可能會遇到情境的需求，或是該完成的工作來準備內容物，例如：水、簡單的包紮用品、輕便雨衣、點名單、乾糧，甚至是幼兒園安撫小朋友使用的糖果餅乾等等；指揮官及各編組也是思考各自需要進行的工作來準備相關物品。

3.3.5 學校與社區合作

　　學校除了必須負責本身的災害管理工作之外，由於學校往往是社區的中心，因此除了學校必須落實災害管理作為，確保本身能夠因應災害衝擊之外，若能以校園為基地，與社區合作來共同推動防災工作，平時即加以組織、教育訓練，從觀念養成到相關技術的演練，透過參與，有效展開減災工作，由下而上的災害管理模式，更能確保民眾的生命財產安全，建立社會的防災文化，強化災害韌性。

　　在減災方面，學校是社區中的知識中心，扮演著社區災害相關知識傳遞與傳承的重要角色。除非社區本身有非常堅強的自主防災應變組織，且經常辦理相關的防救災活動，或許社區也常常面對各種災害的發生與應變，否則在社區中大多數的民眾對於社區的災害風險和災害歷史可能非常

缺乏了解，也沒有建立自主防救災的能力。然而，學校透過教育，讓社區的孩子從小學習在地的環境與災害知識與防救災技能，且透過各種活動擴大家長和社區民眾提升風險意識和防救災能力。

減災
- 災害潛勢與災例調查與分析
- 脆弱度調查與分析（重要道路、橋梁、設施、弱勢人口）
- 社區組織、社區服務盤點
- 社區內部、外部資源盤點與連結
- 防災組織建立與維護
- 社區活動、防災宣導、防災教育

復原重建
- 環境清理
- 民眾復原協助（民宅、學校、工商業設施、農漁業設施）
- 災害潛勢點與災害地點勘查
- 脆弱設施與人口勘查與記錄
- 社區內部、外部資源盤點與補充
- 應變檢討與減災、整備檢討

防災社區
防災活動

整備
- 災害潛勢點與過去災點巡檢
- 防救災裝備物資維護與管理
- 重要道路、橋梁、設施、弱勢人口巡檢
- 社區組織、社區服務維繫
- 防災組織教育訓練
- 社區防災演練

應變
- 災害資訊蒐集、觀測
- 脆弱設施與人口監控
- 社區組織聯繫
- 社區內部、外部資源調度
- 防災組織啟動與行動
- 災害與應變記錄

圖 3-10　社區在災害管理循環四個階段的工作內容

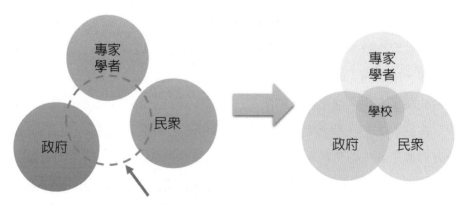

防災夥伴關係欠缺的關鍵連結！
（Missing Link！）

圖 3-11　學校可在政府和社區之間扮演關鍵的串連者角色

　　在整備的方面，學校作爲避難收容處所的所有權人和管理單位，無論空間的規劃和維護、物資儲備、人員訓練，都可以透過平時的演練和災時的實際開設，和社區合作並持續改進。此外，社區的防災組織也可以參與學校的防救災演練，反之亦然，藉此強化彼此的合作默契。平時學校和社區民眾都可以協力整理學校周邊和社區內的環境，檢查排水系統、清理排水溝，並針對社區內較危險的區域，例如：狹小、黑暗的巷道，容易倒塌的老舊圍牆、容易在豪雨時發生崩坍的邊坡或擋土牆等，討論改進的方案。

　　在應變的方面，由於許多學校被直轄市或鄉鎮市公所指定爲避難收容處所，理當在災害期間有需要時，配合鄉鎮市區公所的命令或村里長的請求開設避難收容處所讓民眾暫時安置。而當學校本身發生災害，師生必須在校外另覓避難地點時，社區民眾也可以加以協助。在災害發生後，環境的清理與復原，也可以由學校師生和社區民眾共同進行。

3.3.5.1 從學校擴散到社區和家庭

　　全球趨勢顯示，城市成長、環境退化和氣候變化加劇了災害的影響並增加了社區的脆弱性。災害會嚴重損害社區的基礎設施，例如：水電維生系統、衛生、物流交通運輸、廢棄物、資通訊和糧食。災害管理領域是處理人類和社會脆弱面。災害造成的損害越大，對於人與環境共存的和諧生活方式、社會的理想狀態有明顯的警示作用。貧富差距、歧視和偏見、淡薄的人際關係、物資和能源浪費等，通常會被刻意掩飾、淡化或隱藏。這些現象在災時會一下子完全暴露出來。因此，某種意義上，災害也是一種「社會診斷」，是對日常漠視的生活弱點和社會病灶一種可視化的過程。社會系統所強調的平時模式（正常時間）和緊張模式（災害期間）間的節奏是一個僵化的觀點。當社會變得脆弱且功能失調時，不同功能的運作能力就可能失能，進而引發不同的個體化狀況。當整個社會系統崩潰時，政

府能量一樣失靈，公助難以涵蓋災區的所有需求，奢望依賴政府或專業組織應變救援一樣具有高度風險；複合式災害狀況下更是捉襟見肘。忽視前端的預防、減災、整備，會導致嚴重的經濟問題和生態系統惡化，進而造成更嚴重的社會問題，導致公眾信任度降低。因此，有必要從系統源頭的個人、家庭、社區開啟防災教育。在認知階段，學習危害的存在脈絡；在知識教育部分學習災害歷史，從經驗學習了解如何避免重蹈覆轍，學習過去正確的因應方式；在技能方面，了解疏散方法和避難作為，聚焦在「保護自己生命」的能力。

韌性防災教育內容不僅應涵蓋整備和復原重建，還應學習如何提高個人、組織（例如：企業）和社區的韌性。這必須要從對自身的了解開始，如何透過能力建構（例如：社會資本形成）來減少脆弱性和增強防災能力。災前應規劃及導入韌性防災教育內容，涵蓋因應氣候變遷調適的學習、災害風險和整備；進而學習災時的緊急應變；災後的復原重建學習和調查評估學習亦應納入作為未來經驗學習的一環。內省型社會學習應在災前和災後進行，作為調查評估的一部分。

目前的災害防救單位比較偏向直接提供訊息。人們在各種偏差心理及學習動力的影響下，單向的資訊傳遞反而限制了有效的學習。這也顯示，防災教育的傳遞模式要多元。除了單向的知識、技能灌輸，更重情境導入的操作。社群媒體在防災教育的三個廣泛領域（認知、情意和溝通）有助於傳遞給更多潛在對象，適合多加利用。隨著社交媒體越來越發達，防災教育可以透過更多媒介推動。

家庭作為社會的基本單元，通常會因各種自然災害而導致社會崩解。與社會崩解情況相關的災害實際上連結到各個區域，再透過社會福利、環境管理、運輸物流、醫療照護等各部門領域中分散的知識，與基層生活相連結，再次重新整合。因此，考慮家庭和社區脆弱性時，掌握受災害影響

的不同人口及其環境社會經濟特徵非常重要。家庭和社區防災教育主要是在建構能力，認識各種災害現象的特徵，保護自己和他人，並在緊急時做出適當的反應。

推動責任分擔的個人自助是國家的責任，公民的責任是透過促進安全文化並成為即時行動者。為了確保公民共同承擔責任，解決問題的關鍵之一在於社區參與，從個人知識和技能的學習轉換到投入，必要時能積極發揮作用。只有當社區真正感到安全問題時，防災才有可能推進，減少災害的負面衝擊，及時採取有效措施降低災害風險。僅僅靠知識的積累無法挽救生命，也不能依靠他人或相信搜救隊會有效救援，個人的即時行動才是關鍵。

發展預防的文化，以便採取行動，而不是等待事情發生。防災教育透過系統性、及時、專業資訊公開，讓民眾了解危害生命的潛在危險和風險，學會如何保護自己，在緊急情況下因應。每個人都有權利被告知其生活或工作所在地區存在的潛在風險，培養自身的能力，並在必要時快速有效地獲取訊息。

社區防災教育能積極促進公共安全，並減少損失，內容不僅應涵蓋個人、組織（例如：企業）和社區的整備、應變及復原重建。一般大規模災害，搜救隊通常會在發生事故時立即採取行動，快速部署到整個災區進行救援。但是如果災害衝擊範圍非常大，狀況更複雜，搜救隊能夠有效運作的能量也有限。如果每個人都有準備，必然可以挽救更多生命。在大規模同時受災的情況下，災害發生急需要的是民眾共同救災、初期滅火及民眾之間的互救。如果是為了這個目的的準備，有多少公民知道如何使用滅火器，使用時應採取哪些預防措施？有多少民眾想像過在大火當前可以從滅火器拉出軟管並面對火焰？在瓦礫下搜救需要設備，該地區有多少設備可用？有多少民眾具備心肺復甦術的能力？應確實準備，以具備因應災害的自救能力和知識。政府要鼓勵建立社區整體因應能力，增強地方社區的防

災能力，給予必要的教育訓練，平時就提供支持，鼓勵社區有計畫地建構自身因應災害及復原能力。

一般而言，家庭和社區應透過地方社區的全力動員，開啟防災教育學習自對社區自然環境的了解，及先前歷史災害的類似情況中獲得的知識和經驗學習，藉由社會資本形成來團結社區。在主要學習領域（行為、認知、情意和社會）中透過「教育」、「溝通」和「參與」增加防災教育的深度和廣度。

家庭成員在日常活動和對話中針對災害的討論也是防災教育的一環，「祖父母」也能分享以前的災害經驗和教訓。平時可以透過參加當地的公共和志工活動、培訓、研討會和其他公共活動。此外，父母有能力自助和共助。在父母積累了自然災害經驗的家庭中，聆聽老年人經歷過的在地災害故事，建構屬於在地的防災智慧，讓老人家有自信，也回應了環境、空間、人的土地管理。

災害發生了，有多少人從中學到寶貴經驗呢？從談話中聽到災害經歷，傾聽人們的聲音，不僅聽到痛苦的故事，學習過去的經驗，學習人們如何在混亂的災區分享自己的智慧並站起來，同時相互支持，可以幫助提升生存能力，度過災害最痛苦的時期。受害者能夠有人說話宣洩情緒感覺更好。參與救濟物資運輸的運輸物流人員進行系統、有效的蒐集、運送，這需要專業人士的支援；建築師自願檢查受損房屋。即使在發生災害時，充分利用自己的日常網絡來提供支持，例如：特教學校老師每天都支持有特殊需求的兒童。我們可以透過在發生災害時運用每個人的不同能力來克服困境。在發生災害的情況下，特別是在從緊急援助到復原重建上，日常能力的發揮很有用。因此，廣義的防災教育還包括在日常生活中協助他人建構基本生活的能力。

3.3.5.2 學校、社區、政府單位的合作與資源共享

　　社區居民對於周遭人、事、物的脈絡較為了解，若能以學校為核心，和社區合作，藉由與社區居民、專業者的夥伴關係建構，透過共同尋找可行且有效的手法，提供符合在地需求不同面向的防救災知識，進而緊急應變，或共同參與復原重建。學校可以藉由引進社區之資源，來強化學校之防災教育機制，例如：申請教育部、內政部消防署等中央政府單位或教育局、消防局等地方政府單位之相關計畫經費，或爭取合作機會，來增加學校資源；亦可與家長、志工、地方救援單位（例如：紅十字會、救難協會……等）、鄰近愛心商店合作，共同參與培訓、課程、演練或舉辦防災創意活動，來協助學校執行防災事宜，發展在地化防災知識課程，建立學校與社區之防救災觀念與素養，人命傷亡更能有效降低。

一、學校與社區合作模式

　　臺灣近幾年來，在社區營造上已有相當良好之成效，並已建立防災社區的推動流程，但社區與學校之間的連結依舊不夠緊密。要推動校園成為防災教育基地，學校必須要有足夠的防災能力與能量，再逐步整合學校、社區、專業團隊與政府資源，以學校為核心，將國內公私部門在防災工作上投入的各種輔導教育加以鏈結。在學校端需要有校長／主任的支持與投入，輔以防災為核心之政策、協議的推動，並積極導入相關外部資源的合作與支援，健全學校本身的災害管理能量之後，才有可能進一步透過正確的態度與行動，凝聚社區的共識，共同擬定整備計畫。

1. 學校與社區合作之內涵

　　針對學校災害整備作為之評估，印尼的災害教育協會（Konsorsium Pendidikan Bencana）以態度與行動（Attitude and Action）、學校政策（School Policy）、整備規劃（Preparedness Planning）、資源運用（Resource Mobilisation）作為評估之四大主軸（Consortium for Disaster

Education, 2011），從學校的課程與活動內容、政策規章、災害防救相關計畫與標準作業程序內容、建築結構與防災設備的設計與整備，檢視學校是否提供足夠且正確的災害知識、進行社區脆弱度與學校能量評估、建立完整組織架構與作業流程、提升學校之安全性、整合學校所有同仁與社區利害關係者定期透過演練進行參與式監督與評鑑（Consortium for Disaster Education, 2011）。為提升教育單位所有利害關係者的災害防救意識，建立災害整備文化，並提升社區災害韌性，以降低災害的衝擊與風險，本書以印尼災害教育協會提出之四大面向為基礎，探討校園與社區合作防災的結合，所需要推動的基本內容。

(1) 正確的態度與行動

學校是教育場所也是媒介，扮演傳達正確防災意識、知識與技巧給學生及社區民眾的重要角色。學校與社區合作有幾項重要的工作：

‧確認危害（例如：類別、來源和強度）、脆弱度（社區、資源、避難弱者、易致災或受災的對象和地點）、社區整體災害防救能力，災害容受力、學校及社區周邊災害歷史整理。這些可以課程方式導入，也是在地化教學模組重要的資料來源，亦可以納入社會課程、自然科學，甚至是數學等科目。此外，也可以透過體驗式學習——實際帶領學生進行社區環境調查，與不同群體的人（例如：父母、老師、當地居民、當地政府人員等）一起觀察，加強學生的觀察和分析能力，鼓勵學生發現問題及討論解決方案，更有助於家庭、社區和鄰居間產生創新的行動（UNISDR, 2009）。

‧降低災害風險知識強化及方法發展。學校必然以教育提供者的角色介入社區，且應提供正確的災害風險降低的手段和方法。常態性的座談及教育訓練工作坊都能拉近學校與社區的距離，增加雙方的互動。

‧整合性災害風險管理訓練，包含：各種防災技能、新進科技知識。

‧與社區一起演練。

(2) 學校政策支持

學校應針對（規劃）以校園作爲防災核心的執行作業做出決策，作爲計畫基礎、原則及方向，此一工作必須由校方高層及主管，如校長／主任的支持及投入才有可能成功。藉由完整的政策、協議來支持計畫的推動；並逐步檢視防災訊息、知識及訓練的可及性。

(3) 整備規劃

災害發生時必須確保迅速有效的行動，因地制宜的計畫能結合當地社區或更高層的鄉鎮市區公所的災害管理體系，一方面藉由鄉鎮市區公所及社區的資源補足學校的不足，另一方面則是透過學校協助社區進行整體工作。以整備而言，包含：預警（Early Warning）、監測（Monitoring）、警報（Warning）、疏散（Evacuation）、規劃（Planning）、保護行動（Protective Action）及物資儲備（Stockpiling），都是學校可以推動的工作。

學校結合社區共同進行防災的目標，是爲了要共同建構自主防災的家園，應該了解自主防災的整備程度，在災害防救計畫要有明確設定；透過保全計畫，了解欲保護的對象，確保特定地點的潛勢不會眞的發生災害。避免傷亡事件發生，才不致使得災害發生或災情擴大。尤其，弱勢族群的保全是最重要的工作；爲了達成此一目標，必須設定短中長程計畫：近程─降低風險、保全弱勢；中程─以學校爲核心，建立減少災損的韌性防災社區；遠程─學校與社區結合，達成與災害風險共存的永續社區。

所以推動校園災害的工作可以從防救災觀念與素養建立、研修防災校園基地推動機制、防救災資源共享機制，與社區共同進行防災演練等。可推動的工作方式包含透過參與式（工作坊）進行災害風險評估、校方可邀請具有災害管理專長之專家學者擔任專業的諮詢角色，針對社區既有的環

境推動評估的工作。學校亦可針對災害管理的行動計畫提供諮詢或正確的方向；學校整備計畫須與學校預警系統、SOP、疏散避難地圖相互結合。面對少子高齡的狀況，許多學校的教室是閒置空間；相對而言，社區缺乏物資整備的空間，在物資整備面向，學校與社區可以達到互補作用。

由於學校與社區可取得之資料並非同步，當學校與社區作為整合的群體，建構夥伴關係的時候，學校和社區可以一起找尋資源；其次，包括設備、補給及基本需求等亦可進行共同考量；另外，災害應變小組則可串接整合性的資訊。所以，在推動建構韌性防災社區的遠景之下，學校與社區的角色可以透過正確的態度及知識，共同建構自主防災的家園。

2. 以學校作為社區防災教育基地之推動步驟

以學校作為社區防災教育基地的第一步，需先啟發社區的防災意識，凝聚推動共識並建立夥伴關係後，實際進行社區環境踏勘、資源調查與保全對象調查，再根據發現的問題與相對的資源，進行整體防救災對策研擬，建立學校與社區共通之防救災組織，擬定防災計畫並充分說明與溝通，定期進行兵棋推演與防災演練，落實滾動式檢討與修正，以符合當時的環境、人力和資源狀況。

(1) 建立學校與社區合作模式

建立學校與社區合作模式是非常重要的基礎工作，考量學校與鄰近社區及鄰近災害防救單位之任務與角色、可提供資源，學校所在位置與其相對應之環境特質應有不同的因應方案。依據方案再進一步針對環境、社會、人文等特性進行探討，分析防災工作需求，建立學校與社區可接受之合作模式；最後透過實作檢討進行調整。舉例而言，人口密集的都會型社區、村落分散的鄉村型社區、瀕臨海邊的漁村型社區等，就會因為其產業、居民生活習性及坐落位置不同就會有不同類型的合作模式，必須藉此建立相對的合作模式。

　　根據學校與社區狀態差異，學校與社區合作模式可以區分爲：**意識推廣型**、**資源共享型**與**機制整合型**等三種不同的階段與模式。在學校防災能量尚未充足，且社區條件尚屬於培育型的狀態下，要結合防災社區成爲推動夥伴，建置防災校園推廣基地，首要的任務還是在防救災觀念與素養建立，此階段學校與社區的合作模式屬於起步階段之意識推廣型。在學校防災能量已漸增強，且社區條件屬於成長型的狀態下，學校除了持續推廣防災意識至家長社區外，可進一步與社區建立資源共享機制，將社區防救災資源與學校結合，包含村里辦公室、專業人員、社區發展協會、民間單位與地方團體，逐步納入以學校爲核心的社區防救災工作，進入資源共享階段。當學校本身的防災能量已充足，且社區條件成熟，學校不僅可與社區共享資源，更可進一步整合相關防災機制，建立完整的災害防救機制，邁入最成熟之機制整合階段。推動防災校園社區基地概念可以透過：啟蒙與啟動、社區環境調查、防救災對策討論、防救災組織建立、社區防災計畫研擬、社區說明與溝通、應變技能的演練，且不斷地落實滾動式執行評估。

(2) 啟蒙與啟動

　　社區居民大多也是學區的家庭，學校與社區本來就有家訪的管道，主要是更進一步透過雙向溝通，擴大社區參與並增加社區居民對於學校的認識；對於居住在危險區域的居民進行個別溝通，提高危機意識，如此一來，居民會加深對學校的認同感。相關工作包含：掌握社區概況、達成推動共識、舉辦社區說明會、建立夥伴關係。Wang（2011）及王价巨（2013）都曾提到目前臺灣社區可以概分爲成熟型社區、成長型社區、培育型社區，各有該注意的事項及推動方法，應從關心社區自主營造模式及狀況開始。

(3) 社區環境踏勘

實際行動從關心社區開始，初步資料蒐集以確立社區環境調查、災害歷史調查，可以前往地方行政機關、圖書館或學校查詢社區相關紀錄、報告與書籍等文獻資料，也可以利用問卷、訪談詢問社區內年長的居民，了解過去災害發生當時的狀況；接著進行專業帶領現地調查，透過學校邀請之專家學者的專業知識，判斷當地災害潛勢特性，與民眾一起踏勘，了解居住環境、社區環境弱點及災害弱勢者、社區易致災因子及較安全區域，確認社區可用資源，並拍照記錄結果。再者則是建立資料冊，資源記錄與彙整，以提供問題分析與診斷依據。

(4) 社區保全對象調查

學校也可以進一步針對社區保全對象或是社區的避難弱者來進行調查，學校與社區是共同體的關聯，調查或了解社區中針對特別需要幫助的避難弱者家戶，在災害來臨前能提供適時的關心，協助他們提早疏散避難，也會是非常有效的作為。

(5) 社區資源盤點

針對社區資源加以檢視，將社區擁有及缺少的資源加以分類記錄。透過未來社區發展方向的建立，了解學校可扮演的角色和資源分享類別，以及了解社區的防救災物資設備、既有組織及重點地標場所。另外定期於災前整備救災相關物品及器材，萬一大規模災害發生，社區結合學校可依先前整備紀錄即時反應與共同調度，並協助告知及找尋外部資源。資源清查的範圍可包括人員（志工隊、守望相助隊、愛心媽媽、社區內的醫療人員及工程人員等）、物品資料清查（重型機械設備、民生物資、相關防救災資源）及場所（避難收容所、社區集會場所、重要地標）。這些都可以作為推廣基地內的防救災資源（含專業人才建立、防救災器具、脆弱度人口、學校與社區聯絡窗口等），整理在完整的紀錄表單上。學校也可以善

加利用現有的災害防救主管機關網站蒐集資料。

(6) 防災對策研擬

在發現問題之後，應進而針對前述發現的問題相對的資源，進行整體防救災對策的研擬。學校發生複合型災害時，學校先以自救程序為主，於狀況發生時及後續處理均須逐級向上回報，並視狀況向鄰近社區及地區救災單位請求協助救災任務。當社區救災資源充沛時，當不吝請求予以協助，在社區總幹事及村里長之調度協助下，組織社區救災支援小組，從社區專業人才及防救災器材整備中，協助校園完成救災之任務（劉家男，2015）。然並非所有的工作都可以透過社區來解決，所以如果遇到社區不能解決的問題，應該由鄉鎮市區公所來處理，甚或是往上至縣市政府、中央政府來統籌辦理。這些對策就會依不同的階段和不同的層級有所差異。學校與上級單位、社區組織、鄉鎮救災單位以及民間團體之救援分工及合作模式如（圖 3-12），對學校與社區而言，此階段應落實操作能力，定期依防災演練計畫及演練腳本實施全境複合型災害演練，達到自主運作的目標。

(7) 建立對應的防救災組織

在災害防救方面，可依共同提升災害之危機與防災意識、加強對環境安全的認知與敏感、彙整可能致災因子、製成資料或地圖，研擬改善建議與計畫及提升緊急應變及自救互救能力。疏散避難規劃的討論重點則包含了防災責任編組、警報傳遞與災情通報、疏散時機與執行方式、緊急避難地點與安置作業及疏散避難路線檢視。

這些工作一旦提出，學校的應變組織和社區應變組織可以討論相對應的關係。社區與學校的防救災組織其實是互通的（圖 3-13）。社區的巡視預警組可以結合學校的通報組，整備搶救組結合搶救組，通報疏散組結合避難引導組，關懷醫護組結合緊急救難組，行政後勤組則可以結合安全

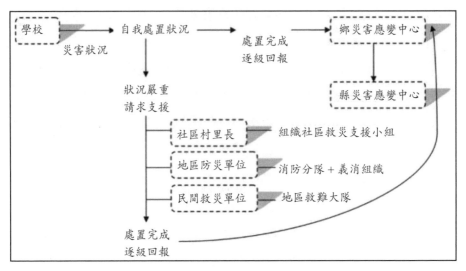

圖 3-12　校園災害處置及外部支援協助流程圖

資料來源：劉家男，2015

防護組等，進行共同相關之工作。學校可新增安全防護特別編組，於學校
疏散避難處所開設期間，啟動因應災民收容及臨時安置之必要作業（劉家
男，2016）。雖然疏散避難處所的開設，為鄉鎮公所社會課的職權範圍，
但災時初期鄉鎮公所可能無法立即進駐學校，因此學校的協助在設立的第
一時間，有很大的助益，尤其是在事前的協調上。

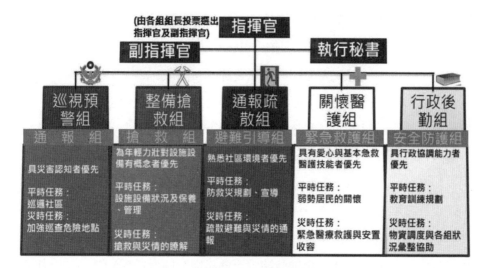

圖 3-13　社區編組與學校編組整合

二、推動實務案例

　　目前已有多所學校與社區進行防災工作介面整合，雙方共同合作推動在地防災工作，執行成效相當不錯。

　　屏東縣恆春鎮恆春國小藉由與社區遊學課程的結合，將防災知識送到社區，並透過防災運動會、社區解說員的培訓、防災實境桌遊的推廣，將防災概念導入社區。雖然屏東縣恆春鎮恆春國小與在地社區組織有緊密的連結關係，但由於社區組織著重於文化推廣，因此在防災能量的建立上，學校仍處於社區防災意識推廣之啟蒙角色。

　　臺東縣金峰鄉嘉蘭國小則透過家長大會、村校聯合運動會辦理防災運動會，將防災知識與防災意識導入社區，屬於起步階段之防災意識推廣。臺中市沙鹿區沙鹿國中不僅透過父母親成長班將防災意識傳達至家長社區，並成立防災中心，建置監視系統（災後安置中心監視器擴充設備），增設通訊用具（通訊聯絡工具）及安置災民用具（災民安置中心用具），

與社區一同辦理防災工作坊，與沙鹿區公所課長及沙鹿里長共同討論防災對策，結合社區一起進行防災訓練、演練及救災工作，來實現學校和社區共同防災的目標，已進入學校與社區資源共享階段。

新北市鶯歌區建國國小原先僅透過防災運動會的舉辦，將防災概念宣導至家長社區，對於如何建立社區防災教育基地缺乏概念，經過專業之協力團隊進行參與式技術指導，建立結合防災校園與防災社區的專業團隊協力支持系統，一步步地帶領學校與社區共組推動小組、認識社區、攜手推動防災社區基地，進一步舉辦社區說明會，建立夥伴關係，透過工作坊的操作進行環境踏勘、繪製環境診斷地圖、研擬防災對策，建立組織並確認組織編組，最後共同執行兵推演練，正逐步與社區邁進機制整合之合作模式。

3.4 學校的緊急應變

緊急事件或緊急狀態使得單位人員的生命或單位的財產受到威脅，需要投入和協調許多的資源來成功地處理或解除。緊急應變（Emergency Response）就是為了防堵（Contain）、穩定（Stabilize）和解決（Resolve）緊急狀況的行動；事故應變（Incident Response）是阻止即將發生的危害肇因、減輕潛在破壞穩定事件或干擾的後果，回復到正常狀況。處理的事件包括：自然災害、火災、爆炸、重大交通事故、資通訊系統失效、犯罪活動等。有些事件可以事先預警或徵兆，如颱風、豪雨；有些毫無預警和徵兆，如地震、爆炸。因為應變直接受到緊急狀況的嚴重程度（Severity）、規模（Magnitude）、持續時間（Duration）、強度（Intensity）的影響，單位人員應該強化對應全災害（All Hazards）的緊急應變能力。上述內容都是緊急管理的一部分。

3.4.1 緊急應變組織與分工

考量緊急事件與災害的多樣性，以及緊急應變的共通性，緊急應變需要有組織。緊急應變組織要能夠以簡單和有效率的組織架構和分工，以足夠的彈性因應多數類別的緊急事件和災害。簡而言之，對於不同種類的災害和事故，儘量以同樣的組織架構與分工，但是不同的工作內容執行應變工作。亦即，應變小組的分工執掌是以應變功能（Emergency Functions）為劃分依據，而非平時的業務部門和執掌。在緊急事件或災害發生時，最重要的任務就是設法保護人身安全，同時防止災害擴大危及更大範圍，盡可能降低財物損失。因此，應變小組的核心作業要求為：

1. 規劃（Planning）：評估事故規模與範圍與應變步驟和資源需求。
2. 指揮（Directing）：訂定並指示要達成目標所需的資源與行動。
3. 組織（Organizing）：調度人力發展出具有效能的應變組織。
4. 協調（Coordinating）：協調應變系統運作（包括應變小組與非應變小組人員）。
5. 溝通與通訊（Communicating）：利用各種通訊方式使應變小組即時且有效地溝通。
6. 指派與授權（Delegating）：統整資源並做妥善分派與授權。
7. 評估（Evaluating）：即時評估狀況與整體緊急應變的結果。

設計應變組織時，應明確訂定組織系統和權責，在緊急應變計畫中明訂緊急應變組織架構，明列人員編組與職責分工；並且明訂平時及例假日的緊急應變指揮系統（含指揮機制）。

在進行緊急應變時，指揮官的職責包括：

1. 評估狀況並決定緊急事件或危機範疇。
2. 負起指揮責任。
3. 在特定指揮場所啟動並管理事件。

4. 確保人員安全。

5. 協調緊急應變小組人員的應變工作。

6. 如果有必要疏散，確認疏散路線和集結地點的安全性。

7. 聯絡地方政府教育主管機關。

8. 研擬設定明確目標和時間點的事件行動計畫（Incident Action Plan, IAP）。

9. 指揮官的行為影響人員的反應，應以身作則領導。

災害應變現場，指揮官的七個關鍵任務為：

1. 建立內層管制範圍（Inner Perimeter）。

2. 建立外層管制範圍（Outer Perimeter）。

3. 劃定資源集結區域（Staging Area，位於內外管制範圍之間）。

4. 辨識和申請資源。

5. 辨識危險區域。

6. 建立通報通訊體系。

7. 建立事故現場指揮站（Incident Command Post, ICP）。

依據災害防救要點，在災害應變階段，學校於災害發生時應成立緊急應變小組，由校長擔任指揮官，研判情勢發展，執行必要之應變作為，並得依不同災害類別與屬性商請所屬主管人員、專家學者或地方人士支援協助。緊急應變小組應視需要持續討論，實施各項緊急應變措施。此外，學校應設置發言人，於災害發生後，負責溝通、說明，對於錯誤報導或不實傳言，應立即更正或說明。學校的緊急應變小組分組如表 3-7。如果學校的教職員工數較少，表中的五個應變分組可以整併為通報、避難引導、搶救三組，但任務仍與表 3-7 一致，只是會分配到更少的應變人員身上。

表 3-7　緊急應變小組分組表

組別	負責工作
指揮官	▶ 負責指揮、督導、協調。 ▶ 依情況調動各分組間相互支援。
指揮官代理人	▶ 於校長不在學校或因故無法執行指揮官職務時，擔任指揮官之任務。
發言人	▶ 負責統一對外發言。 ▶ 呈報上級主管相關通報事宜。 ▶ 襄助指揮官指揮、督導及協調等事宜。
搶救組 （滅火班）	▶ 平時急救常識宣導。 ▶ 檢修與保養救災相關裝備。 ▶ 受災教職員工生之搶救及搜救。 ▶ 清除障礙物協助逃生。 ▶ 協助疏散未能及時避難教職員工生。 ▶ 關閉校區總電源及瓦斯。 ▶ 設置警示標誌及交通管制。 ▶ 毀損建築物與設施之警示標誌。 ▶ 支援避難引導組及搬運防災救急箱器材。 ▶ 如發生火災，研判火勢，必要時使用滅火器、消防栓進行初期滅火工作。
通報組 （通報班）	▶ 通報地方救災、治安、醫療及聯絡有關人員等，並請求支援。 ▶ 通報教育行政主管機關（教育局處）、縣市政府災害應變中心、鄉／鎮／市／區災害應變中心及教育部校園安全暨災害防救通報處理中心，已疏散人數、收容地點、災情等。 ▶ 負責蒐集、評估、傳播和使用有關於災害、資源與狀況發展的資訊。 ▶ 蒐集並記錄指揮官所有下達的應變指令。 ▶ 回報災情狀況。 ▶ 啟動社區志工與家長協助。 ▶ 學生家長必要之緊急聯繫。
避難引導組 （避難引導班）	▶ 依據不同災害之應變原則，協助教職員工生進行第一時間的避難。 ▶ 於適當時機，協助教職員工生緊急疏散至集結點。 ▶ 避難人數清點確認。 ▶ 維護教職員工生及集結點安全。

組別	負責工作
	▶ 進行必要的安撫。 ▶ 視災情變化，引導教職員工生移動、避難與安置。 ▶ 隨時清查教職員工生人數與安全狀況，並回報或申請救護車支援。 ▶ 在集結地點設置服務臺，提供協助與諮詢。 ▶ 學生領回作業。
安全防護組 （安全防護班）	▶ 建築物及設施安全檢查。 ▶ 教職員工生需要臨時收容時，協助發放生活物資、糧食及飲用水；以及各項救災物資登記、造冊、保管及分配。 ▶ 協助設置警示標誌及交通管制。 ▶ 協助毀損建築物與設施之警示標誌。 ▶ 校區硬體復舊及安全維護。 ▶ 維護臨時收容空間安全。 ▶ 確認停班、停課後，確實疏散校園內人員。 ▶ 防救災設施操作。
緊急救護組 （救護班）	▶ 設立急救站。 ▶ 針對傷患進行檢傷分類。 ▶ 緊急基本急救、重傷患就醫護送。 ▶ 情緒支持、安撫及心理輔導。 ▶ 登記傷患姓名、班級，建立傷患名冊。

註：「緊急應變小組」應整合原有防救災相關編組，括號內表示自衛消防編組。

資料來源：校園災害防救計畫撰寫指引，2020

　　但事實上，無論是把應變人員區分為五組、三組或更多、更少的組別，緊急應變的工作內容與要求，並不會因為分組不同而異。學校應把握「事事有人做、人人有事做」的原則，以及盡可能依照平時的行政業務與專長進行分組。此外，也應該針對學校的規模和特性，進行人力編配調整。規模大的學校在避難引導、搜救搶救、安全防護都需要較多人力，因此必須調度教職員和科任老師擔任應變工作。另一方面，無論是大校、小校，也都可能面臨編組人力不足的狀況，亦應依據最主要的應變工作分

組。災害初期的避難引導工作，所有的教職員工都可以擔任，避難引導組本身不需要編制太多人力。因為一旦師生疏散到安全地點集結並完成清點人數，只需要留下部分的老師安撫學生，其餘的教職員工都可以投入搶救和安全防護等其他應變工作。

　　另一個重要的關鍵是指揮官與組長及代理人的安排與訓練。學校的校長與主任、組長經常因公務而不在校內，所以不僅他們的應變小組角色必須指定代理人，這些代理人也必須在平時透過訓練和演練熟悉他們所必須代理的應變任務。代理人的安排必須符合實務與邏輯，組長的代理人最好是原本的組員，應變時一個人只能擔任一項職務。

3.4.2 緊急應變原則與程序

　　一般事故現場緊急應變最優先的目標是保護人命安全，其次為控制災害防止其擴大，之後才是保護環境、減少資產損失等。在應變期間考量後續持續運作與復原需求，在安全受到保障的條件下，才會考量盡可能保護或搶救必要的設施與設備。

　　在緊急應變的程序上，要先確保所有師生安全，及時隔離災害、立刻請求支援。也就是掌握安全（Safety）、隔離（Isolation）、通報（Notification）的三個主要程序。以學校而言，目前各級學校並無獨立的緊急應變計畫，而是在「校園災害防救計畫」中納入緊急應變階段的工作。對於校園可能發生的災害或意外事故來說，緊急應變階段的任務大致上如圖 3-15 所示。針對可預警和無預警的災害和意外事故，校園緊急應變流程分別如圖 3-16 和圖 3-17 所示。

圖 3-14   緊急應變行動考量的優先順序

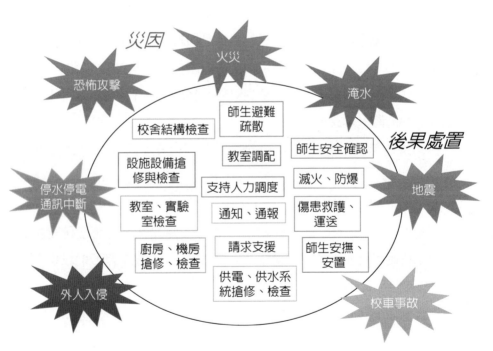

圖 3-15   校園災害與意外事故緊急應變工作內涵

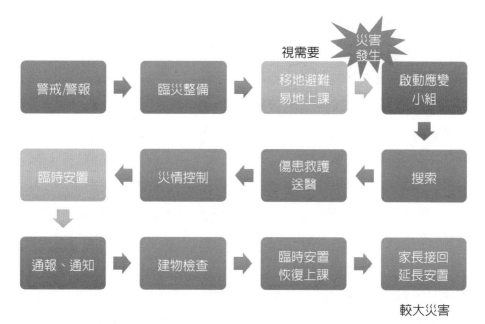

圖 3-16　颱風、豪雨、淹水、坡地災害等通常可預警之災害應變流程圖

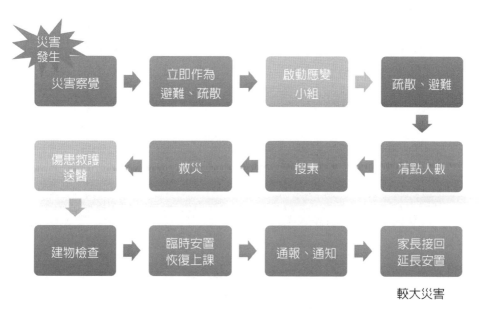

圖 3-17　地震、火災、外人入侵與突發之豪雨或坡地災害等無預警災害應變流程

　　初期應變重點是隔離危害並穩定事故現場；當事件持續發展而有擴大之虞，可能必須開設前進指揮所，以便進行事故現場管理和處置。除了事故現場處理之外，內部必須建立緊急應變中心（Emergency Operations Center, EOC），以面對更大的管理挑戰。EOC 的行動概念為：建立管理階層應變小組、組織和確認政策決策、隔離（Insulate）事故的影響、持續對重要利害關係人更新情報、政治、公共訊息。前進指揮所負責應變的戰術性決策，EOC 必須著眼於可能影響單位營運的戰略性決策。

　　實際上執行緊急應變行動的流程如圖 3-18 所示。無論是可預警或無預警的災害或意外事故，都由啟動通報開始，然後採取一連串的行動，包括初步災害控制（例如：滅火）、現場應變作為（例如：關閉防火門、關閉空調）、疏散避難，以及後續的人員清點、搜救、傷患救護等。且因災害具有隨時間變化的可能，因此必須考量災害的發展與應變行動的效果，視需要提升應變等級與增加救災人力、增加避難疏散對象、擴大救災管制區域等。現場的應變人員，尤其是指揮官、組長等，必須能夠根據現場的狀況和蒐集的資訊，利用本身的知識和經驗，在研判災害的發展情境後快

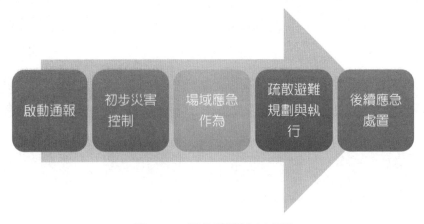

圖 3-18　緊急應變基本流程

資料來源：姚大鈞、單信瑜，2015

速做出決策（姚大鈞、單信瑜，2015）。單位為了有效因應緊急事故且降低對正常營運的干擾（在災害可控制時），可以將緊急事件和災害的規模區分等級或階段，以便事先擬定處理程序與原則並做最佳的應變人力和資源配置和調度，在事件發生時立刻採取最有效的應變對策。

　　國內的緊急應變通常分為三個階段。第一及第二階段災害應變的指揮權限分別在管理單位內，第三階段應變的指揮權限是由縣（市）政府應變指揮中心主導，各單位應全力配合與協助公部門救災，並同步展開單位本身的危機管理、持續運作作業、復原。一般而言，無論事件類別為何，大多可依據下列的原則分級（圖 3-19）：

1. 初級事故（第一階段應變事件）：侷限於單位內的小型災害。此類災害僅限於小區域，事故危害影響程度及搶救能由單位內部緊急應變編組人員，透過控制或緊急排除即可處理並解除。以火災為例，校園內可控制之部分區域火災可由消防栓及各角落滅火器為之。類似事件處理之緊急應變指揮，由單位內部立即開始執行，若發現狀況無法控制，應即刻通報。以學校而言，狀況解除後，亦應通報校安單位。

2. 二級事故（第二階段應變事件）：發生於單位內的大型災害事故，但不至於蔓延到單位外部，判斷非屬初級或經初步處理仍無法控制、抑或處理已超過單位應變能力負荷，需利用緊急應變小組之應變能力，甚至必須藉助外界支援，才能適當應變、解除狀況而不至於使得事件擴大。以校園火災為例，為可能影響至學校周圍之火災。依判斷可能危及之人員，須進行疏散，即時與消防隊連絡，並協助引導滅火，防阻火勢蔓延。此級事故之緊急指揮應變處理，需由校方指揮官負責指揮，並即時採取有效之應變措施。

3. 三級事故（第三階段應變事件）：發生於單位內部的大型災害，但

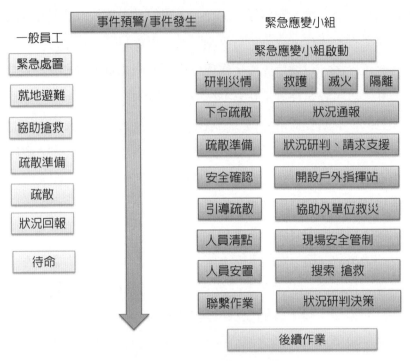

圖 3-19　緊急應變基本流程

資料來源：姚大鈞、單信瑜，2015

很可能會蔓延、影響到外部；或發生於單位外部的災害（例如：大規模地震）。此種災害常會對單位外部人員、財物造成威脅，且通常一定需要外界支援才能適當因應，否則勢必使得事故或災情擴大。除了學校開設緊急應變小組外，尚須配合政府單位之指示辦理。

緊急事件或災害發生時，應依據類別與規模採取適當的應變措施。緊急應變運作程序之啟動，必須依據意外事故或災害發生之實際危害程度，決定是否啟動應變計畫。即便假日或夜間，值班人員與警衛、保全應熟悉通報作業。若緊急事件係屬於由人員發現後通報者，或警報系統啟動後由

值勤警戒人員現場確認者，對事故現場狀況應明確掌握。由發現者或確認者依通報規定傳達值班主管暫代指揮官權責，直到校方主管接管指揮權責，緊急應變需包括能處理在夜間或假日發生之事故運作程序。若緊急事故為地震、火警等，所有人員不待指示均應立即依照應變計畫行動。

　　依照緊急事件和災害的發生後應變的迫切性，緊急應變程序所規範的主要是事故初期行動方案。事故初期，最重要的是正確了解與辨識事故的危險程度與嚴重性，並確認是否有可能產生二次危害。完成事故初步辨識後，接著研擬行動方案，包括急救、應變處理及個人防護等。緊急事件或災害發生時，必須依照平時訓練立即採取個人避難或防護行動，並依照主管或廣播指示採取後續行動。應變小組則依據緊急應變計畫啟動。

　　應變小組人員在接獲通報時應先設法了解現場狀況，在採取應變作為時，首重個人安全防護；以免匆忙應變，反而導致本身傷亡，不僅使得災情擴大，也導致削弱應變能量，甚至群龍無首。發生火災、毒化災，應變小組人員是否進入第一現場，人員安全是首要判斷的關鍵。初步判斷事件規模或程度已不利人員進入時，應立刻隔離現場、進行疏散，通報外部救災單位。緊急應變過程中，必須記錄重要的事項，以備日後製作報告或事件後檢討、究責乃至於司法程序的需要。這些重要的紀錄包括（姚大鈞、單信瑜，2015）：

1. 單位內各種事件發生或發現的時間與地點。
2. 聯絡消防單位、警察單位的時間，聯絡人與對象。
3. 災害發生過程中在單位內的人員清單、進行處置的應變人員清單。
4. 人員避難疏散必要處置作為狀況與原因說明。
5. 聯絡相關單位的時間、聯絡人與對象。
6. 重要救災處置作為的人事時地物。

3.4.3 緊急應變的必要作為

　　學校的緊急應變編組無論是面對地震、火災、毒化災、外人入侵暴力事件等或可預警的颱風、淹水等，都必須執行各自分派的基本任務，包括：指揮、通報、避難引導、搶救（滅火、防止洩漏、搜救與搬運傷患）、安全防護、緊急救護等。

3.4.3.1 可預警災害

　　對於可預警之災害，在災害的衝擊發生前就應該提前進行預防性作為。其中包括了事先停課，以及校內的巡察和危險場所的管制與設施的安全措施。停課方面，如果是颱風、豪雨等災害，各級學校可以依據直轄市、縣市主管機關的公告而停止上班上課。以颱風而言，依據行政院人事行政總處（2023）修訂的《天然災害停止上班及上課作業辦法》第 4 條，風災已達下列基準之一者，得發布停止上班及上課：

1. 依據氣象預報，颱風暴風半徑於四小時內可能經過之地區，其平均風力可達七級以上或陣風可達十級以上時。
2. 依據氣象預報或實際觀測，降雨量達表 3-8 之各通報權責機關停止上班上課雨量參考基準，且已致災或有致災之虞時。
3. 風力或降雨量未達前二款停止上班及上課基準之地區，因受地形、雨量影響，致交通、水電供應中斷或供應困難，影響通行、上班上課安全或有致災之虞時。

　　水災方面，依據該辦法第 5 條，水災已達下列基準之一者，得發布停止上班及上課：

1. 符合前條（第 4 條）第二款規定。
2. 各機關、學校之處所或公教員工住所積水，或通往機關、學校途中，因降雨致河川水位暴漲、橋梁中斷、積水致通行困難、地形變化發生危險，有影響通行、上班上課安全或有致災之虞時。

地震災害方面，當地震發生後，依據該辦法第 6 條，震災已達下列基準之一者，得發布停止上班及上課：

1. 地震發生後，各機關、學校之房舍或公教員工所居之房屋因受地震影響倒塌或有倒塌危險之虞時。

2. 地震發生後，各機關、學校之房舍或公教員工住所未達前款之基準，但因受地震影響致交通、水電供應中斷或供應困難，影響通行、上班上課安全或有致災之虞時。

颱風期間或發生豪大雨時，也可能造成學校附近有土石流和坡地災害發生的可能。依據該辦法第 7 條，土石流災害已達下列基準之一者，得發布停止上班及上課：

1. 符合第 4 條第二款規定。

2. 依據土石流警戒預報或實際觀測，達行政院農業部訂定並公開之各地區土石流警戒基準值，且已致災或有致災之虞時。

表 3-8　各通報權責機關停止上班上課雨量參考基準一覽表

單位：未來 24 小時累積雨量預測／毫米

通報權責機關	各地區雨量警戒值		
	不分山區或平地	地區	
		山區	平地
基隆市政府	350		
臺北市政府	350		
新北市政府	350		
桃園市政府		200	350
新竹市政府	350		
新竹縣政府		200	350
苗栗縣政府		200	350

通報權責機關	各地區雨量警戒值		
	不分山區或平地	地區	
		山區	平地
臺中市政府		200	350
彰化縣政府	350		
南投縣政府		200	350（實際觀測 300）
雲林縣政府		200	350
嘉義市政府	350		
嘉義縣政府		200	350
臺南市政府	350		
高雄市政府		200	350
屏東縣政府	350		
宜蘭縣政府	350（實際觀測 250）		
花蓮縣政府	350		
臺東縣政府		200	350
澎湖縣政府	350		
金門縣政府	350		
連江縣政府	200（實際觀測 180）		

備註：1. 表列停止上班上課雨量基準，係以交通部中央氣象署發布之各該地區 24 小時雨量預測值，作為決定及通報依據。
　　　2. 「實際觀測」雨量值係以交通部中央氣象署於各縣市行政區所設雨量站實際測得24 小時累積雨量值，作為決定及通報依據。
資料來源：天然災害停止上班及上課作業辦法，2023

　　該辦法第 8 條也明文說明，如果因「其他天然災害造成交通、水電供應中斷或供應困難，影響通行、上班上課安全，或有致災之虞、必須撤離

或疏散時，得發布停止上班及上課。」

　　原則上，依據該辦法第 9 條，自然災害期間，決定發布、通報停止上班及上課之權責機關（以下簡稱通報權責機關）為直轄市與縣市首長，但各直轄市、縣（市）政府得依轄區地形、地貌、交通及地區性之不同，將前項權責授權所屬區、鄉（鎮、市）長決定發布，並應通報所在地區之直轄市或縣（市）政府。而在學校方面，該條文亦敘明首長得視實際情形自行決定停止上班上課：「機關、學校所在地區，經機關、學校首長視實際情形自行決定停止上班及上課後，應通知所屬公教員工、學生及透過當地傳播媒體播報，並通報直轄市或縣（市）政府；其有上一級機關，並應報上一級機關備查。直轄市或縣（市）政府須將決定發布情形，通報或彙報本院人事行政總處。」

　　颱風、豪雨來臨前，雖然學生可以停課，但是學校教職員工應依據需要到校上班。依據該法第 2 條，「本辦法適用範圍為政府各級機關及公、私立學校。但因業務需要，需輪班輪值、參與救災或其他特殊職務，必須照常出勤或酌留必要人力，經機關、學校首長指派出勤者，不適用本辦法之規定。」最關鍵的是學校必須及時（在適當的時機）啟動緊急應變小組，以便調派人員執行緊急應變行動。

　　對於可預警災害，除了停課使學生避免在校受到災害衝擊之外，無論是否達到停課標準而停課，學校教職員工均須啟動緊急應變小組，進行校園內外巡視，並對於有安全之虞的場所和設施採取防護措施。例如：海上或海上陸上颱風警報發布後，針對易傾倒的樹木進行加固或樹枝修剪、對於鐵皮屋頂加以檢修、運動場尚可移動的球門或球架移動到安全位置或加以固定、水溝和水池清理、洩水孔和排水口清理、擋土牆檢查、抽水機測試、沙包與擋水閘門準備等。如果學校未達停課標準且災害尚未發生，學校也應該根據氣象預報和當地風勢和雨勢，及學校本身如教室和邊坡或擋

土牆相對位置及其是否位於排水不良容易積水區域，決定是否先讓有可能發生土石泥水流入或積水教室的師生轉移到其他相對安全教室。進行這些防護作爲後並指派專人透過手機應用程式或其他方式定期蒐集颱風或豪雨資訊，以及淹水和土石流警戒，定時向指揮官回報。目前，交通部中央氣象署、經濟部水利署、行政院農業部農村發展及水土保持署都有防災的手機應用程式提供使用。

學校必須依據當地的災害特性，掌握相關的災害警戒值。以淹水爲例，除非學校位於高山地區，否則無論是平地或山坡地範圍內，都有可能發生淹水。學校必須事先在經濟部水利署的防災資訊服務網上查詢當地的淹水警戒值。淹水相關的警戒區分爲淹水警戒和河川警戒，淹水警戒係指因爲堤防內的排水系統無法順利排水，造成降雨時的積水、淹水所發布的警戒。依據經濟部水利署制訂的淹水警戒分級定義：

1. 二級警戒：發布淹水警戒之鄉（鎮、市、區）如持續降雨，其轄內易淹水村里及道路可能三小時內開始積淹水。（經濟部水利署防災資訊服務網上地圖以黃色表示二級）

2. 一級警戒：發布淹水警戒之鄉（鎮、市、區）如持續降雨，其轄內易淹水村里及道路可能已經開始積淹水。（經濟部水利署防災資訊服務網上地圖以紅色表示一級）

學校可以到經濟部水利署防災資訊服務網的「警戒查詢」網頁查詢本校位置的淹水警戒雨量站和警戒雨量值。

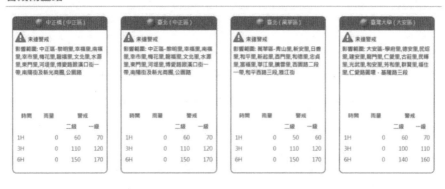

圖 3-20　經濟部水利署警戒雨量查詢網頁

參考資料：http://fhy.wra.gov.tw/fhy/Alert/Query（瀏覽日期：2020.5.8）

　　如果學校位於河川旁，除了堤防內可能積淹水外，河川水位過高可能造成河水溢堤甚至於堤防潰堤引發迅速且嚴重淹水。依據經濟部水利署的河川警戒水位分級定義：

1. 三級警戒水位：河川水位預計未來 2 小時到達高灘地之水位。（地圖以黃色表示三級）

2. 二級警戒水位：河川水位預計未來 5 小時到達計畫洪水位（或堤頂）時之水位。（地圖以橘色表示二級）

3. 一級警戒水位：河川水位預計未來 2 小時到達計畫洪水位（或堤頂）時之水位。（地圖以紅色表示一級）

　　經濟部水利署也建議民眾，當河川水位一級警戒，請遠離河川區域，如上游地區持續降雨，請河川沿岸民眾配合地方政府進行疏散撤離（經濟部水利署，2020）。

圖 3-21　經濟部水利署警戒水位查詢網頁

資料來源：http://fhy.wra.gov.tw/fhy/Alert/Query（瀏覽日期：2020.5.8）

　　土石流與坡地災害方面，土石流或坡地災害風險較高的學校應該在行政院農業委員會水土保持局的網站上查詢當地土石流潛勢溪流警戒雨量值，平時並注意颱風、豪雨警報。在颱風、豪雨警報發布後，定時利用網路（行政院農業部農業發展及水土保持署的土石流及大規模崩塌防災資訊網）或手機應用程式（行政院農業部農業發展及水土保持署的土石流防災APP），注意雨量與警戒發布資訊。當學校所在村里經發布土石流黃色警戒時，應考慮在風雨尚不大時，提前停課或把學生移動到較安全的教室。當學校所在村里已經被發布土石流紅色警戒時，研判學校和聯外道路的狀況與後續持續降雨時的風險，決定在道路安全的狀況下停課並讓學生放學，或在放學有安全疑慮時暫停放學，通知家長不要來接回學生，並在學校安置師生。

3.4.3.2 無預警災害

　　在無預警災害方面，一旦災害發生，學校必須立刻判斷可能災情大小，決定是否啟動應變小組並採取應變行動。在這些無預警災害中，最常見的緊急災害是火災，因為火災的濃煙蔓延速度快，致命風險高。如果是

校園火災，應視火災情境發展，採取火災初期緊急原則 RACE：

1. Rescue/Remove：搶救或搬運救受困人員。

2. Alarm：大聲呼喊、按壓警鈴。若狀況允許，立即通報 119。

3. Confine：關門窗、關電扇、關冷氣，隔離火、熱、濃煙，侷限火災影響範圍，減緩災害擴大速度。

4. Extinguish 滅火 / Evacuate 疏散：如果火勢不大且無立即迅速擴大之高度危險，可先找尋附近之滅火器滅火。

　　重大災害或意外事故發生時，優先考量避免傷害，可採取的方式包括就地避難或疏散。災害可能迅速擴大的情況下，為了要遠離災源，一般需要疏散；但是，毒化災、火災、地震、淹水、坡地災害、恐怖攻擊或暴力威脅之情境不同，就地避難或疏散的優先考慮並不一定。因此在選擇就地避難或疏散時，應進行風險評估，以便擇定相對安全的選項。但是，評估也不能只看當下立即的狀況，必須考量災害的後續發展及救災單位可能到達的時間和有效救援的機率，以使風險評估更為完整。基本原則是如果可以遠離災害源和災害現場，必然是以疏散為優先；除非安全疏散脫困的機率極低，或疏散過程風險極高，就地避難或許存活機率較高，才會選擇在災害現場就地避難。

表 3-9　就地避難與疏散風險評估表

就地避難 Shelter-in-Place	疏散 Evacuation
▶ 暫時不會受到危害入侵 ▶ 基本維生供應能夠持續 ▶ 緊急狀況下能疏散 ▶ 醫院重症單位常用此原則	▶ 在疏散路程中不受危害侵襲 ▶ 路程中基本維生供應能持續 ▶ 疏散後有人能提供照顧 ▶ 一般單位常用此原則

　　各類災害中以火災的狀況對於疏散時間的要求最為迫切。因此，必

須在火災中盡可能有最充裕的疏散時間，亦即盡可能在火警發生時有效偵測、迅速通報與確認以及下達疏散指令，並減少疏散前準備動作所需時間，以便在火與煙蔓延到師生所在位置或逃生動線前就順利疏散到戶外安全地點（圖 3-22）。

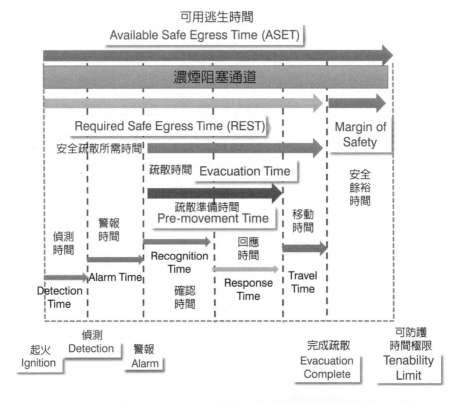

圖 3-22　火災發生與緊急應變時間關係圖

資料來源：Proulx, 2008

在學校決定進行疏散前，緊急應變小組人員應事先確認下列事項：

1. 確認需進行疏散的區域。

2. 估計並掌握疏散區域內的人數。

3. 取得所需動員的運輸工具及緊急疏散器材。

4. 緊急協調公安、軍事等單位，以確定主要之疏散路線、維持秩序並建立交通管制點。

5. 向相關單位提供廣播資料。

6. 盡早通報可能受威脅的區域。

7. 隨時掌握事故之發展狀況等。

無論是火災、地震、暴力威脅下，疏散重要關鍵包括：

1. 逃生方向與路徑是否正確。

2. 路線是否通暢無阻。

3. 疏散順序是否適當。

4. 慌亂時是否出現人員聚集壅塞的情況。

　　為了確保災害和意外事故時，全校師生可以順利疏散，平時學校必須確保所有的安全逃生路線的暢通以及逃生動線指標清楚明確，並規劃師生分流。災害或意外事故發生時，教職員工必須在指引學生疏散路線前，先評估動線的安全。為了確保師生都能順利疏散，學校必須盡可能安排教職員工在適當的位置以適當的工具（例如：大聲公、發光指揮棒）引導師生疏散。所以，平時學校要進行的疏散作業事前準備工作包括：

1. 災害與意外事故情境想定。

2. 群眾區域規劃（考慮疏散特性）。

3. 疏散動線規劃（每個場所或位置的師生有一套以上的疏散動線）。

4. 現場的標示與指標。

5. 規劃救災、救護車輛可以通行的通道。

6. 裝備整備。

7. 引導人員裝備：識別、對講機、指揮棒、哨子、大聲公、手電筒等。

8. 場地設備充實，包括：現場緊急照明、備援廣播系統。

9. 人員教育與訓練。

10. 疏散演練與檢討改進。

如果災害應變過程中有師生受傷，必須立即採取的行動包括：

1. 確保受傷學員與其他學員安全並避免狀況惡化。

2. 立刻召喚緊急護理人員。

3. 向緊急護理人員說明發生經過。

4. 評估是否受傷學員有生命危險。

5. 設法取得學員的健康資料並取得家長同意送醫。

6. 指派工作人員持續陪伴受傷學員。

地震方面，雖然交通部中央氣象署和其他相關單位建置了地震速報系統，但速報並非預警，且因為地震震央位置、震源深度不同，並因與地震偵測儀器、交通部中央氣象署所在位置、接受速報民眾或學校所在位置之間的距離關係，導致並非每次地震震波抵達學校前，學校都會收到地震速報；即使收到地震速報，地震到達時間之間的時間差距亦有所不同。因此，地震仍視為無法預警的災害。

「強震即時警報」主要區分為區域型和現地型。中央氣象署的系統是屬於區域型系統，仰賴中央氣象署在各地建置的地震儀觀測。學校和機關也可能設置了國家地震中心與其他單位的地震偵測和速報系統，在機關或學校的建築物中裝置了現地的地震偵測儀，可以偵測地震。區域型和現地型的系統都有「預警」效果，是因為在其他地區的偵測儀器偵測到地震後，經過系統計算後就會發布地震速報。而現地型的系統即使因為與地震震央、震源距離近，而無法因其他位置的儀器偵測而預警，但是因為地震波中的壓力波 P 波速度較快，系統偵測到壓力波就會先發出警報，在破壞力較大但波速較慢的剪力波 S 波到達前可以爭取極為短暫的立即應變時間。然而，學校所在地如果距離地震的震央愈近，地震速報系統的效果愈有限，甚至於地震強烈搖晃時，地震速報還沒有響起。學校與地震的距離愈近，地震造成的地表震動愈大，造成建築物受損和師生傷亡的機率愈高。因此，無論是區域型系統或現地型系統，只要學校聽到警報，或是沒

有聽到警報聲，卻感受到地震的震動，所有師生均應該立刻就地避難，第一時間先進行有效的自我防護。因為，我們無法從一開始的地震輕微搖晃判斷後續的搖晃程度。

最後，針對學校師生發現校外的工業區、工廠等發生火災、爆炸，或師生聞到化學品的異味時，學校亦應啟動緊急應變小組立刻調查或通報與詢問災害發生的地點。除徵詢當地災害主管機關的建議之外，亦應自行判斷當時的風向、風速等條件，決定學校是否需要採取適當的應變作為。如果認為災害可能擴大，且會影響師生安全，則盡可能在安全尚且無虞的狀況下疏散全校師生。如果對師生已經有立即的安全疑慮，則先請師生關閉門窗與空調就地避難，並立刻請求救災單位協助，以便協助師生陸續安全疏散。

學校緊急應變小組細部的緊急應變流程，可參考教育部「校園災害防救計畫」的本文與附錄。其中基本的原則如表 3-10。

表 3-10　校園災害應變流程說明及原則

應變流程	說明	原則
【階段一】災害初期		
個人判斷	▶當事件發生時，個人（或災害發現者）判斷先進行自我安全防護。	▶可選擇就地避難（就近尋找相對安全處避難），或立即疏散。
通報校長（或代理人）	▶待確認安全無虞後，通報校長，討論並確認疏散與否，下達疏散指令。	
判斷災情（師生不在校）	▶若教職員工生不在學校，校長（或代理人）接到通報後，依事件狀況，判斷學校是否受損。	

應變流程	說明	原則
	▶若無受損情形，維持正常作息，但提高警覺，隨時注意是否有新狀況發生。事件結束後撰寫事件後報告，作為下次事件檢討與參考依據。	▶有新狀況發生時，則回到發生事件開始新流程；無狀況發生，則定時巡視校園，若有安全疑慮之處，則設置警戒標示，並通報相關單位。
判斷疏散（師生在校）	▶若教職員工生均在學校，校長（或代理人）接到通報後，依事件狀況，判斷是否進行全校或局部人員疏散，並決定進行水平疏散或垂直疏散。	▶校長（或代理人）在接受教育行政主管機關命令或自行判斷災情（如狀況有擴大之虞或對人員可能造成生命威脅時），決定發布疏散命令時機，主要以人員疏散為主。 ▶因應教職員工生需求，規劃發布疏散命令方式，如聽覺障礙得以視覺型警報裝置、閃光燈、擊鼓等方式，確保能確實接收到訊息。 ▶確認避難路線之安全與暢通（搶救組人員清除障礙物）。 ▶若有附設幼兒園或特殊教育班級，避難引導人員優先協助低年級（含附設幼兒園）、行動不便或有特殊情況之教職員工生，需視情況增派人力協助避難疏散。 ▶學校除依據校園防災地圖進行疏散之外，亦應透過環境特性、歷史災害經驗等資料，以最嚴重情境想定評估面臨風險，適時調整疏散方式、集結點及因應措施。 ▶學校應指定專人於平時定期更新緊急聯絡人清冊（含過敏／用藥／特殊情

應變流程	說明	原則
		形等資訊），並於避難疏散時攜帶至集合地點。 ▶回報疏散狀況至相關單位。
	▶若維持正常作息不疏散，應提高警覺，隨時注意是否有新狀況發生。事件結束後撰寫事件後報告，作為事件檢討與參考依據。	▶新狀況發生時應回到發生事件開始新流程；無狀況發生則定時巡檢校園，若有安全疑慮，則設置警戒標示，並通報相關單位。
【階段二】應變階段		
啟動緊急應變小組	▶啟動緊急應變小組，由校長擔任指揮官，校長不在校內，由代理人擔負其職。 ▶指揮官視事件情況啟動緊急應變小組，若有需要，適時請求外部單位支援。 ▶截至事件結束為止，應變小組需有人協助指揮官進行「災情彙整」任務，記錄災情狀況及應變工作。	▶啟動時機包含：❶地方政府成立應變中心時；❷上級指示成立；❸學校位於災區且有災損；❹校長視災情程度啟動；❺交通部中央氣象署發布颱風警報或豪大雨特報；❻感受地震可能導致後續災情。 ▶如教職員工生不在學校時欲啟動緊急應變小組，指揮官應指派通報組召集人員，於適當時間至學校執行任務。
指派緊急應變小組任務	▶疏散至集結點後，開設指揮中心，指揮官分派緊急應變小組各分組之任務。或得於平時規劃啟動緊急應變小組後各組自動各司其職。	
	▶教職員工生狀態確認（清點人數及安撫）。	▶疏散到達集合地點後，應確實清點當日所有在校人員並確認安全狀況，包含短期代理人員、鐘點教師、共聘教師、外聘教師、實習教師、本土語言教師、家長會、廠商、工程人員、里長、志工、外賓等不特定人員。

應變流程	說明	原則
		▶ 幼兒園、低年級及特教班等學生心智發育較未成熟，可能會因害怕而哭鬧，班導師 1 人恐難以安撫和處理，避難引導組成員應主動進行協助。 ▶ 若教職員工生不在學校，指揮官應指派各分組人員第一時間確認教職員工生狀態。
▶ 搜尋與搶救。		▶ 避難疏散過程若遇教職員工生發生意外，救護人員應迅速執行救護行動。 ▶ 搶救組前往避難地點確認失蹤人數，基本上以 3 人為一團隊，指揮官視失蹤人數決定派遣團隊攜帶擔架及急救箱前往。 ▶ 緊急救援通報依「求援」、「待援」、「救援」程序逐級回報，優先通報 119 及地方災害應變中心，爭取救災資源協助應變處置。 ▶ 若教職員工生不在學校，應先確認當日是否有值班人員及當下狀況，並視情形執行搜尋與搶救工作。
▶ 傷患檢傷與救護。		▶ 由緊急救護人員進行檢傷並包紮、固定、止血，若可移動再將傷患送往急救站。 ▶ 若傷勢嚴重，即通報 119，或聯絡附近醫院（診所），進行後送相關事宜。 ▶ 若消防救護車因交通受阻無法抵達，考量自行送醫，並以電話通報教育行政主管機關或地方災害應

應變流程	說明	原則
		變中心，俾利掌握災情並請求相關單位支援協助。
	▶校園安全巡查（建築物評估）。	▶判定建築物及設施損毀狀況及危險程度，將劃定危險區域設立警戒線（警告標示）。 ▶若校舍受損，在安全前提下搶救器材、設備，清查受損情形，照相存證並通報教育行政主管機關。
	▶警戒標示與監控。	▶派員定時巡視警戒區域（原則上2人一組），並警告全體教職員工生不可靠近。
	▶狀況回報與統計，視需要請求外部單位支援。	▶由指揮官協請家長會長集結社區志工、家長會成員或校友會，協調災時所能提供的搶救災資源及人力部署支援。
判斷復課	▶指揮官依事件發展及狀況，判斷學校是否繼續上課。依學校損壞程度，決定原地復課或異地復課。	▶若校園受災，立即進行搶救與安置教職員工生，並儘速統整災情通報教育行政主管機關或地方災害應變中心。 ▶召開應變階段會議，決定停（復）課及復原事宜。
	▶若決定停課，確認周邊道路狀況安全，再通知家長領回。	▶決定停課時，應規劃家長接回區域，並由適當管道公告、通知家長，並派員管制交通動線。 ▶平時應和家長約定透過1991作為緊急溝通訊息提供管道；若有必要，得由導師聯繫個別家長安排學生返家事宜，由家長接回並填寫自行接送同意書。

應變流程	說明	原則
		▶若教職員工生不在學校時決定停課，應於公告後逕行通報相關單位。
	▶針對無法立即接回之學生，學校辦理臨時收容相關事宜。	▶安排合適之臨時收容空間，安置不克返家教職員工生，同時報備相關單位。 ▶若校外聯絡道路中斷，將災情通報119、地方災害應變中心及教育部校安中心。 ▶若學校受地方政府指定為收容處所，依地方政府及公所規定辦理相關整備、應變工作。
解除緊急應變小組任務	▶通報相關單位處理狀況與進度。	▶依《校園安全及災害事件通報作業要點》規定，進行災害通報。
	▶指揮官得視情況縮編或解除緊急應變小組的任務。	▶校舍檢查安全無虞、發布回教室繼續上課後，連帶解除緊急應變小組任務。 ▶若遇巨災或特殊狀況，家長需逐步接回學生，得視情況縮編緊急應變小組分組及人員。 ▶人員安置事物都處理完畢，得解除緊急應變小組任務。
【階段三】復原		
事件結束後	▶回復校園災害防救組織平時工作分配。	▶各負責單位持續處理相關事宜，如心靈輔導、環境清理等。
	▶事件結束後撰寫事件後報告，作為下次事件檢討與參考依據。	▶召開檢討會議，強化防災事宜。

資料來源：校園災害防救計畫撰寫指引，2020

3.5 學校的災後復原重建與持續運作

學校遇到災害侵襲之後，有兩個工作必須進行：維持學校的持續運作與後續的復原重建。復原與重建又可區分為兩大部分：建築物與設施設備等硬體及師生的心靈重建。

3.5.1 持續運作的規劃與整備

在重大災害或意外事故發生時，除了學校的建築物和設施設備可能受損與教職員工或學生傷亡之外，也可能發生學校的聯外交通因道路或橋梁受損而中斷，學校的水、電、瓦斯、通訊系統中斷。凡此種種校內或校外的災情，都可能導致學校無法立刻恢復運作，持續發揮教育功能，造成學生受教權受到侵害。

為了要能夠在災害或重大意外事故後，學校能夠維持一定程度的運作，必須建立持續運作計畫。若有一套有用的持續運作計畫則無論是面對突然發生的重大災害或意外事故或逐漸發生的可預警的重大災害，學校都可以受到較小的衝擊（人員傷亡和財產損失），維持預先設定的最低限度運作，並可以用更快的速度恢復原本或預期的營運水準。

國際標準組織在 2012 年制訂了持續運作管理系統的標準（ISO, 2019），根據定義，持續運作管理是一個整體的管理過程，它能鑑別威脅組織潛在的影響，並且提供構建彈性機制的管理架構，以及確保有效反應的能力。依據 ISO 22301，持續運作管理可以保護包括學校在內的單位免於遭受潛在破壞性事件而停止運作，包括：惡劣氣候、火災、洪水、天災、盜竊、IT 故障或恐怖攻擊，讓學校能夠鑑別出與運作有關的威脅及可能受到影響的主要作業，未雨綢繆以確保學校運作不致停頓。對學校來說，持續運作管理可以使其具備迅速恢復運作的能力，確認並管理目前及未來可能面臨的威脅，主動出擊減少突發事件的衝擊；以便在危機期間維持機能。

　　持續運作計畫第一步是風險評估，其次是營運衝擊分析（Business Impact Assessment, BIA）。前述章節中已經說明了學校風險評估的方法，在此再針對營運衝擊分析加以說明。

　　營運衝擊分析是要找出學校運作的關鍵流程和資源要素，找到流程的瓶頸，亦即最需要保護或快速恢復的關鍵流程。因此，學校的教職員工必須分析教學與活動流程，辨識出瓶頸流程，並檢討必要的資源（包括：場地、設施、人力等），針對這些必要資源欠缺時，造成的影響進行衝擊分析。具體來說，學校的運作區分為「行政」與「教育活動」兩大部分，其各自又可以細分為各種不同的行政流程與教學流程。以教學流程為例，從每天一早師生到校，入班，在教室中上課，在其他場所活動，這些都是屬於教學流程的一部分。學生到校的流程包括：入校、點名、上課、休息、上廁所、午餐、午休、打掃、放學等，哪一項流程是瓶頸流程，一旦受損、受阻，其他的流程就無法進行，或速度受到影響，這就是關鍵或瓶頸流程。另一方面，前述每一項流程都有涉及到的資源。其中教學流程的資源包括教室空間、通風照明設備、教學設備、電力、課桌椅、教具、教材、教師等，欠缺哪些資源會造成整個流程無法運作，該項資源就是關鍵資源，必須有替代或備援方案或必須以最短時間恢復。由前述狀況來看，最關鍵的流程就是「教學」，其最關鍵的資源是「教師」。

　　當然，各級學校的性質不同，不必然這麼簡單就能夠確認其關鍵的流程和資源，而是應該進行深入且完整的營運衝擊分析，才能夠加以確認。首先必須進行營運衝擊分析，其步驟與內容如下：

　　1. 辨識學校的關鍵活動。

　　2. 分析關鍵營運流程中斷對組織造成之傷害或損失。

　　3. 分析關鍵活動必要性的順序。

　　4. 分析每個關鍵活動的復原時間。

　　5. 分析這些關鍵活動進行是連續的還是有時間間隔的。

6. 分析關鍵活動依存的事物（水、電、通訊、設備等）。

7. 辨識支持這些關鍵活動的資源、人力、設備。

學校在營運衝擊分析後應設定關鍵營運流程及其附屬項目復原至作業同意的水準以及對應的可接受時間長短—復原目標時間（RTO, Recovery Time Objective），據以擬定持續運作計畫中的各項替代方案或修復工作。針對學校可以維持最低限度運作的方法與必要條件來說，其核心概念就是替代方案、備援機制。例如：在空間方面，如果校園發生災害導致部分教室受損無法使用，持續運作關鍵就在於是否有足夠教室空間可以移用。以現況來看，由於少子化的影響，許多學校除了班級教室之外，空出了許多教室作為專科教室。這些專科教室都是可以作為備援的班級教室。如果學校本身並未嚴重受損，但因社區災情嚴重，因此提供部分空間作為民眾避難收容，學校仍可以有足夠的空間進行教學活動。

在人的方面，如果因為災害規模較大，造成部分教師或其家人的傷亡而無法到校授課，則應該建立師資備援機制，由校內教師互相代課，或有建立可以立即調度的代課教師名單與調度機制。如果是因為大規模的電力、自來水、瓦斯、通訊系統中斷，則學校若備有發電機或有社區的發電機可以支援，則可以因應低限度的電力需求。在水的部分，暫時利用游泳池或生態池甚至於社區的農塘附近河川的地表水源充當生活用水，也應足以維持最低程度的運作。在通訊的部分，即使固網系統中斷，目前的 4G、5G 系統相對抗災能力較高，可以維持對外的資通訊網路運作。另外，城市的運輸系統、汙水下水道、廢棄物處理設施等的受損，也都可能對學校的運作有影響，但都不至於讓學校行政或教學活動最關鍵的流程中斷。以 2020 年全球發生的 COVID-19 為例，臺灣的各級學校也都已經測試過透過網路遠距教學的可行性，這也是學校在教學部分持續運作的一種方式。

由於臺灣對於持續運作計畫的觀念較缺乏，也少有官方制訂的指引，因此學校可以參考 APEC 中小企業危機管理中心及中華臺北經濟部中小企業處編製的中小企業持續運作教戰手冊（APEC 中小企業工作小組，2014），以及內政部消防署提供的企業防災指導手冊（內政部消防署，2019a）以及企業防災持續運作計畫範例（內政部消防署，2019b）擬定學校的持續運作計畫。

持續運作計畫最重要的關鍵是：此計畫並非在重大災害或意外事故發生後才開始擬定，而是平時就應完成，並且依據計畫執行各項資源的整備工作，定期演練進行驗證與持續改進。

3.5.2 學校硬體的復原與重建

重大的災害或意外事故發生之後，若造成學校的硬體，如：校舍建築物或設施設備受損導致教育活動無法正常進行，除了啟動持續運作機制之外，學校需要立即展開復原重建。

在相對重大的災害和意外事故之後，首先必須請專業的技師或技術人員，針對學校的建築物和設施設備進行必要的檢查，評估安全性，據以決定後續的處理方式。學校應對安全性不足的建築物和設施設備暫停使用並予以標示，降低師生的風險。

如果建築物和設施受損的狀況不嚴重，主要的復原工作則是環境的清理和建築物與設施的修繕。環境清理部分，除了師生共同進行之外，也可以動員鄰近的社區民眾協助，必要時也可以請求鄉鎮市（區）公所或縣市政府以及各相關單位或民間團體的支援。至於建築物與設施的修繕與設備的更新採購，學校循程序申請經費與執行。另一方面，當學校受到重大災害的影響，導致校舍、校園毀損而無法使用，學校的災害管理工作進入復原重建階段。重建過程中，學校的持續運作則依據事前訂定的持續運作計畫執行；持續運作計畫無法涵蓋者，則必須儘快與教育主管機關商討師生

的安置和教育活動的持續方式。

　　學校若遭遇規模較小的災情，包括淹水、土石流與其他坡地災害，且如果預期未來的災害風險並不至於提高或礙於缺乏經費、或附近找不到適合遷建的用地，而只能或最好在原地復原重建，包括在 2004 年敏督利颱風中受損的臺中市和平區博愛國小松鶴校區、在 2015 年蘇迪勒颱風中受損的新北市新店區龜山國小、新北市立烏來國中等學校。

　　臺灣不乏學校遇到重大災害而重建的案例，除了 1999 年的 921 大地震，多所學校倒塌受災而必須復原重建之外，不少學校在歷年的颱風豪雨中受到重創，也都歷經了原地或異地重建。例如：2000 年象神颱風時受損的臺北縣瑞芳區猴硐國小異地重建，新校舍架高，以因應土石流和坡地災害的威脅。又如：在 2009 年莫拉克颱風中遭受嚴重破壞的高雄市那瑪夏鄉民權國小，在民間團體的支持下，選擇遠離河岸、不會再度被暴漲的溪水和土石流衝擊的高處異地重建。1996 年賀伯颱風重創的南投縣信義鄉神木村隆華國小選擇原地重建，但在 1999 年 921 大地震再次嚴重受損，又選擇原地重建，新校舍於 2001 年完工。在 2009 年莫拉克風災時在和社溪的洪水淘刷下，再次毀損，終於選擇異地重建。但是，新選擇的校址，還是緊鄰和社溪，且仍然在土石流潛勢溪流的影響範圍內，亦緊鄰山崩與地滑地質敏感區；換言之，隆華國小的新校區仍然暴露於溪水暴漲沖毀和山崩地滑與土石流掩埋的高風險下。

　　無論是學校的修繕或者是原地、異地重建，均應盡可能在設計規劃時考慮到災害的風險，考量歷年校園災害事件與基地災害潛勢，擬定設計對策；以讓災後損失可降至最小為設計原則。設計前需了解學校的校園防災計畫與疏散避難規劃，拆除重建校舍設計內容應加強校園防災計畫與學校避難空間規劃。此外，由於學校是社區的中心，也常是地方政府指定的避難收容處所，因此拆除重建校舍需具備社區災害收容的機能，及收容的空間管理規劃。應確保師生教學活動安全及方便管理作業等條件下，開放

部分校舍，提供社區民眾災害收容與活動。在非構造性構件部分，在重建時應加強化學藥品及其他設備（例如：儲物櫃、書櫃、吊扇、吊燈、水塔等）的耐震性，皆應支撐補強處理，不建議設置電視架與輕鋼架天花板。此外，考量整個校園的防災需求，教育部也鼓勵學校建置災害預警系統與防救災水電系統等相關防災設施（教育部國民及學前教育署，2017）。

3.5.3 師生的心靈重建

災害發生時，旁觀者會先想到諸如：建物和財產損失，常常對「事物」較易有直接連結。但是，大規模災害發生時，我們都必須反覆經歷災害造成的不可逆損失，每個人都可能面臨家破人亡、生離死別，或者自己的身體也受到重大傷害；災害現場所面臨的是倖存者失去親人和朋友近乎絕望的悲傷。因此，防災不只是「物」的問題，更多是來自於「生命」與「情感」的問題，產生程度不一的生理、心理反應。如果這些生心理反應無法得到舒緩，心靈無法復原，長期下來會造成嚴重的後果。臺灣在 1999 年的 921 大地震後，全國教師會、臺大 921 災後心理復健小組、臺灣大學心理學系（1999）、林清文（1999）對於災區師生的心理創傷進行了解、輔導和研究。當時調查留下的紀錄和建立的輔導機制和手冊等，至今都是學校在災害心理復健方面最重要的參考資料，可能造成的相關症狀、情緒反應、簡單的處理方法，都適合參考這些資料。

3.5.3.1 重大災害後教職員工壓力管理

當學校發生重大災害或意外事故後，學校不僅面臨嚴峻的應變工作，甚至因為同時必須負責避難收容處所的開設與運作，且同時必須保持學校的教育活動持續運作以及展開復原重建工作。教職員工本身的家人、同事或學生也可能在災害中傷亡，自己也屬於創傷後壓力症候群的潛在或實質患者，面臨較災害發生前龐雜數倍、數十倍的工作量，將導致教職員工產生巨大的壓力。根據個人狀況的不同，壓力會產生許多身體和心理症狀，

包括身體不適以及憂鬱症。因此，如何在災後對於自己進行壓力管理極爲重要。壓力管理（Stress Management）是爲了增進日常生活功能，使用不同技巧或進行心理治療來控制一個人的壓力程度，尤其針對慢性壓力的處理。

　　當人們面對壓力時，身體的交感神經系統會受到刺激，導致心跳加速、血壓上升、肌肉緊張等，使身體進入戒備狀態。如果長期承受壓力，而身體的壓力反應未得以舒緩，便可能導致身體不適的症狀，例如：頭痛、肌肉疼痛、胃痛、失眠、疲累等，令身體防禦能力下降。不少醫學研究顯示，長期受壓人士罹患胃潰瘍、心血管疾病及肥胖的風險會較高。而心理健康方面，壓力狀況下會令人情緒緊張、生活興趣大減、專注力和記憶力下降、常發生疏忽，以及過分依賴藥物、菸酒、零食等。長期受壓人士會較容易產生抑鬱和焦慮情緒，患上精神疾患的機會較高，嚴重者更會有自殺傾向。因此，在重大災害過後的延長應變和復原重建階段，學校的教職員工要做好自身的壓力管理。

3.5.3.2 創傷後成長

　　並非每個人經歷創傷，或經由媒體、親友傳播眞實創傷的經驗，都會陷入悲傷的情緒中、不斷反芻這些經驗、從此一蹶不振，我們發現有些人經過災害，會將之視爲生命中的挑戰，轉化爲正向的經驗，變成火鳳凰，我們稱此歷程爲「創傷後成長（Posttraumatic Growth, PTG）」。創傷後成長係指個人經歷的成長現象超過先前適應狀態和心理功能，當個體面對創傷事件時，能發展出不同且適當地因應策略之能力，與個體日後的生活效益具正向關係。Tedeschi and Calhoun（1995）具體指出創傷事件後對一個人的助益會顯現在三個層面：覺知自我、覺知人際互動以及生命的哲學觀。在「覺知自我」層面，指的是個人在經歷創傷事件後產生的自我信任，以及能夠賞識自己的脆弱、自己的敏感和情緒。「覺知人際互動」

層面指個人看見自己的脆弱並願意向他人自我揭露便與他人產生眞實的連結。在「哲學觀改變」層面，指個人對生命的意義重新有所省思，進而調整了個人對生命及世界的哲學觀。創傷後成長主要著重當事人在創傷後能否從轉變中重新認清自我，從而另定目標及重新投入生活。

災害發生過後，除了身體的復原、居住環境等硬體的重建，也需要撫慰心中留下的傷痕，需要時間恢復，心理韌性（Resilience）會帶領我們在混亂的經驗後更堅強。Tedeschi and Calhoun（1995）認爲一旦讓災害或危機可理解之後，個人如何看待自己，自己未來會有何成長，以及如何設定生活目標並完成等課題，均會產生實質變化。創傷後成長不是單純回到基礎水平而已，它具有更深層的意義，讓一個人獲得生命經驗的提升，可以使得災害創傷者的人生觀變得樂觀、與配偶關係變好、其他人際關係變好等人際關係上的正面改變。在面對人生態度上，正面發展包括：有接受命運、接受事實、更換角度看待人生，尋找生命意義、體認自己的力量、承擔責任，投注社會公益、重新安排生命優先順序等。這些變化如果促成認知處理具備有利的改變，將產生新的意義。因此個人透過主動突破，正向的評價，以及減少情緒困擾，不斷產生新意義。面對創傷不只有產生心理痛苦，也會產生經驗 PTG 的機會（Joseph & Linley, 2008；Tedeschi & Calhoun, 1995）。

面對自己的方面，從受害者角色轉換爲存活者的認知，並以生活世界的重建對應生活世界的瓦解。面對他人部分，在態度上由責難他人轉換爲感念他人、從受害者轉爲助人者（胡怡欣，2005）。國內對於 921 大地震的研究多著重在影響心理症狀反應的因子，針對創傷後成長的研究較爲缺乏，而對創傷後成長因子的探究更是少爲人所提及。根據葉怡梅（2014）綜整國內學者針對 921 大地震創傷後成長內涵之研究結果，可知確實有不少 921 的受災者，呈現創傷後的成長。因此，在未來學校面對災害後師生

的心理諮商輔導，則不僅應限於心理創傷的治療，而更應該積極地以創傷後成長為目標。

3.5.3.3 學校的輔導任務

在平時，學校參考教育部出版《災害（或創傷）後學校諮商與輔導工作參考手冊》規劃災害（或創傷）之介入與合作原則，調查學校鄰近並可以使用或合作的心靈輔導資源。學校應透過多元的管道，結合校內、外資源，提供學生情緒支持、心理諮商、相關資訊與實質幫助。學校於災害過後，應動員學校所有教師及鄰近相關人力，進行學生心靈輔導。學校並應向外尋求資源，請求民間團體的適時支援協助。

學校先由一般的級任或專科教師（第一線的心輔教師）進行初步心理諮商，由輔導業務承辦單位，例如：輔導室（處）、學務處，指導各班導師適當引領學生抒發對各類災害的觀感，再進一步輔導特殊個案。在校內，由老師帶領輔導人員進行以校為單位的服務，從事定期的個別諮商、班級輔導、小團體輔導等心理衛生工作。政府與其他社會機構提供資源協助學生安頓身心。連結學生家長的力量，減少生活改變。在校內透過全校性團體輔導活動、課程、老師輔導與同儕協助，陪伴支持學生恢復正常生活。加上學生家庭的族群與宗教的力量，學生們逐漸釋放負面情緒，從生命教育課題中，有所成長。

學校可藉由集體創作或活動，設計相關活動，讓學生們在活動中宣洩情緒，且經由同儕發現大家的共通性及獲得支持。學校並可協助學生做有助益的工作，設計各類災害演習協助學生獲得控制的力量；參加社區重建活動，使學生有機會重新建立自己的學校或家園；做一些快樂的活動，嘗試為生命帶來正向的力量。

學校的輔導人員肩負師生心理輔導的重任，輔導人員除須熟悉 PTSD 症狀的處理流程與知能。當重大災害過後，可透過集體、班級、團體輔

導、個別輔導等方式，及早發現並協助學生克服心理創傷。諮商輔導人員並應增加對多元文化的了解，運用學生個人內在資源與力量，協助學生透過多元管道走出困境。

3.5.3.4 教師的現場輔導工作

災害造成學生在環境、生活與心理的衝擊，在陪伴學生走過復原歷程時，應從生理與心理的安頓全盤考量，災區學校老師並應增加災後心理復原、生命教育等議題的相關知能。

在教學的過程中，教師可以扮演一心理輔導員的角色，針對學生在重大災害中所可能造成的任何心理上的傷害，進一步發現及做出及時的輔導，避免學生在心中留下陰影，有礙其日後的正常發展。教師可以教導學生如何因應其突如其來的不明情緒，讓學生可以經由某些方式或管道宣洩情緒。在 921 大地震後針對班級導師的調查發現，班級學生主要的輔導支援需求依次包括：輔導資訊提供（49.2%）、心理復健講習（35.6%）、繪畫／遊戲治療（34.4%）（林清文，1999）。

除了大規模災害之外，各級學校也不應該輕忽學生經歷較小規模災害時也一樣可能身心靈受創，而需要協助。自從 921 大地震以來除了莫拉克風災以外，臺灣也歷經了許多場颱風、地震、甚至於是重大人為災害，均造成相當程度的傷亡與財產損失，其中部分事件造成學校的災損。在臺灣的山區坡地災害潛勢較高的地區，許多學生也常在颱風、豪雨期間隨著家人在土石流警戒發布時疏散撤離，甚至於可能到學校收容安置。因此，學校也應該對於這些學生的災害經歷加以了解，導師和輔導老師應該要對他們的生理、心理狀態加以觀察，當判斷他們受到災害影響時應介入協助（謝淑敏，2013）。

綜合而言，學校的安全和教育的持續性需要管理階層與教職員工生、家長和當地社區的持續參與。

第4章 韌性防災教育的規劃與推動

4.1 兒童的災害脆弱性

根據聯合國《兒童權利公約》的定義，兒童泛指十八歲以下的年輕人，是最容易受災的群體之一（Seballos *et al.*, 2011），需要從兒童本身了解兒童在災害中不同形式的身心和情感脆弱性，才能考量如何協助兒童，進而推動防災教育。

4.1.1 面對自然環境的脆弱性

兒童常常是災害發生時的主要受害者，2004 年印度洋海嘯奪走至少 60,000 名兒童的生命（國際樂施會, 2005）、2005 年卡崔娜（Katrina）颶風使得 2,430 名兒童與家人分離，3,700 名兒童被迫搬出家園，1,100 所學校關閉，37.2 萬名學童無法上學（Picou & Marshall, 2007; Wachtendorf *et al.*, 2008）；2005 年巴基斯坦地震，超過 18,000 名兒童喪生（國際紅十字會與紅新月會聯合會，2007）；2014 年間，約有 900 萬名孩童因災害與突發事件被迫離開校園。跨部門緊急事故教育網（Inter-Agency Network for Education in Emergencies, INEE）研究說明：全球約 12 億中小學生，其中約 8.75 億生活在地震高風險區，數億人更面臨洪水、山崩、風災與火災等威脅。聯合國兒童基金會（United Nations Children's Fund, UNICEF）指出，2005 至 2010 年，加勒比海地區國家嚴重受災，已導致超過 76 萬孩童流離失所；2010 至 2020 年，因爲人口成長，特別是在危險地區（例如：低窪沿海地區）及氣候危機相關災害的普遍性和嚴重性持續增加，每

年有多達 1.75 億兒童受到氣候危機引發的災害衝擊（聯合國兒童基金會，
2011）。

4.1.2 實質環境的脆弱性

學校會受到自然災害衝擊，也可能發生人為事故。這些負面事件影響
教職員工生、影響學校設施，也影響教育工作的持續性。尤其是突發性災
害如果發生在上課期間，學校建物瞬間受損，對於學校中的所有人都是威
脅，例如：1999 年臺灣的 921 大地震造成中部地區近半數校舍倒塌或嚴
重損毀，其中大專院校 7 所、高中職 83 所、國中 168 所、國小 488 所，
中小學遭到損壞的數量就佔了全國中小學總數的五分之一（林呈、孫洪
福，2000）；2004 年，印尼因為海嘯有多達 1,150 所學校破壞（聯合國兒
童基金會，2005）。災害摧毀學校建築，導致兒童無法持續接受教育，也
影響了學生的受教權。

4.1.3 身體與心理的脆弱性

災害可能帶給兒童和家庭生活上的困難，除了身體上可見的外部傷
害，近年來，兒童對於各類災害、恐怖攻擊和其他形式暴力衝突的心理反
應越來越受到重視。

兒童在面對災害常見的身體傷害包含：頭部和器官損傷、跌倒、脫
水、體溫過低和溺水等狀況（Kolbe et al., 2010; Nakahara & Ichikawa, 2013;
Ramirez, Kano, Bourque, & Shoaf, 2005; Weiner, 2009）。儘管大多數兒童
有能力逐步因應突發的災害，但在事件後因經常無法自行尋求諮詢或因
應資源（Prinstein, La Greca, Vernberg, & Silverman, 1996）、與家人分離及
家庭和學校流離失所，心理健康與行為偏差風險更高，例如：創傷後壓
力症候群（PTSD）和兒童期創傷悲傷、侵略性增加、犯罪、輟學、併發
症、經濟困難（Pane, 2006; Picou & Marshall, 2007; Aptekar & Boore, 1990;

Jaycox et al., 2007; Pane, McCaffrey, Kalra, & Zhou, 2008; Peek, 2008; Peek & Richardson 2010; Pfefferbaum, Houston, North, & Regens, 2008），甚至波及學習成效（Masten & Narayan, 2012; Peek, 2008），對某些兒童甚至會產生長期的影響。很多開發中國家普遍存在兒科專業醫生缺乏的情況，也增加了兒童受傷後的生存和康復的困境（Burke, Iverson, Goodhue, Neches, & Upperman, 2010; Burnweit & Stylianos, 2011）。因為兒童在身體和發育上易受傷害，父母和照顧者必須準備好在緊急情況下保護兒童，並同時面對自己的困境。

　　因為生命威脅的陰影、與親朋好友分離（包括寵物）、家園破壞、陌生新環境的不友善、不熟悉的環境和文化、住宅、社區和學校破壞，都會讓兒童承受巨大壓力。這些壓力源會嚴重影響兒童的身心健康、情感和智力發展，也可能導致學習進度延遲或阻礙孩子受教育的機會。最廣泛研究是針對悲傷等心理波動直接或間接造成的 PTSD、失調、焦慮、躁鬱或相關症狀（La Greca et al., 2002；Norris et al., 2002），48% 的學齡兒童遭受中度 PTSD，52% 的人嚴重或非常嚴重（Norris et al., 2002），並造成個人及其家庭極大的困擾（La Greca et al., 2002）。年紀越小的兒童對於成年人的依賴越深，遭受突發性和慢性災害事件影響的身心衝擊更明顯。

　　兒童對災害的反應因年齡組和身心發展而異：年齡較小的孩子可能不了解死亡的意義，但會回應恐懼；一至四歲的孩子會導致依賴性、噩夢、拒絕獨自入睡、易怒、攻擊性行為、失禁、多動和分離焦慮（Norris et al., 2002）；五至十二歲的兒童會產生明顯的恐懼和焦慮，對兄弟姐妹敵意增加、身體不適、睡眠障礙、學校表現問題、社交退縮、冷漠等情況；十八歲以下的青少年則漸漸對社交、學校有叛逆等其他行為問題、睡眠與進食障礙、注意力缺乏集中、活動參與程度下降，更嚴重可能發生災後飲酒、濫用毒品等狀況。研究發現，教師和父母經常低估了創傷事件後兒童

的痛苦程度，難以分辨兒童的情緒問題（Reich & Wadsworth, 2008; Ronan, 1996）。此外，孩子的應變和復原通常反映出父母親和其他照顧者的應變和復原狀況，孩子表現出的焦慮、抑鬱、濫用藥物和其他有害行爲，也可能與父母親無法調適自己的創傷有關（Norris et al., 2002; Osofsky & Osofsky, 2013）。

孩子每天有一部分的時間在學校和托育單位。許多學校和托育單位的應變計畫不足，並且沒有針對緊急狀況的規劃方案（Hull, 2011; Öcal & Topkaya, 2011; Stuart, Patterson, Johnston, & Peace, 2013）。災害之後，大部分的學校著重硬體的復原重建，卻很少投入辨識和解決兒童心理健康需求，或處理大量異地安置學生的問題（Jaycox et al., 2007; Johnson & Ronan, 2014; Pane et al., 2008; Reich & Wadsworth, 2008; Rowley, 2007）。有效的教育需要掌握不同的情境及需求，優先次序的安排和訊息取得的方法都面臨許多挑戰。

大多數兒童在面對逆境時，或許能夠應付單純的危害；但是，當危險因素逐步累積，不確定性和複雜性會導致衝擊更難預知。這類針對大規模災後「人」的心理影響及連動衝擊，也是巨災常態化之後必然需要面對的狀況。

4.1.4 決策與衍生危機

由幾次世界重大災害可以看出，部分來自普遍的觀念謬誤，認爲年輕人可以快速反應，災害衝擊不會太大，導致兒童在災害中的需求往往被忽視。兒童無法進行重要的決策，也沒有專業的職位，因此沒有發言權，更沒有提出論點的機會，造成兒童的需求普遍不被列入整備和應變的考量。多數的災害專業人員也不了解兒童的身心、健康需求及向他們傳遞知識的方法。亦即，校園和社區防災教育的目標和核心價值雖然相同，但是方法和內容完全不同。滿足父母親的需求，並不代表孩子的需求也已得到滿

足，兒童被剝奪了表達擔憂的機會與能力培育。

　　災害擾亂日常生活，生活壓力擴大衍生各種負面影響，例如：疾病、離婚、家庭暴力、酗酒和吸毒（Silverman & La Greca, 2002）；災民的心理創傷透過個人情緒和家庭狀況擴大衝擊下一代的學習能力，失學和延誤學業會進而錯過社會機會。災害發生後，災區教師和學校工作人員負擔沉重，經常因預算不足而流離失所、選擇不返回社區或失去工作，卡崔娜颶風後，紐奧良嚴重的空間和教師短缺，有數百名學生無法入學；因為不確定多久可以返家，許多家庭並未立即讓孩子入學，也有家庭為了尋求就業和可負擔的住宅而跨州移動，一些學生被迫多次轉學（Picou & Marshall, 2007）。失去經驗豐富的老師和其他支持會破壞兒童的學習進度，對身心障礙兒童尤具有挑戰性。

　　更嚴重的狀況是，當父母、老師和其他成年人碰到災害心煩意亂時，可能更難提供孩童適當的照顧和支援，協助他們重新建立安全感，甚至影響後續的學習狀態，他們的表達能力、記憶力和詞彙量會比同齡兒童的發育時間還要晚。他們可能更難表達自己的痛苦，進而獲得大人們的幫助，處境更不利。

4.2 防災教育，從兒童開始

　　許多研究都認為，兒童的身心發展（Balbus & Malina, 2009; Chung, Danielson, & Shannon, 2008）、認知能力和相對依賴成年人、可能無法有效溝通、自我保護技能不足（Boon et al., 2011; Fothergill & Peek, 2006），使他們的災害傷亡風險較高（Osofsky & Osofsky, 2013; Masten & Narayan, 2012; Seballos, Tanner, Tarazona, & Gallegos, 2011; Bullock, Haddow, & Coppola, 2010; Kronenberg et al., 2010; Snider, Hoffman, Littrell, Fry, & Thornburgh, 2010）。也因此，家長主義範型（Paternalism Paradigm）將兒

童視爲是需要成年人及機構幫助的脆弱群體。

　　儘管如此，不管現在或未來，兒童都是整備和防災的重要力量，不應只被視爲是被動的受害者。也因此，現今國際間的主流思維更傾向認爲孩童可以擔負責任，可以是知識、創造力、精力、熱情和社交網絡的積極推動者，能積極影響周遭群體，更可以是災害生命週期各階段的重要資源，具有促進積極改變的潛力，能夠有效地將災害相關資訊帶入家庭、社區，透過了解災害的危險、學習自救互救，自我保護進而協助營造安全的生活環境（Amri et al., 2018），這種兒童主導防災工作的思維（Child-Led Disaster Risk Reduction, CLDRR），也稱爲以兒童爲核心的防災工作。聯合國的許多報告都反映了這種樂觀態度，這些報告討論了兒童在「以兒童爲中心」的整備活動中的積極作用及其在影響成年人採取行動中的作用（Plan International, 2010; Selby & Kagawa, 2012;）。

　　「兒童救助組織（Save the Children）」將 CLDRR 定義爲「一個以兒童爲核心的社區架構，在該架構中，兒童是社區的主導作用，以盡可能減少災害的負面影響」（Benson & Bugge, 2007, p. 2）。因爲他們相信「參加 CLDRR 的兒童具有更大的因應災害的能力；他們的安全感增強；他們對風險的了解得到發展；透過了解如何因應災害，增強了他們的控制感和生存潛力」（Benson & Bugge, 2007, p. 2）。同樣，Plan International（2010, p. 3）將以兒童爲中心的減少災害風險，定義爲「一種基於權利的靈活方法，將以兒童爲中心（for children）和以兒童爲主導（by children）推行的活動與旨在實現變革的干預措施相結合在社區、地方和國家責任承擔者中。它在許多領域應用策略，例如：提高意識、能力建設、組建團隊、機構發展、研究和影響力以及倡導。」Plan International（2010, p. 9）認爲 CLDRR 計畫很有價值，因爲兒童「對風險具有獨特而全面的認識」。例如：他們認爲，與成年人相比，兒童「通常對風險的看法更長期，而成年人主要關注滿足日常需求，特別是在環境方面。他們定期確定社區中的直

接風險（例如：道路安全、不安全的電纜或虐待兒童）和社會風險（例如：青少年懷孕和家庭暴力），這些風險可能被成年人忽視」（第 9 頁）。此外，「孩子們通常具有創造力和雄心勃勃的策略來帶來改變。他們往往不受父母共同的社會規範和宿命論態度的束縛」（第 10 頁）。根據 Plan International（2010, p. 4），以兒童爲中心的減少災害風險包含《聯合國兒童權利公約（UN Convention on the Rights of the Child）》的四項原則：1. 不歧視；2. 考量兒童的最大利益；3. 重視生命、生存和發展權；4. 傾聽兒童的觀點。

　　我們相信兒童是有能力、有韌性的。在 COVID-19 疫情期間，由愛爾蘭、澳洲、紐西蘭、巴西、印度、加拿大、臺灣、英國、美國等不同國家研究人員共同組成的 COVISION 研究團隊，積極在全世界共同推動兒童能力啓發的相關工作（McAneney et al., 2021）。此計畫不僅僅以大人的觀點去探究兒童面對災害的心理，更提供兒童創造與創新的機會，將所想所感受轉化爲任何藝術形式；亦透過一系列的工作坊活動，了解兒童與青少年在 COVID-19 大流行期間，遇到哪些生活變化、挫折、無法適應的經驗，進一步引導孩子們從自身的經驗與觀點中，針對他們所遭遇的問題提出因應方案，並讓政策制定者聽見孩子們的聲音。希望透過上述以兒童爲中心的方式，讓政策制定者在未來制定因應相關流行性疾病的防災政策時，能夠將兒童所需納入考量，有更好的方式因應這一類的流行病，減緩相關政策對兒童發展的負面影響。

　　將兒童發展納入防災是一個雙向過程，需要完整將防災觀念嵌入教育領域，應直接提供適合兒童的防災教育，以提高兒童的調適及應變能力，並藉由兒童向家庭和社區傳遞防減災訊息（Selby & Kagawa, 2012; Sharpe & Kellman, 2011; Shiwaku & Fernandez, 2011; UNESCO, 2013）。兒童的因應技能和援助會影響兒童調適和因應創傷的能力（Prinstein et al.,

1996），我們必須投入更多關注在兒童身上，擴大且強化兒童和青少年在家中、學校和社區中的防災學習及參與防災活動的機會。這樣的防災知識傳授不只是關注「教」與「學」的關係，也不僅聚焦在知識和技能，必須訓練這一代的小朋友有擴展知識與技能的能力，將學到的知識外部化，再將風險資訊傳達給同儕和家庭，讓孩子們感覺「我們確實參與了防災的社會活動」，而不只是認為「這是專業者和成年人的事」或是「他們年紀還小……」。兒童經常具有幫助家庭和社區從災害中復原的創造性想法，為了建立更全面的災害防救工作，建議將兒童的聲音與意見納入決策系統。

4.2.1 孩子的影響力，超乎想像

要讓孩子具備能力，就要導入必要的教育，這要從社會、家長、老師共同改變觀念，一起努力，必須放棄「你放心，老師會保護你」的說法，轉而跟孩子說明「你要學會保護你自己，老師會協助你」。亦即，老師的角色必須從「保護」轉成「協助」，也讓孩子具備重要的學習動機。

試著想像：您正在海灘上享受難得的假期，突然發現海水開始暴退、海面異常冒泡，面對這樣的現象，您心中會有什麼疑問嗎？您知道接下來該如何行動嗎？

2004 年 9 月 26 日，Tilly Smith 和她的母親在泰國普吉島的邁考海灘（Maikhao Beach）享受聖誕節假期。他們看著沿岸水流退去，露出一片寬闊海灘，魚滯留在沙灘上，海浪都是泡沫。Tilly 利用她在六年級地理課本中讀到關於海嘯的知識，機警察覺異狀並告知海灘管理人員可能有海嘯，應儘速疏散遊客。她歇斯底里的呼喊，終於說服父母親離開，並沿途警告日光浴者及工作人員，拯救了大量民眾的生命（Owen, 2005）；行動救援組織（ActionAid）在印度與部分學校合作防災課程，一名七歲學生在家鄉經歷洪水時，不僅為家人建造竹製平臺得以避難，更勇敢挑戰水中竄出的蛇，擔負起保護家人的責任；菲律賓一個社區孩子成功說服其

父母和政治人物將學校搬離，避免了坡地災害的衝擊（Plan International, 2010：41）；薩爾瓦多的兒童說服成年人改善廢物管理並建立定期收垃圾的機制，降低了洪水風險（Plan International, 2010: 10）；2011 年經歷紐西蘭基督城地震（Christchurch earthquake）的兒童在記錄兒童經歷的網站上提供了親身經歷地震並描繪如何自我保護（「當我的家在搖晃（When My Home Shook）」，2012 年），坎特伯里大學的學生利用社交媒體招募組成「學生軍」，協助社區檢查環境安全，並在地震之後協助清理環境並提供社會支持（Giovinazzi et al., 2011）。此外，錫德颶風於 2007 年襲擊孟加拉時，參加過行動援助組織防災教育計畫的七歲小朋友 Lamia Akter 即時提醒其家人和鄰居留意颶風警報，讓所有人都安全撤離（Anderson, 2010, pp. 12-13）；臺灣也有很多因為小朋友了解火災避難原則及時引導家人火場成功逃生的例子。這些經驗明確點出，透過教育可以了解災害以及學習面對不同類型災害的減災、整備及應變方式，除了提高災害意識，教育也強化了日常生活中面對緊急事件的知識活用，在災害中採取適當的應變行動。同時，防災教育有助於擴散至社區整備，強化社區耐災的能力。日本經驗就指出，透過推動學校的防災教育，更能有效促進社區安全，提升社區整備意識。各國陸續藉由兒童的影響力，將防災帶入日常生活，逐步邁向《兵庫行動綱領》提出的關鍵優先事項。

4.2.2 自我保護，從學校到家庭

教育是社區防災整備的最佳媒介（Izadkhah & Hosseini, 2005）。若能從「思維」著手，使防災觀念從小扎根，讓孩童了解危險所在，強化自我保護的相關能力，並學習承擔責任。兒童具備的能力可以參與災害管理週期當中的各項工作，尤其，孩童是良好的資訊傳播者，能夠將災害知識傳遞給家人，而且家長的接受程度很高（Izadkhah & Hosseini, 2005）。因此，家庭整備與兒童參與防災教育是有關係的（Johnson *et al.*, 2014）。透

過從小建立正確的認知與判斷原則，培養正面積極的態度，提升災害應變能力，同時將孩童之需求列為優先事項，有助於強化社區災害韌性。

這幾年，面對兒童安全的教育模式也在改變，從以往強調保護兒童，轉向至以兒童為主體（Child-centered）、兒童主導（Child-led）的防災教育與防減災工作。老師們的教育方式也應該從告訴孩子：「你放心，老師會保護你。」轉變為「你要學會保護自己，老師會協助你。」

4.3 各學習階段的防災教育目標設定

國際上普遍認同兒童防災教育可以提高兒童的災害風險意識、風險感知及對保護措施。Ronan and Johnston（2001a）對 560 名學童進行了首次探索性相關研究，以評估與兒童和父母報告的家庭災害調整相關的因素，以及兒童的風險認知，對應變有關保護行動的知識及災害相關的情感因素。作者得出的結論是，防災教育與增加災害風險意識，更切合實際的風險認知，更多的降低災害風險知識及更多的家庭災害調適相關。因此，「針對年輕人的防災教育計畫提供了一個途徑，社區可以透過該途徑增強抵禦及能力、降低重大危險事件的影響」（第 1055 頁）。同年，他們發表了一項類似的研究，對 440 名學齡兒童進行了更複雜的研究（Ronan & Johnston, 2001b）。他們發現，與未受過教育的兒童相比，參與防災教育計畫的兒童表現出更穩定的風險意識，並對保護措施有更高的認識。

不同年齡的兒童在心理、身心情感成熟度明顯不同；風險和危害知識也可能因文化、自然和社會環境及家庭背景而有所差異。並非所有孩子都有相同的長處或能力，有必要依據年齡和文化背景，規劃適當的課程及活動。除了學校以外，學生有更多時間不在學校內，僅在學校的情境推動防災教育是不夠的，兒童必須發展自己的危機因應能力，應用在更多不同的場所情境。依照這些需求，不同學習階段會有對應的知識和技能需求，

尤應側重於知道「為什麼」，進而導入該怎麼做，透過可能體驗情境和影響，鼓勵求生的必要學習。此外，也可把相關活動銜接到社區，進一步深化和發展學習。

學校是否能對緊急情況做出適當反應的決定性因素，在於妥善的準備和早期預防，學校師生則是預防文化的建立者。我們應該教育孩子理解災害風險，透過建設性的討論回應，轉化成智慧並為災害做準備，進而學習生活、互助、同理心，了解自己有能力在風險溝通網絡中扮演積極通報者的角色。實際上，要讓孩子們知道自己作為風險傳達者的價值，並意識到他們能影響其他人，甚至保護更多人。因此，兒童和年輕人的學校防災教育藉由與家庭和社區分享知識，有可能促成改變。為了在發生災害時，學生能夠保護自身安全，而且願意為他人、群體和社區的安全而服務，透過各種活動關心他人、為社會服務，學校教育要充分考慮各個發展及學習階段的能力差異，透過發展階段目標設定，進行系統性防災教育。在「建構韌性，防災校園」作為防災教育願景下，幼兒園至大學等各學習階段可設定以下具體防災教育目標（圖 4-1）。

圖 4-1　防災教育各學習階段推動目標

4.3.1 幼兒園階段：建立安全意識

幼兒園階段防災教育目標在建立幼兒之安全意識，以降低對災害不確定性的恐懼感。幼兒園孩子和小學低年級的孩子體能和反應上可能相對侷限，因此，要訓練小孩能初步覺察危險，降低對危險的恐懼感。一旦感覺狀況有異，即使附近沒有成年人，也應該意識到可能的災害，即時設法保護自己。因此我們應該傳達確保人身安全的行為和準則，並讓小朋友學會接受引導進行避災及自我保護。

4.3.2 國小階段：懂災害、會判斷

國小階段防災教育目標在於讓學童了解災害，不會懼怕災害，並學會判斷原則。因此應掌握災害類型的專業知識。

1. 低學年：讓學生們清楚理解到這是與自己的生命有關的事情。建立對危險徵兆的基本認識，訓練避災及自我保護能力的概念。
2. 中學年：讓學生們清楚理解到這是與家人的生命有關的事情。建立對災害、危險的基本認識，訓練避災及自我保護能力，了解有效避災的判斷原則。
3. 高學年：讓學生們清楚理解到這是與他人的生命有關的事情。建立基礎防災知識，訓練避災及自我保護能力，了解有效避災的判斷原則，理解家庭和社區的角色並能協助部分防災工作。

Finnis et al.（2004, p. 11）認為：「了解災害類型、發生頻率和適當的保護行為，有助於孩子的心理準備，幫助他們了解會發生什麼及他們有能力自我救助。」這種學習對社區也有好處，他說：「因為孩子可以獨立行動，無論是獨自一人還是無人看管，保護型的知識能降低孩子的脆弱性，減少家庭脆弱度，也能幫助其他未意識到的人採取正確行動。」

4.3.3 國中階段：能自救、會互助

國中階段防災教育目標以自救爲基礎，建立互助之能力。讓學生們培養災害警覺意識與互助能力，完整掌握防災與應變知識和原則，熟悉方式，學習 CPR、AED 等簡易救護技能，對於滅火器、消防栓等防災器具能有完整操作能力，開始參與社區活動，共同討論思考建構更好的未來生活環境，具備在災害文化傳承上有所貢獻的素養。

4.3.4 高中階段：協助學校、社區

高中階段防災教育目標在進一步強化領導能力。高中階段除了深刻理解各種知識，並判斷必要的即時行動，尋求自主和主動的技能學習，還要能走出校園，積極投入社會參與，領導群體協助自身學校或鄰近學校與社區，推廣正確的防災知識。

如果中學生學習如何在災害發生時辨識和減輕災害，他們也能把這些能力應用到社區生活中。因此，老師、災害管理專業者和學生組成的系統應以學校爲防災教育的核心基地，提供社區必要的防災教育知能，並引導必要的情境想像（例如：了解災害整備和管理相關情境與必要性），讓社區重新認識人爲事故和自然災害造成的緊急情況、重視和推動韌性建構的策略。

4.3.5 大學階段：自主防災規劃與運作

大學階段防災教育目標在自主規劃及運作校園內部相關的防災事務。提升防災、救災與應變之知識，增進救災、救護之技術與能力，並能規劃及運作學校與社區相關的防災事務。

4.4 學校防災教育的必要內容

　　雖然世界各國在防災工作方面都有很大的進展，但災害對於學校的衝擊依然不容小覷，因此，迫切需要重新思考防災教育的資源分配，以發展更有效的教學方法，積極推動防災教育。然而，防災教育在傳統教育中並未受到應有的重視，有幾個可能原因：災害一直被認為是難以標準化行動模式的單一個案，不同原因、不同形式、不同後果，又很少發生，也很難找到方法驗證防災教育的成效；另一方面，災害是在地的，並非所有地方都有一樣的災害，即便在課堂上教了，也可能永遠用不上，學生無法實際理解，甚至連老師本身也不理解。一般的防災工作還未完善的狀況下，滿足硬體通常被視為第一要務，防災教育很難短期內看到成果，不太會被列入優先項目。

　　學校期望什麼樣的防災教育呢？學校防災教育的作用是使孩子們具備面對災害的「生存能力」。在容易發生災害的國家，防災知識和技能應該是普遍學習的內容。環境變化快速，若是生存的必備知能未能適時提供，必然影響他們面對未來災害的生存契機。要達到這個目標需要有正確的態度，並積極獲取知識和技能，有能力在事件發生時及時採取適當行動，避免受災。例如：如何在發生火災時有所感知並順利判斷如何疏散；地震是什麼，如何在地震中生存；什麼是海嘯，該有什麼因應作為？防災教育要協助學生理解危害和整備，尤應優先考慮發生頻率較高的災害類別。

　　外部環境不斷變化，如果要從教育著手，學校課程和教育方法也必須改變。不同學習階段，需要跨領域合作，尤其是幼兒及特教學校，需要透過老師的教學專業把防災專業講述的原則轉譯給小朋友理解。老師越能導入情境思考，真的理解了，小朋友學到的才會是正確的知識與技能；此外，從演練的錯誤中學習，更容易掌握關鍵！日本幼兒園防災課程，帶領小朋友體驗，如果地震疏散沒有穿鞋，腳可能會有什麼感覺（為了避免小

朋友受傷，以蛋殼替代）、速度的差異爲何，再引導思考該如何在不同情境自我保護。

　　針對不同對象一定要有不同的宣導重點和方式。仔細探究教育現場的實際狀況，很多宣導的本身就很有問題，卻被誤以爲是標準答案。例如：幼兒園的消防宣導告訴小朋友要學習按壓警報器、使用滅火器，甚至有宣導人員告知小朋友直接離開即可，因爲小朋友太矮，不會受到煙塵影響；當消防宣導教小朋友使用消防栓噴水的時候，有沒有告訴他們這件事的眞正意義是什麼？還是只爲了讓他們覺得「好玩」？教小朋友使用滅火器的時候，有沒有讓他們拿拿看眞正的滅火器？大部分幼兒園及國小的小朋友無法負擔滅火器的重量，一旦以爲自己拿得起來，延遲通報反而衍生更大的災害風險。幼兒園小朋友最重要的是建立安全意識。在幼兒階段，「火災」應該連結到對「溫度」和「煙」的身體感知與認知，最重要的任務就是「通報」，一旦遇到可能有火災的警訊，就是通報老師和家長，並且大叫「失火了」。「情境思考，責任分擔」，寓教於樂是很好的做法，但是不要忘了在樂之中導入眞實的情境，讓他們知道可以勝任的責任和該做的實際作爲，達成教育意義也確保安全。

　　又例如：臺灣的防災教育在高中階段目標是：培養領導能力，進而能夠協助學校及社區，和各國目前方向一致。但是，即便就是演練也經常被家長客訴妨礙學科學習而受到阻撓。其實，同樣面對災害威脅的幾個國家，各國的升學壓力都不會比臺灣輕，但是積極面對災害，整合生命教育，引導學生的正確態度，提供了我們不同的思考。日本、紐澳近年有越來越多高中將災害協助導入學校正規課程或輔助課程。災害發生，學生有能力可以擔負更多的責任。之前颱風引發的遊民收容問題、災時食物浪費等社會問題都成爲課堂討論議題，帶領學生思考及規劃介入的方式。兵庫縣明石南高中學生組成的青年防災隊（Meinan Regional Disaster Prevention

Junior Leader, MRDP），不只關心災害議題，也投入社會協助，這和宮城縣的做法類似。紐西蘭也有青年搜救隊（Youth Search and Rescue, YSAR）的組織。石卷市立雄勝小學校和南三陸町立歌津中學校培訓青年防災隊員成為「新的力量」，賦予中學孩子不僅要能隨時隨地保護自己，還要能成為居民、小學生的依靠，成為區域防災的新力軍。再看看臺灣過去的訪談案例：「學校周邊交通狀況不太好，所以我們學校不讓學生騎腳踏車來上學。」這是正確的國中教育方式嗎？是面對交通安全該有的態度嗎？還是只有避免學校會碰到的麻煩事？太多的責任壓在老師的肩膀上，讓他們選擇風險規避，也間接讓我們的下一代失去了判斷及自理能力，也失去了生活經驗累積的機會。別人可以，沒理由臺灣做不到。但是，在臺灣，要先教育老師和家長，願意面對，可以放手，才能讓小朋友共同學習面對他們自己的未來。關鍵或許不在學生，更應該改變的是家長和師長們的態度。

　　在東日本大地震中，宮城縣石卷市立大川國小的老師們因判斷錯誤，沒有將學生帶往後山的高地，而是在學校操場等待近 50 分鐘，直到海嘯侵襲的前幾分鐘才急忙往鄰近的橋梁避難，然而半途所有人即遭海嘯吞噬，最終這起事件造成 74 名學童、10 位教師罹難的悲劇。其中 23 名罹難兒童的家屬認為這起悲劇的發生，導因於學校沒適切地引導學童避難，因此於 2014 年向法院提出求償訴訟，追究校方的管理責任。2016 年 10 月仙台地方法院第 1 審判決家屬勝訴，縣市政府應賠償 14 億 2,600 萬日圓，因學校老師當時已知海嘯來襲，卻帶領學童前往不適當的地點避難，確實有疏失。2018 年 4 月仙台高等法院第 2 審判決指出，雖然大川國小不在海嘯潛勢區域內，但學校距離海岸線很近，卻未在危機管理手冊中制定海嘯避難場所和路線，市教育委員會也未要求學校改正，認定為縣市政府事先準備不充足的過失，應追加賠償 1 千萬日圓，總計判賠 14 億 3,600

萬日圓（約新臺幣 5 億 552 萬元）。這是日本首度因震災前防災體制不完善被法院判賠的案例，臺灣也應該引以爲鑑，藉機改變學校師長和家長的態度，讓防災教育得以深入校園，建立學生的災害韌性。

臺灣自 2003 年起開始推動防災校園計畫，透過加強校舍安全、推動防災教育、建立校園災害防救組織、開發防災教育教材、定期演練等方式來提升學校災害韌性，歷經 20 多年的努力，在硬體、軟體和制度面皆已有可見之成效（Wang, 2020b）。然而，防災校園計畫之執行成效，受到學校師長投入與參與的態度影響甚大（Wang, 2016; 2020a；王价巨、蔡寧又，2020）。根據 Wang and Tsai（2022）研究指出，態度爲影響行爲意向之主要因子，行爲控制識覺爲影響實際行動的主要因子；提高教師對學校防災工作的認同態度與執行信心，可提高教師投入學校防災工作的意願與行動力。未來，應藉由強化教師參與防災團隊之認同感與依附情感，轉變教師對學校防災工作的態度、強化教師自主參與的動機，形塑學校的防災文化；並透過提升教師對防災工作的相關知能與重要性認知，並提供教師足夠的外部資源，提升教師投入學校災害整備行爲之意圖與實際執行程度，以全面性落實防災教育。

4.5 身心障礙學童的防災教育

身心障礙是一個廣義用語，並沒有一致性的定義。《美國身心障礙人士法（Americans With Disabilities Act）》對身心障礙的定義爲：「身體或精神上的損害，嚴重限制該人的一項或多項主要生活行動（PL 101-336, 104 Stat.327）」；臺灣的《身心障礙者權益保障法》則將身心障礙者定義爲包括：一、神經系統構造及精神、心智功能；二、眼、耳及相關構造與感官功能及疼痛；三、涉及聲音與言語構造及其功能；四、循環、造血、免疫與呼吸系統構造及其功能；五、消化、新陳代謝與內分泌系統相關

構造及其功能；六、泌尿與生殖系統相關構造及其功能；七、神經、肌肉、骨骼之移動相關構造及其功能；八、皮膚與相關構造及其功能等，身體系統構造或功能有損傷或不全導致顯著偏離或喪失，影響其活動與參與社會生活。因此，身心障礙是指身體功能或結構損害，限制了特定活動或社會參與。世界衛生組織（WHO, 2001）的《國際功能、身心障礙與健康分類（WHO's International Classification of Functioning, Disability, and Health）》將身心障礙概念化為：「個人健康狀況與其個人和環境間相互作用的結果。」從單一類型至少可以區分為：感官、肢體、心智、重病、醫療需求等五大類的十三種障別。日本東京都調布市福祉健康部於 2015 年 3 月發行《障害のある方への災害時支援ガイド》（身心障礙者災害支援指南）在災時協助難以獲得訊息或無法正確撤離的身心障礙者，就區分為：「身體」（視覺、聽覺、肢體、內部）、「智力」、「精神」及「其他」等四種障礙，症狀根據障礙類型和程度有所不同，且可能不明顯，或難以從外觀判斷；如：內部障礙包括心臟、腎臟、呼吸、膀胱 / 直腸、小腸、人類免疫缺陷病毒（HIV）免疫和肝等七種功能障礙；或是「其他障礙」中較高的腦功能障礙，如：自閉症、亞斯伯格症候群和其他廣泛性發育障礙（又稱社交障礙、發展遲緩）。依據世界衛生組織（2005）統計，全球大約 6 億人（佔全球人口的 10%）屬身心障礙，全球約有 2 億兒童屬於身心障礙者。

4.5.1 身心障礙學生的高災害脆弱度

全世界約有 2 億兒童分屬不同身心障礙類別或多重障礙，很多因素都導致身心障礙兒童的身心和教育在面對災害有更高的脆弱度，除非醫療、家庭、社會和教育方面的保護支援措施到位，且重要的社交網絡得以迅速重建，否則災後的狀況恐怕更不樂觀。

　　地震等突發性災害應變時間很少，身心障礙兒童很難有足夠時間及能力採取適當的防護措施，有些甚至完全沒有自我保護能力，產生更高的死亡風險。例如：行動不便的孩子無法在地震時「趴下、掩護、穩住」、水災時難以向上移動、火災時無法快速離開現場。認知障礙的兒童可能無法辨識環境危險跡象或無法理解即將來臨的威脅，或者可能會因為視覺和聽覺警報而焦慮困惑；大量陌生人到場會觸發智能障礙者的壓力反應；自閉症等心智障礙兒童可能因警報而煩躁，甚至有激烈的情緒及行為反應。即使颱風等災害有較長預警時間可以及時疏散，情緒障礙兒童也會因為固著行為而不太願意離開，面臨更大的死亡或受傷風險。再者，各級政府的災害防救計畫通常很少特別考量兒童和身心障礙者，更遑論身心障礙兒童。災害防救專業者通常假設學生會得到父母親或學校的妥善照顧（Mitchell, Haynes, Hall, Choong, & Oven, 2008）；同樣地，災害防救單位因為對身心障礙者的了解有限，或者人員不足等因素，較難以在災害防救對策中考量身心障礙者的需求。

　　大多數身心障礙兒童依靠父母、老師來獲得必要的照護，而且依靠父母來獲得身體功能支援和情感支持。例如：有醫療保健需求的兒童經常由父母管理處方或執行醫療相關功能；感官障礙（例如：失明或失聰）兒童需要依靠父母進行溝通；心智障礙兒童需要父母來解釋不熟悉的事件。考慮到身心障礙兒童對父母的諸多要求，這些成年人及其子女都有可能遭受災後心理損害的更高風險。身心障礙兒童比一般兒童更為脆弱，遭受到災害後的心理創傷與負面反應更容易持續數年之久。

　　災害結果反映長久積累的脆弱性因素，代表不平等狀況的持續存在。身心障礙兒童通常已經面臨發展挑戰，災害是再附加的危險因素。所有兒童，包括身心障礙兒童，都有權獲得安全和保護，免受自然和技術危害及人為災害。當然，身心障礙兒童應該有同等獲得支援的機會以避免擴大災害衝擊。

4.5.2 特教學校的環境整備

學校的災害與安全管理作為必須因應身心障礙學生的需要。在硬體的方面，確保身心障礙學生可以在教職員工的協助下，利用學校的避難和疏散設施順利疏散。

除了身心障礙學生本身的不利條件之外，校園的建築物和設施也可能不利於他們的避難和疏散。有些特教學校缺乏無障礙坡道或其可及性欠佳，有些特教學校設置的螺旋式滑梯因為坡度和彎度或材質粗糙度過高而無法使用，許多特教學校的救助袋則是不符合身心障礙學生本身的身心特性而讓他們難以安心使用。學校規劃設置的避難平臺也並非在所有災害情境下都可供使用，學校也不必然備有足夠數量的滑椅讓師生疏散下樓。另一方面，一般學校雖然都把特教班安排在 1 樓，但是特教班學生並不會只使用班級教室，可能因為音樂課、電腦課或利用圖書室等狀況，在災害時不宜使用電梯的條件下無法順利疏散。應確認是否所有避難疏散路線已標示清楚，且使用輔具（包含輪椅、助行器、拐杖等）或確保視覺障礙的學生皆可通行。有些特定障礙類型的需求應特別留意，例如：考量視障生需求，在緊急應變小組的背心或安全頭盔貼上反光條，增加辨識度。過去法規建議學校裝設緩降機或救助袋。但根據經驗，學生會因為害怕而將手撐開，無法順利滑下，設計並不符合人性，建議尋找其他垂直疏散的替代方法。人在睡覺時，身體各感官靈敏性降低，僅剩耳朵對於較大的聲音有反應，因此住宅用火災警報器（以下簡稱住警器）可以在睡眠中發生災害時，發出聲響叫醒人們。但學校應注意聽障學生是否僅能聽到高頻聲音，在裝設住警器時，應考慮學生特性裝設相對應的設備。國外目前也發展出裝設在床上震動式的住警器，學校可依需求參考添購。

規劃等待救援點時，應考量救援單位接近的可能性，以及救援的方便性，包括欄杆高度和鐵絲網，都可能增加雲梯車救援的難度。過去認為雲

梯車可以協助無法垂直移動的輪椅生，但是某些使用行動輔具、特殊輔具學生可能有轉位、移位需求，或是骨頭太硬、太脆弱、體重太重，或是需要特定的擺位（例如：只能坐姿）。這些學生可能無法或不適合移上雲梯車。學校平時應聯絡鄰近消防單位共同演練，唯有彼此互相合作，才能得知哪些設施或規劃窒礙難行，進而修正調整。

同時，應思考各種災害情境，為每位需要幫助的學生預先規劃並培訓 3 名救援人員，每個救援人員皆須有相對應的代理人。

4.5.3 身心障礙學生的演練規劃與執行

學校必須對教職員工實施教育訓練並做妥善的人力安排，以便在災害和意外事故發生時迅速調派人力協助身心障礙學生就地避難或疏散。定期演練能夠強化全校學生與教職人員的應變能力與自信心，救援人員和學生必須充分練習，並參與所有演練。演練重點包含：

☐ 熟悉疏散避難的流程

☐ 熟悉所有出入口位置與疏散動線

☐ 採用輔助設備進行演練活動

☐ 練習下達清楚、簡潔的指示

☐ 練習處置不可預期的情況，例如：逃生動線擁塞或找尋不到學生

☐ 考量障別需求

肢體障礙學生在地震發生當下，相對較難以於桌子下進行「趴下、掩護、穩住（Drop, Cover, Hold on）」；使用輪椅的學生，可以「固定、掩護、穩住（Lock, Cover, Hold on）」取代，但協助人員還是必須有適當的保護。

1. 固定：將輪椅移動至教室中結構較為穩固的位置，並固定或鎖住輪椅。

2. 掩護：盡可能掩護頭頸部和眼睛。

3. 穩住：抓緊保護頭頸部之物品。

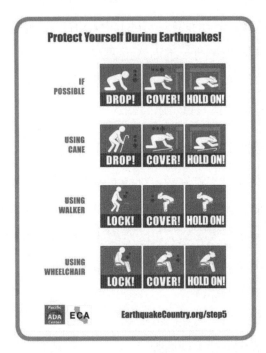

圖 4-2 地震中保護自己的方式

資料來源：Earthquake Country Alliance 網站

　　演練應符合真實的情境，不應只是當作演戲，當腳本設定學生受傷骨折，應有老師一同陪伴且由護理師判斷後處置，而非直接拿輪椅搬離移動，若此舉造成學生受傷情況加劇，後果得不償失。特教學校可能會安排視力狀況比較好的學生，在疏散時利用搭肩的方式帶領視力較差的學生，但是演練屬於學生「熟悉」的情況。當災害發生並不是他們所熟悉的情境或時間，或者原本安排好的人沒有剛好在一起，情況可能就會變得比較複雜，例如：熟悉的朋友不在身邊，學生不願意移動。當今天光線不佳，或

障礙物不明顯時，應思考老師如何在第一時間協助視障生不會受傷的離開教室。所以希望學校可以培養視障生兩種能力，一是實質的逃生能力，二是心理效應的穩定度，心理素質夠強可以使他遇到狀況時不慌張，甚至可以透過風、氣味或其他的觸覺判斷位置。避難疏散時，學生可能受驚嚇而緊張哭鬧，或不願意配合老師指令，建議老師應隨時注意學生的情緒並適時給予安撫，或是利用學生的增強物強化他們配合的意願。當學生不願意配合就地避難時，老師可以準備一塊大地墊，直接掩護學生頭頸部。當學生不願意疏散時，請與學生較親近的老師，協助安撫與說服，或是請老師在相對安全的地方陪伴，等待支援，利用人與人之間的情感交流，避免流於形式的強迫性指令。比起讓學生知道地震跟安全帽的連結，更希望學生能夠產生地震和搖動的連結。如果學生對於安全帽會抗拒，可以在平時先提供頭套、書包、安全帽讓他選擇，當學生擁有選擇權時，會降低他的疑慮，更願意戴上安全帽，避免用強迫的方式增加抗拒。

4.5.4 特教學校的應變準備

災害發生時，各種身心障礙者可能遭遇的困難或困境，在安全和能力所及的情況下，平時就應加以整備，協助身心障礙者（視覺障礙、聽覺障礙、智能障礙、精神障礙以及其他障礙）進行移動，以及引導、傳達的要點內容和方式，進入避難收容處所後可以提供的協助和幫忙（表 4-4 至表 4-9）。

這些工作都是為了確保在緊急情況發生時，學校能夠迅速協調與因應，保障身心障礙學生的生命安全。相較於成年人，一般孩子對於災害警告和疏散指令更有反應能力。而身心障礙者沒有一般孩子的反應能力，進而變成最不容易疏散的群體，失明或失聰者經常未能即時收到警報聲或警告資訊，疏散過程也經常遇到嚴重阻礙。缺乏關注身心障礙者在應變

過程的特殊需求，可能導致身心障礙兒童被迫在沒有重要支援（例如：移動裝置、呼吸器、藥物等）的情況下疏散撤離（Abramson & Garfield, 2006）。與父母和其他照顧者分離，身心障礙兒童在災後更可能面臨危及生命的情境。因此，災害整備策略包含：

➔ 對應不同障別需求的基本策略。

➔ 根據醫療相關法令與規範，研擬策略與合約。

➔ 如果學生必須在學校隔離，應通知家長且掌握學生的醫療資訊。

➔ 與物資供應者簽訂災時支援開口合約，包含交通運輸、維生食品等。

➔ 製作疏散避難地圖與設施整備資訊。

➔ 根據緊急應變計畫培訓工作人員，鼓勵親師共同研討、評估校園緊急應變程序。

➔ 夥伴機制的建立：緊急狀況下，教師人力不足或不在現場，夥伴機制是保障身心障礙學生安全的關鍵策略。夥伴必須協助身心障礙學生疏散撤離到集結地點，等待應變人員抵達。

應變過程中有幾個重要議題需要特別留意：

一、用藥管理

大部分身心障礙學生都有個人用藥計畫，因此災害發生期間，藥物治療持續不中斷是很大的課題。例如：電力中斷可能影響藥物保存，學校物資整備項目中應包含冰櫃與冰袋，以利透過冷藏來延長藥物穩定性，直到電力恢復。除此之外，平時記錄學生服用的重要藥物及特殊狀況並彙整成冊，也要擬訂不使用藥物情況下的學生醫療照護計畫。

二、溝通方式

教職員工需要了解學生的需求和脆弱性。災害發生時，聽覺、視覺障礙的學生對資訊接受能力不若一般人便利，學校必須建立更有效的溝通方

式，例如：運用大字體海報、盲文點字設備、手語翻譯人員、燈光閃爍型警報器等，使資訊能夠無阻礙地傳達給每位學生，即使教職員工認為學生可能無法理解，也要清楚說明正在發生的事，以及他們需要做什麼，同時確保所有教職員工都應該具備相關能力。

三、時間掌握

身心障礙學生面對緊急狀況時，可能因突如其來的改變而產生壓力，進而引發極端行為。相較於一般學生，他們需要更多時間來理解當下的緊急狀態，因此愈早提出警示通知，愈能夠成功協助他們脫困。身心障礙學生通常會透過特定的暗示與舉動，來表達不安、害怕的情緒，在緊急狀況下我們需要花較多時間來觀察學生們的狀態，如果錯過了這些暗示，學生可能會失控。

四、物資準備

平時準備好學生必備器材，放置於靠近出入口的位置，以利於疏散時一併攜帶。基本物品與設備包括：

- ➜ 根據設備準備不同尺寸的電池
- ➜ 攜帶式廁所、屏風隔板、衛生紙、馬桶消毒劑和塑膠袋
- ➜ 飲用水袋
- ➜ 衛生用水袋
- ➜ 學生緊急資料影本
- ➜ 醫療處方箋影本
- ➜ 手持工具（螺絲刀、扳手、鉗子）
- ➜ 工作手套
- ➜ 掃帚
- ➜ 防水帆布
- ➜ 收音機

➡ 手機和手機充電器

➡ 手電筒

➡ 醫療急救箱

➡ 冷藏藥物的小型冰櫃

➡ 撤離輔助設備

➡ 蛋白質能量棒（不含堅果或堅果油）

➡ 水果罐頭

➡ 不含碳水化合物的食物（例如：罐裝肉、堅果、肉乾）

➡ 女性衛生用品

➡ 家用氯漂白劑、抗菌肥皂

➡ 紙巾

➡ 哨子

　　學校的護理師也必須確保健康中心備妥身心障礙學生需要的緊急醫療裝備和器材以及醫療保健資料，並由學校安排適當的人力擔任緊急救護組的人員，以便在緊急應變時可以協助護理師執行任務。

　　家長在學校老師引導下，開學時為身心障礙學生準備防災包，整備品項依據每位學生個人需求來準備。適合身心障礙學生的防災包宜參考表4-1，考量：

➡ 輕便簡單的背包

➡ 緊急資訊表單

➡ 36 小時藥物需求量

➡ 掛繩式緊急醫療卡，以便在緊急情況下佩戴（聯繫資料、醫療資訊、輔助設備使用、協助需求與限制）

表 4-1　不同障別學生緊急整備清單

障礙類別	品項	項目說明
視覺障礙	繩子	作為引導繩協助學生進行疏散使用。
	鈴	疏散時，引導者提示使用。
聽覺障礙	助聽器電池	提供助聽器電池耗盡的學生使用。
自閉症	能成為隔板的東西	減少集結點的視覺資訊，以穩定情緒。
	耳罩	阻絕噪音，以穩定情緒。
	播音裝置	音樂有助於穩定自閉症學生情緒。
	狀況圖卡	預先製作能說明目前情境和狀況的圖卡，以利災時說明情況使用。
共通性物品	食品	瓶裝水、麵包罐頭、米、麵食等。
	保健用品	止痛藥、腸胃藥、消毒用品、繃帶、剪刀等。
	各式輔具、餐具	吸管、進食輔具、助行器、輪椅等。
	個人衛生用品	一次性手套、紙尿布、女性衛生用品、口罩、衛生紙、肥皂、消毒用品、備用換洗衣物。
	發電機、備用電池	提供呼吸器、抽痰機等使用。
	床或墊子	提供無法長時間站立的學生使用。
	簡易廁所	提供師生臨時使用。
	電池供電的攪拌機	絞碎食物供無法吞嚥學生使用。
	書籍、玩具等	安撫學生情緒。

4.5.5 特教學校的疏散規劃

　　各類身心障礙學生在疏散過程中，可能遭遇到不同的問題（表 4-2）。身心障礙學生相較一般學生而言，風險辨識能力相對不足，例如：視障生無法即時辨識搖搖欲墜的冷氣、聽障生無法立即接收警示聲。

表 4-2　各類身心障礙學生疏散過程可能遭遇問題

身心障礙類別	問題說明
智能障礙學生	學生可能因無法理解緊急狀況，而對疏散行動感到困惑。若患有高血壓、閱讀障礙或學習障礙者，難以理解疏散避難相關指示。
肢體障礙學生	疏散避難過程中，容易影響緊急逃生出入口的暢通。
聽覺障礙學生	可能無法及時接收到緊急警示的訊息。
呼吸功能障礙學生	疏散避難過程中，上下樓梯與步行距離容易造成學生呼吸困難，若現場有煙霧、灰塵、煙霧、化學物質和其他氣味，將會加劇學生疏散的困難度。
視覺障礙學生	疏散避難過程中，需要仰賴他人指引到安全地點；部分學生可能會不願意離開熟悉的環境。
仰賴醫療支援者	若學生長期仰賴藥物治療，在緊急狀況下，許多疾病可能會因壓力而加劇。若學生長期留住在學校，學校應規劃其藥物治療、管理、供應等方案。

因此建議避難引導組的人員應先確認疏散路線的暢通，確保學生疏散過程中的安全。並且最後離開班上的老師或避難引導組人員必須確認該樓層確實沒有人，避免發生學生被遺留在教室，等到最後才被發現的情況。若疏散當下已知學生受傷受困，務必要有老師陪同，並可利用對講機或是告訴其他同仁請求支援。電梯、防火門、鍋爐電源的關閉，或是其他電源的確認，為使處理過程更有效率也更安全，應由具備基本常識的人員處理，例如：總務處相關人員。安全防護組巡視校園時，建議至少兩人一組，若其中一人遭遇狀況，另一人可協助求援。另外，等待救援點雖可以在地震時供師生暫時避難，但是需考量火災時，產生的濃煙可能會往等待救援點蔓延，若持續待在原地，可能會嗆傷。因此火災發生的後續處置，需仰賴老師們的有效應變並隨時注意火及煙的方向。

　　因此，特教學校在疏散作業時須考量身心障礙學生的生理、知覺、情

緒等狀況，研擬疏散避難、交通運輸，以及醫療需求等方案，並確立其執
行角色、權責劃分與操作流程。執行重點包含：

　　□ 檢視校內所有路徑與潛在的阻礙。

　　□ 裝設合適的指示牌與影像警報系統。

　　□ 確認身心障礙學生災時所需的支援項目。

　　□ 透過實際疏散撤離演練，培訓工作人員具備相關知識與技能。

　　□ 聯合學校應變人員、當地警消機關共同檢視計畫內容。

　　□ 與外部支援單位建立合作關係，並簽訂合作意向書或合約。

　　□ 應變人員與學生一同熟悉疏散計畫，並檢視其合理性。

　　□ 校園應變計畫必須依照身心障礙學生的特性研擬。如果狀況允
　　　許，親師生應一同評估學生能力、條件限制與需求，以利緊急狀
　　　況時提供適當的疏散援助。

4.5.6 身心障礙學生收容安置的準備

　　學校事前了解災害發生後，學生返家可能需要的運輸工具類型及數
量。部分學校有許多學生跨區就讀，萬一發生地震，地方政府宣布停課，
學校應思考如何逐一通知家長，或於事前與學生家長討論災時接回孩子的
方式，並確認家長是否有合適的交通工具。在家長無法馬上接回的情況
下，應規劃學生的臨時安置相關事宜，並思考若建築受損，師生無法回到
建築內的相關因應處置。學校臨時收容安置學生應依照不同障別的需求，
準備特殊需求用品（表 4-1），學校可視實際情形調整品項及數量。

4.5.7 身心障礙者之災害協助原則

　　協助身心障礙者的前提是災害發生當下，首要確保自己和家人的安
全，再掌握六項原則協助有困難的身心障礙者（表 4-3）。

表 4-3　協助身心障礙者六原則

原則	內容
1. 互相尊重與溝通	尊重「請求」和「被請求」；尊重身心障礙者和自己的立場，溝通的同時，也要確認需要被協助的需求。
2. 面帶微笑	自身和身心障礙者的微笑，能讓雙方安心地進行溝通。
3. 尊重隱私	不透露得知的障礙內容或祕密。
4. 沒有醫療行爲	除緊急止血外，由醫生或醫療專業人員進行醫療行爲。
5. 禁止做不會做的事	不進行和不強迫做不了的事，避免雙方出現事故或受傷等危險。
6. 鼓勵做可以做的事	即使有身心障礙，也可以成爲協助者。當避難收容處所需要人手幫忙，可以試著邀請身心障礙者協助能力所及之事。

資料來源：日本東京都調布市福祉健康部，2015

表 4-4　災時給予視覺障礙之協助內容

可能遭遇的困難或困境	移動、引導、傳達要點	避難收容處所協助
1. 看不到周圍情況，難以採取行動。 2. 難以獲得災害相關資訊。 3. 無法移動或受困時，難以明確告知所在位置，難以救援。 4. 抵達避難收容處所，難以接收公告資訊。 5. 空間大或收容人數多的避難收容處所，難以獨自行動。 6. 難以獲得輔助行動的工具。 7. 難以和周圍的人溝通交流。 8. 有時無法和導盲犬共處同個空間。	1. 詢問障礙者該如何引導。 2. 搭著協助者的肩膀或肘部，協助者向前走半步。 3. 離開時告知「在哪裡」、「什麼樣的場所」、「有什麼東西」，並引導至能夠安全握住或坐著的地方。	1. 告知容易理解的相關位置，如：出入口、所在位置、廁所。 2. 首次使用廁所，引導至單間廁所入口，認識馬桶、衛生紙、洗手臺位置，並告知使用方式。 3. 告知導盲犬休息和排泄場域。 4. 主動詢問狀況，是否需要協助。 5. 告知注意事項。 6. 親手交付必要的食品和救濟物資。 7. 協助填寫申請表和相關文件。

資料來源：日本東京都調布市福祉健康部，2015

表 4-5　災時給予聽覺障礙之協助內容

可能遭遇的困難或困境	移動、引導、傳達要點	避難收容處所協助
1. 無法接收以語音發送的災害資訊。 2. 難以獲得災害相關資訊。 3. 無法移動或受困時，聽不到搜索者的聲音，難以被發現。 4. 抵達避難收容處所，聽不到廣播或通話，難以接收公告資訊。 5. 難以獲得助聽器和人工耳的電池。 6. 難以和家人保持聯繫，或無法與周圍的人溝通交流。 7. 停電、黑暗處或煙霧中，無法接收視覺資訊。	1. 利用書寫、手勢及電子郵件傳達災害資訊。 2. 語音資訊中增加視覺資訊，如：手語、書面文字。 3. 發生災害或緊急情況時，請求一同行動。 4. 用普通音量，看著障礙者的臉，一邊慢慢地分段講，如：昨天一看過一電視了嗎？ 5. 若是書面資訊，簡明扼要傳達重點。	1. 將相關公告資訊寫在布告欄或白板上。 2. 發布或更新資訊時，透過開燈的暗示進行告知。 3. 在所有人都看得到的地方張貼，如：「視聽覺障礙者？」或「需要手語翻譯？」等通知。 4. 主動詢問狀況，是否需要協助，如：代打電話。

資料來源：日本東京都調布市福祉健康部，2015

表 4-6　災時給予肢體、內部障礙之協助內容

可能遭遇的困難或困境	移動、引導、傳達要點	避難收容處所協助
1. 可能無法自己採取行動、獨自行走或迅速撤離。 2. 若不使用輪椅或拐杖，可能無法移動。 3. 可能因建築物倒塌、物體散落、地形變化，而難以自行移動。 4. 難以獲得必要的醫療用品和日常設備，或無法持續獲得必要治療和護理。 5. 內部障礙者難以從外觀判斷，有移動和生活困難外，也難以在群體生活中獲得理解和支持。	發生災害或緊急情況時，請求一同行動。	1. 首次使用廁所，引導至單間廁所入口，並告知使用方式。 2. 協助需要特殊設備的障礙者，如：氧氣瓶，並確保設備不會跌落或損壞，以及安排會正確操作設備的人員。 3. 內部障礙者可能需要個別照顧，可聯繫醫療機構協助。

資料來源：日本東京都調布市福祉健康部，2015

表 4-7　災時給予智能障礙之協助內容

可能遭遇的困難或困境	移動、引導、傳達要點	避難收容處所協助
1. 緊張、焦慮和突發事件可能會造成困擾。 2. 溝通困難。 3. 較難應付周圍環境的變化。 4. 對某些事物或行為有固著行為。 5. 無法讀寫文字、計算和看地圖。 6. 需要一些時間理解和判斷事情。	1. 保持鎮靜，說話「清晰」、「明確」。 2. 盡可能使用正向表述，如：「讓我們慢慢走」、「讓我們去安全的地方」。 3. 具體告知指令，如：「待在這邊會受傷，一起去避難收容處所」。 4. 以「一問一答」方式確認是否了解談話內容，也可要求障礙者複誦內容，加深理解。 5. 有些人不擅長觸摸，緩慢牽起障礙者的手，或將障礙者的手引導放置協助者的肩膀上。	1. 盡可能準備私人房間，以便家人和協助者陪伴。 2. 可能無法跟上環境的變化造成恐慌，先移至安靜的地方平復穩定心情。 3. 給予充分的時間理解和判斷事情。 4. 首次使用廁所，引導至單間廁所入口，並告知使用方式。 5. 根據障礙程度，可以試著請求部分障礙者協助簡單或確認的工作。 6. 詢問自有住宅避難的障礙者是否需要協助，並定時回報安全狀況。

資料來源：日本東京都調布市福祉健康部，2015

表 4-8　災時給予精神障礙之協助內容

可能遭遇的困難或困境	移動、引導、傳達要點	避難收容處所協助
1. 災害可能會導致精神激動。 2. 無法思考災害當下的狀況並停止行動，可能造成危險。 3. 較難應付周圍環境的變化，無法在突發事件下掌握情況。 4. 不擅長對話，較難進行資訊交換或合作等必要溝通。 5. 不可中斷服用中的藥物，服藥可能有動作變慢的副作用。 6. 有些障礙者可以自行判斷和採取行動。	1. 「慢慢地」、「清晰」並「具體」傳達引導內容的要點。 2. 部分障礙者不擅長溝通，運用插圖、照片等協助溝通。 3. 不要強拉，緩慢牽起障礙者的手，或將障礙者的手引導放置協助者的肩膀上。	1. 症狀各不相同，但身體和精神上的疲勞可能會比一般人更大。 2. 在備忘錄中寫下重要的事情和時間表，並記載填寫者和日期，特別是在有重要的時間表或廣播（如：食物發放）時，請求避難所提供相關協助說明。 3. 盡可能親手交付必要的食品和救濟物資。

資料來源：日本東京都調布市福祉健康部，2015

表 4-9　災時給予其他障礙之協助內容

可能遭遇的困難或困境	移動、引導、傳達要點	避難收容處所協助
1. 由於難以從外觀判斷是否有障礙，因此在疏散或避難收容處所中較難獲得周圍人的理解和支持。 2. 難以正確地判斷蒐集必要資訊並採取措施。 3. 可能無法正確傳達想知道和想要做的事情。 4. 在人多的地方，可能會撞到人和物體，可能會忽視避難收容處所的地標。 5. 無法充分聽到避難收容處所中的廣播內容，即使聽到了，也可能無法記住。 6. 由於避難收容處所人多吵雜，可能會擔心噪音和周圍環境，無法保持冷靜，比平常更容易疲勞。	1.「慢慢地」、「清晰」並「具體」傳達引導內容的要點。 2. 運用插圖、照片等協助溝通，若障礙者一言不發，猜測可能狀況並提供選擇。 3. 不要突然觸摸身體，溝通後確認需要支援和幫助的方式或內容。 4. 在人多擁擠之處，容易產生碰撞，或即使知道方向，也可能迷失，盡可能引導至目的地。	1. 在備忘錄中寫下重要的事情和時間表，並記載填寫者和日期，特別是在有重要的時間表或廣播（如：食物發放）時，請求避難所提供相關協助說明。 2. 協助填寫申請表和相關文件，提供填寫範例或逐一說明。

資料來源：日本東京都調布市福祉健康部，2015

4.5.8　身心障礙學生的防災知能

根據聯合國制訂的《身心障礙者權利公約（Convention on the Rights of Persons with Disabilities, CRPD）》（UN, 2006），各國政府必須促進和保護所有身心障礙者的人權。融合教育是聯合國和世界各國政府與教育單位一齊推動的教育方式，讓所有孩童可以在同一個學校、同一個課堂上學習；這樣的教育方式對於所有人，包括所有的孩童、教師、家長、社區都是最有利的，並可以提升社會韌性。因此融合教育也是聯合國所倡議的永續發展（Sustainable Development Goal, SDG）目標中第四項目標（SDG4）中的核心，同時符合依據SDG4所發展出的2030教育議程（2030 Education Agenda）倡議，亦即確保包容和公平的優質教育。

在臺灣，除了特教學校之外，在融合教育的趨勢下，各級學校中都可能有身心障礙學生。這些身心障礙學生，有的肢體障礙行動不便，有的有聽覺或視覺的感知與溝通障礙、有的有學習或情緒障礙，也有許多同時具有前述的多重障礙。這些身心障礙的因子，讓身心障礙學生對於災害或意外事故的風險認知可能有所不足，在災害與意外事故發生時難以判斷當下危險，也可能無法立刻做出有效應變行動的判斷和選擇，甚至於因為行動或溝通能力受限而無法採取有效的應變作為。

因此，針對特教學校與一般學校的身心障礙學生，老師必須在學生的「個別化教育計畫（Individualized Education Program, IEP）」中納入災害與意外事故防範和應變的知能教育訓練。確保特教學生就學期間學習到如何避免在災害和意外事故中受傷的知能，這是教育中最重要的一部分。如果身心障礙學生在學習災害與意外事故安全相關知能時缺乏相關教材或媒體，教育與衛生福利主管機關應該負責製作和提供。

4.6 幼兒防災教育

長期以來，對於幼兒園防災教育的討論相對缺乏，幼兒園所的防災教育通常也不是優先主題。與其他群體相比，兒童通常佔受災人數的 50-60%，有更高的死亡率和嚴重傷害，災時及災後營養不良，水和衛生條件差有關的疾病（通常在災害後）帶來更高的健康風險。照料需求高但教育中斷會加劇心理壓力，使他們更加脆弱。幼童在災害發生時有這麼多的支援需求，卻是長期被漠視的一群。大多數的人認為，成年人和社區防災教育本身就足夠了，成年人自然而然就會保護幼兒。在園所的學習設施上，很少從防災的考量，缺乏因應大規模災害後的基本必需品，還有一些常見的問題，例如：教室到處堆疊過多的雜物、過高且未固定的書櫃、空置的架子、滑動的家具、大面積的窗戶、易碎的玻璃及高架上的重物等。近年

來，因為少子化的關係，幼兒園環境安全及幼兒園所的防災整備工作也成為被重視的公共政策課題，重新思考防災工作與幼兒教育工作如何結合。雖然幼兒園小朋友很少能夠獨立進行防災作為，我們還是必須更積極的將防災教育擴大到幼兒園，所有幼兒園所都應該提供兒童必要的防災知識與技能，建立安全意識。

　　幼兒園的目標是幫助孩子成為熱情的學習者。孩子天生就好奇，透過遊戲、探索和經驗而有讓人驚豔的發現，這些活動出自於孩子的興趣和需求。一般的教育課程涵蓋兒童社交、情意、認知和身體發育各個層面。在兒童發展特徵的主流課程納入防災課程是一個雙向過程，需要探索將防災領域嵌入教學領域。亦即，幼兒防災教育需要以兒童為中心，教學計畫需要包含可以增強兒童能力並降低脆弱度的做法，考慮到符合幼兒特殊性的警示和教育。然而，談到原本並不屬於老師們專業認知的防災教育，老師們的恐懼其實有一部分來自於老師自己也沒有做好準備，即便知道如何傳遞一般社會宣導的防災知識及演練，但這顯然不夠，應該更積極強化對於不同類型災害的認知，了解因應不同災害的準備措施及必要作為。也因為老師是直接與學生互動的人，有必要積極針對幼兒園所老師加以培訓，確保緊急狀況下知道如何採取適當的安全措施。

　　更重要的是，防災專業者將這些觀念傳達給老師們時，更需要老師們利用幼保的專業，轉譯這些防災觀念再傳遞給幼兒。因此，所有教育機構應將防災教育納入學校課程，並定期舉行諸如：地震、洪水、颱風等演練。幼兒園應要求其老師在教學計畫中加入一些活動，使幼童更了解災害整備的安全意識，從幼童的角度看待減災和災害風險，確保防災教育應適合兒童，最佳方法之一就是將這些措施整合到兒童活動中，透過設計適當的活動，有效進推動防災教育。老師能與孩子們討論災害發生的可能情境，確保正確的安全意識，了解發生不同的狀況該怎麼做、如何尋求協助

才會是安全的。教育部國民及學前教育署即針對幼兒的安全防災教育編撰《幼兒園防災安全教具教材》，結合幼兒園教保活動課程大綱與核心概念，規劃安全防災教育主題的課程架構及應用，除了使老師們具備足夠且正確的防災知能，透過引導式學習，更能讓幼兒學習防災相關知識。有些老師或許擔心讓幼童參與防災可能會讓他們焦慮，尤其是突然演練。讓孩子接觸此類演練當然還是要先考慮安全性，然而，透過持續演練和活動，這些自我保護的行動就是日常生活的一部分，即使在任何時候，老師未指示該有什麼行動，孩子們也會養成反射性動作，知道如何即刻反應以行動自我保護。即便是無預警演練，一旦警報發布，孩子們能夠迅速反應並採取必要的自我保護行動，例如：「趴下、掩護、穩住」。兩歲的幼童雖然多數是依賴老師的保護及引導行動，也很難理解行動的重要性，但應該開始練習；三歲以上的幼童已開始認知到驚慌與恐懼，可以開始理解演練的重要性。我們更應該教育父母，幼兒園所開始在教會孩子面對災害風險的自我保護，具備能夠獨立保護自己的知識，這是一個負責任的表現。相對的，很多家長反而是透過學校的訊息才開始了解演習演練、緊急避難包的準備。學校、父母意識到有必要共同參與防災及整備工作，進而針對家裡環境有關的準備；校園防災教育正在擴大對於家庭及社區的影響力。

第5章 韌性防災教育的議題融入與活動設計

不管是態度養成與提供知識技能，抑或是保護功能，教育都是持續強化災害管理的關鍵領域。學校是建立集體價值觀的最佳場所，是社會交流、網絡合作、溝通能力和有效行動能力建構的核心基地，也是建立態度、學習防災知識與技能和促進行為改變的重要場所，在韌性防災教育中是最關鍵的角色。

5.1 學校防災教育設計的核心目標

至2015年，全球已有75%國家的學校課程有涵蓋防災教育（UNISDR, 2015），雖然大部分國家開發了各式各樣的防災教材，執行面仍有許多需要改進的地方（UNESCO & UNICEF, 2012）。簡單來說，防災不應該是一次性的課程。校園防災教育的關鍵因素不在於是否有一門「防災課」，而在於能否將防災知識納入各級學校課程，在整個學習架構中有系統的建立，以跨學科、跨領域的整合內容加以鏈接，使其互補並達成防災教育的意義。各門課中有與防災相關的元素，能夠加以延伸探討就是很好的防災教育。亦即，應在學校課程的系統性規劃中納入防災議題，在基本科學中強化與風險、安全觀念相關的知識與技能，擴展預防、減災、脆弱性和調適能力，透過各種環境及情境思考，發展學生調適及因應能力，讓學生有能力將認知訊息轉化為生命保全行動的感知，是過程也是目標，這也是廣義的防災教育。

因此，UNISDR（2014）提出應檢視五項核心目標適時加以調整：(1) 促進國家與地方協調、共識，並提供家庭與社區具體可行的減災訊息；(2) 建立整體減災範疇及順序，建立知識、技能與能力模式；(3) 開發知識管理工具，促進資訊共享、多次使用、使用者評比和成效評估等目標；(4) 開發多元教材，滿足各年齡層、性別與身心障礙學生需求；(5) 增加國家、地區與相關團體間的交流機會。此外，可擬定推動準則與方式，有效地將防災教材漸進融入國小至高中防災課程（UNESCO & UNICEF, 2012; Amri et al., 2016），進而針對教材成效進行系統性研究（Johnson et al., 2014）。師資方面，學校必須加強防災師資訓練，教師除了需具備災害成因及因應策略等相關知識外，也須定期複訓以更新知識和技能，重新思考有效地提供防災教育的方式和途徑（UNESCO & UNICEF, 2012），更重要的是負責該主題的老師要深入了解、願意投入，就會有更多樣化的防災教育。這些都不是一次性的教育訓練或是獨立領域，反而應該在教學現場連結各學科，透過學習組合搭配、變換、再搭配，才是活用驗證防災教育成果的機會。當然，如果在教科書和學習領域也能呼應防災教育，相輔相成將使防災教育更易於推動。

5.2 防災教育的主要推動模式

2005 年世界減災會議第一次通過以學校為主體的防災教育政策建議，指出學校可以透過三種方法提供防災教育：(1) 作為附加的課程活動；(2) 將防災觀念嵌入特定學科；(3) 將防災課程作為獨立學科，教導特定內容。聯合國國際減災戰略祕書處（ISDR）在 2005 年到 2006 年發起了：「防災學校開始」的運動，建議將防災納入學校課程、學校安全基礎設施和程序（UNISDR, 2006; Wisner, 2006），透過融合學校的正規和非正規課程，讓資訊能廣泛傳播到家庭和社區，並確保學習得以延續。目前，國際

上已經有許多針對兒童防災教育的具體實踐，涵蓋學校的正式和非正式課程、社區和課外活動（Selby & Kagawa, 2012; Wisner, 2006）。大多數國家都不是將防災教育納入學校正式課程，而是透過災害管理單位、兒童組織和大學（Selby & Kagawa, 2012）或是附加計畫（例如：臺灣）的方式來推動兒童的防災教育，推動方式包括：學校基本的演習演練、獨立課程、議題融入課程及自學網站等。除了演習演練外，大多數還是以「專門課程」和「議題融入課程」兩類為主（UNESCO, UNICEF, 2012）。

5.2.1 學校演習演練

　　教導孩子們因應災害自我保護的技能以養成反射性動作是最直接的方式，其中包括火災疏散、地震時「趴下、掩護、穩住」、海嘯時疏散至高地進行避難，和到避難所躲避龍捲風等技能（Finnis et al., 2004; Green & Hart, 1998; King & Gurtner, 2005; Peek, 2008; Ronan & Johnston, 2003, 2005; Slovic, Fischhoff, & Lichenstein, 1981）。學校透過演習訓練教職員工生基本的安全概念和緊急狀況下的必要作為，以因應上學期間可能發生的緊急情況，同時也幫助學校領導階層測試和驗證災害防救計畫，並藉以教導孩子自我保護（Heath et al., 2007），這也是最常見的防災教育形式。Ronan and Johnston（2005）強調，反覆練習自我保護技能可以提高孩子的自信心和抗災能力，特別是當孩子有機會在演習中獲得建設性反饋時。學校定期進行緊急演練代表重視，重複演練是改善災害應變和防止兒童死傷的好方法（Heath et al., 2007; Hull, 2011）。孩子是學習者和具有自己理解力的建築師，並具有自我指導和自我糾正的能力（Piaget & Inhelder, 1969）。

　　學校消防演練在 20 世紀初已經是美國和紐西蘭的常態性做法（Heath, Ryan, Dean, & Bingham, 2007; Macaulay, 2004），將強制消防演練納入兒童因應災害和防護行動的教育政策也至少已有一世紀的歷史（Macaulay,

2004）。除此之外，很多學校也涵蓋地震、海嘯、外人入侵和其他突發事件的演習（Johnston et al., 2011）。如今，美國大多數州和許多國家／地區要求學校每學年都要進行消防演練（Krisberg, 2007），有些學校會擴及其他的災害類型。但是，爲了方便起見也爲了避免困擾，大多數學校會選擇在表定時間和地點進行演練，通常是在課堂時間，除了很少選擇其他時間或情境外，也比較少見到學校會納入緊急心理與行爲的討論。

學校的演練往往強調重複和記憶正確動作，以掌握基本應變技能，但很少提供該技能的理由和原因。Ramirez et al.（2009: 110）的研究就發現，很多孩子和老師將演練視爲「毫無意義的強制性鍛煉」，效益不大。Petal and Green（2008: 43）就指出：「雖然死板的『趴下、掩護、穩住』規則在課桌下都躲得很好，但學生和一般大眾似乎都被桌子制約了，離開桌子就無法思考如何自我保護。」缺乏對於不同情境的設想（Green & Petal, 2010; Johnston et al., 2011）。例如：沒有桌子到底該怎麼做？有沒有替代方案？儘管有些孩子可能會熟練地因應災害，但並不是所有孩子都能理解自我保護行爲的目的和目標，特別是如果連老師自己都不是很清楚，就很難教得非常明確，也因爲這樣，學生其實並未做好在不同情況下採取一系列行爲以確保安全的完整準備（Green and Petal, 2010: 19）。Soffer et al.（2010）則指出，透過講座和演練相結合可獲得最佳結果，演練仍應搭配討論及說明，才能更有效果。以保護的目的、位置和原因爲思考起點，進而建立判斷原則，才是幫助孩子在未知情境下運用知識做出正確決定的必要條件。

5.2.2 個別課程

童軍、戶外活動、健體等課程中大部分會包含技能訓練，或是在學期中的特定時間一次性提供學生整備與應變相關技能。這些課程內容會讓兒

童從熟悉自己社區危害和風險開始，但是比較適合作爲基礎課程。俄羅斯和法國皆將防災教育課程納入義務教育，並依照不同學習階段的學生規劃適合的課程主題，甚至也設立專門機構培訓師資。近年來，關於災害後緊急課程的研究也越來越多，包括表達寫作和藝術活動、科學課程、整備課程及學校緊急演習等活動（e.g., Johnson & Ronan, 2014; Smith & Williams-Boyd, 2007）。

以專門課程的方式將防災教育作爲獨立的專業科目，雖然授課時間和資源相對寬裕，且得以系統性的方式深入探討，並有效地培育師資，但是跨領域的結合較爲薄弱，在地文化或傳統知識較難融入。

5.2.3 議題融入課程

傳統的防災教育把防災當作獨立於考試之外的非學科課程。其實，防災教育反而應該是與各學科課程都有相關的跨學科的整合課程。議題融入課程的方式較常見於多災害的國家（例如：日本、東南亞國家），此方式並不將防災專設爲一門科目，而是融入其他主要課程中。自然科學和地理課程最早反映災害的根本成因，也因此知識學習上的學科課程以介紹地震、火山、洪水等地球物理和氣象災害的科學知識爲主（Petal, 2008），聚焦在講授火山、地震、洪水、土石流、龍捲風和海嘯等氣象，以及水文危害等災害成因知識或解釋指導原則。

除了這兩門學科之外，各個科目都有與災害相關的議題或內容可以藉以進行防災教育的方式。例如：國文課可以導入災害文學；歷史課可以回顧災害歷史、生還者的故事；地理課可以探討地形和災害間的關係；地球科學可以深入了解導致災害的自然現象；物理和化學可以探討土石流、坡地、土壤液化等課題，甚至探討房屋和家具爲何會倒塌，如何加固和避免傷害；健康教育課程可以探討災害心理、創傷機制和諮詢；透過家政課可

以縫製防災頭套；透過童軍健體課程可以學習災後求生的技巧。甚至透過在地的鄉土教育，可以讓學生尋找學校及社區危險區域並試著思考為何危險，認識周邊環境進而繪製社區防災地圖。科學、科技、工程、藝術和數學（STEAM）也經常整合來規劃災害相關課程，學生學習 STEAM，從觀察、計畫行動、討論、問答、闡述和反思與災害之間的關係，以理解問題和創新解決方案。

同時，防災教育不單單只是針對災害，還與環境教育、氣候變遷、永續教育、鄉土教育、生命教育、公民和環境管理等都有高度關聯，社會防災能力（社會脆弱性）之類的致災因素也不容忽視。尤其是呈現在地環境條件的時間、空間與人所整合出的在地特徵資訊。自然環境、社會環境和人的心理環境透過與環境、社會、藝術、氣候等各種領域結合的防災教育都能導入更有誘因的防災教育，防災教育自然而然地成為交會的領域，也再回饋豐富了各個學科，任何議題都可以是防災教育主題，極端氣候可能誘發的情境想像又更多元了。

有些國家已將防災教育正式納入課綱和學校的標準課程。例如：伊朗要求各級學校應透過正式和非正式的手段來教授地震意識和整備措施（Petal & Izadkhah, 2008：3）。2005 年，土耳其在一至十二年級必修課程中納入災害防救知識，幫助學生學習保護措施，並傳達防災的必要作為（TR Ministry of Education et al., 2005）。為了推動這個課程，有 21,700 名教師參與「基本災害意識指導」大規模培訓計畫。另外，哥倫比亞的教育單位重新設計包括災害風險、防護策略、應變和減災措施的理論和教學指導等國家規範，已經培訓千名教師。許多國家／地區推動專門的單元、課程模組和閱讀，教師可以將災害主題和活動納入特定年級的標準課程中。例如：2004 年，柬埔寨制定了新的地理和地球科學教科書，以及八年級的教師手冊，以支援各種災害的教材（Selby & Kagawa, 2012, p. 88）。

　　議題融入課程的優點是得以根據學生特性，用生活化或是其他彈性的方式授課。但若未能妥善規劃課程，在授課時間及內容都相對較少的情況，可能僅傳輸零碎、片段的防災知識，不易完整傳達正確防災觀念，災害的社會經濟影響及預防或防止其後果該有的實際作為也都很少在課程中加以探討。

5.2.4 延伸型的自學網站及專業科系

　　許多國家都有推行防災教育政策；但是，這些政策中很少有明確的法律或法規制定。在卡崔娜颶風特別影響到低收入兒童和家庭之後，美國才開始關注兒童的災害影響。2009 年，美國國會成立為期兩年的全國兒童與災害委員會，檢視「兒童災害應變能力需求的相關法律、法規、計畫和政策，並針對如何縮小嚴重差距提出建議（National Commission, 2010：7）。」同時，聯邦緊急管理總署（FEMA）也設立一個跨部門的兒童工作小組和兒童領導的整備委員會，將幾個聯邦兒童教育網站整合成 FEMA for Kids 網站（http://www.ready.gov/kids），投入兒童和青少年的防災教育。2010 年，FEMA 和教育部還舉行了全國青年整備峰會，討論兒童防災教育計畫的後續發展，並編定《青年整備教育資源目錄》（FEMA, 2013a）。某些州則推廣美國紅十字會開發的災害大師（Disaster Master）資源，其中包括以孩子們為對象的活動和影片，提供從幼兒園至八年級量身訂做的災害安全和整備課程（Wachtendorf, Brown & Nickle, 2008）。但是美國聯邦並沒有擬訂政策、法律或補助機制，學校防災教育未明確連結教育課綱或課程要求。

　　紐西蘭 2006 至 2015 年公共教育策略綱領，將防災教育納入學校課程。為了達成此一目標，紐西蘭民防與緊急管理部於 2006 年制定免費的災害科學和整備教學資源「What's the Plan, Stan?」，將災害課程導入小學

課程中進行整合。該資源包括準備好的課程計畫和課堂活動，以講解各種紐西蘭的災害，包括：地震、海嘯、火山和洪水，並提供保護策略、家庭準備及討論情感和情緒的資源。

　　在日本，有些學校在高中就開設了專門的減少災害風險科系及課程，例如：日本兵庫縣立舞子高等學校環境防災科（Maiko High School），提供有關災害管理、防災及災害與社會的獨特學習課程（Shiwaku & Shaw, 2008）；宮城縣多賀城高等學校也設有災害科學科。

5.3 防災教育的活動形式

　　目前的防災教育活動大多結合了在地環境特徵和教學與防災專業共同導入的知識技能。除了講授式以外，很多方式都能將災害風險和防災能力融入學校課程：

1. 互動學習：群體討論、小型工作坊討論、互動演示。
2. 情感學習：分享對嚴重事故或災害事件的感受、同理災民。
3. 研究型學習：案例分析、災害歷史探討、災害事件梳理。
4. 視聽學習：微電影、戲劇表演、角色扮演、模擬遊戲、學校防災活動。
5. 體驗式學習：參觀災害潛勢和災害歷史地區、參與防災地圖及災害潛勢圖的繪製、實地環境踏勘、機具設備操作。

　　讓兒童不知不覺中學到安全議題是重要的策略。兒童氣候變遷聯盟（Children in a Changing Climate, CCC）致力於孩童分享知識、培養災害整備及應變能力，保護孩童生命權、教育權和健康權等權利。CCC 針對《仙台減災綱領》出版孩童版繪本，希望讓孩童認知到全球 22 億未成年人口的龐大族群有能力改變世界。繪本希望孩童透過認識生活環境中的災害、危害與脆弱度等因子，了解國際減災策略，增加災害防救知識，思考

自己在減災工作上可以有的作為，進而鼓勵孩童主動關心社區，參與任何影響生活的決策，讓孩童相信自己的知識可以保護自己，也可以保護每一個人。孩童由受保護者的角色，轉變為提供保護者的角色，必須具備充足的災害防救基礎知識，才可以在必要時正確地保護自己，也有機會保護大家。

　　近年來，有些學校開發許多創新的災害整備材料，發展諸如：防災運動會、防災桌遊、防災快答之類的活動，這些活動可以激發合作、競爭和觀念建構，在課餘或搭配課程使用；又例如：遊戲、漫畫、桌遊和音樂是許多年輕人生活中不可或缺的部分，這些媒體都是傳遞災害風險知識的重要工具，促使兒童和青少年積極參與整備活動。防災教育不再侷限於疏散訓練，不再只是考量地震、水災、火山爆發和颱風等災害，學習活動形式的多樣化會讓學習的過程變得更多元而有趣。從「動機」和「意識」的角度來看，誘因對於喚起兒童的學習興趣非常重要。但是，防災教育具有傳遞價值觀的潛在意義，無法僅以「有趣」的角度來衡量，永遠不要忘了時時檢視是否悖離防災的核心價值與意義。

　　很多研究提出體驗式和實際操作方式對於群體社會學習非常有幫助（Birmingham, Pechman, Russell & Mielke, 2005; Moon, 2013; Silva, 2009）。消防訓練、環境清理訓練、資訊蒐集訓練、防洪教育訓練、避難所開設訓練等都是針對防災的廣義教育訓練，透過這樣的教育訓練，學生學習技能，同時也學到「認真」面對災害的可能情境，體會災害預防的重要性。更重要的是如何建立管道讓學生實際執行，感受正在做自己喜歡做的事，從做這些事的過程獲得成就感以及自我肯定。為了持續推動防災教育，這種感覺必須延續，教師和防災專業者的工作是為年輕人的活動和創造場合，創造一個可以在他人信任的情況下工作的地方。

5.3.1 以討論為基礎的學習

　　整合到學校現場，為確實學習到防災知識，且具體針對學校提出改善內容，就必須從解決的問題及情境著手，以在地環境為主體，連結課程與事實狀況，認識面對的在地危害，透過地圖製作、採訪、訓練、甚至是露營等，組織必要的知識，並獲得吸收新知識的動力，從危害意識轉為對應變技能和應變準備的參與。

　　防災教育需納入學校課程的技術引導和程序建議，例如：如果住宅只有簡單的土埆或是老舊建物，發生地震震度 4 級或許不會造成太大破壞，會有不同的受災風險與情境想像；納入情境討論或工作方式需要花一些時間讓第一線的老師重新學習面對情境、善用原則的持續討論。因此，在教育訓練的後半部，最好能根據學校現場的實際情況，透過討論來強化防災教育的在地性。不論防災教育或避難演練時，都不是老師說一動做一動，而是透過訪談、繪製地圖、體驗等各種課題讓去思考，如何達到「自己守護自己的目標」。

　　避難演練時，到達集結點由老師對大家分享今天演練所看到的優缺點、並做感謝，這是將老師拉進來的好方法，也是給孩子重視演練的身教；到了中學生的年紀，由學生來做分享和感謝，更是值得學習的作為。

5.3.2 工作坊的方式

　　情境議題引導討論工作坊藉由導入情境議題，思考各種災害在不同時間軸下辨識各種可能潛在危害，以進行全盤考量與整備，可有效協助參與者建構災害時序的概念導入判斷原則思維，了解災時應變任務，並可掌握優先順序。

　　情境議題引導討論工作坊操作模式以「對話」為核心，讓參與者藉由「分組討論」的過程，將災害類別結合時序概念，討論各種可能的狀

況，讓參與者可掌握「防災知識力」、「校園實務力」及「情境想像力」等三種核心能力。「防災知識力」是透過認識各種災害特性，建立正確觀念，進而發掘潛在危險因子，預先防範和準備；「校園實務力」透過經驗累積，了解不同校園、環境樣態、人員組成、學生特性等影響防災工作推動的內容和方式，培養「情境想像力」，從「人」、「事」、「時」、「地」、「物」預想各種可能災害情境，例如：不同災害會同時發生，或同一種災害在不同時間或不同地點發生，可能產生不同影響。

圖 5-1　情境議題引導討論工作坊訓練具備核心力

資料來源：王价巨等，2020

工作坊分組以 8 至 10 人為一組，設定災害情境、發生地點，搭配防災地圖、災害影片等進行討論，操作結合便利貼及海報，使討論具體且更能交流想法。

5.3.2.1事前準備

一、操作工具

工作坊基本操作工具包含筆、海報及便利貼。便利貼建議至少三種顏色，並於開始操作前，即明確定義各種顏色便利貼分別代表之意涵，例如：時間使用綠色便利貼、狀況使用紅色便利貼、處置方式使用黃色便利貼等，以利後續快速分辨與討論。

二、選定促成者（助教）

為使工作坊討論過程流暢和聚焦，「促成者（助教）」之角色不可或缺。由一人擔任促成者（助教），引導正確的討論方向外，還必須具備「在有效時間內傳遞重點及正確觀念」之能力，並適時提醒不同情境下的各種可能性，最後客觀凝聚共識，提供相關建議或選擇。

三、準備資料

➜ 校園災害防救計畫、校園防災地圖

工作坊情境討論，需先明確定義當下的環境背景及人員組成，才能有效聚焦，進行相關安排。故以學校為例，建議準備「校園災害防救計畫」及校園防災地圖；「校園災害防救計畫」乃了解學校的地理環境位置、建築空間使用、人力組成配置、防救災資源、緊急應變流程等；校園防災地圖乃提供災害發生時的疏散避難路線，確保人員安全。

「校園災害防救計畫」及校園防災地圖準備有兩種方式，一是由工作坊辦理地點之學校準備，於開始分組討論前，由該校人員進行環境簡介及導覽，讓組員對於整體校園空間有初步的認識與了解，以利後續討論。二

是由促成者（助教）準備任職學校之「校園災害防救計畫」及校園防災地圖，同樣於開始分組討論前，向組員進行環境簡介及導覽；其主要差異在於，促成者（助教）熟悉任職學校整體狀況，有助討論過程中能適時提供相關資訊或建議，讓組員能及時修正內容。

➤ 情境議題

災害情境議題首先定義「災害類別」，例如：地震、火災、水災、土石流等；工作坊討論目的主要讓組員學習「情境思考」方法，故建議以促成者（助教）熟悉之災害進行設定，確保促成者（助教）能適時傳遞重點及提供正確觀念。接著設定情境想像的災害基本背景，例如：災害發生的日期或規模大小等，以及設定詳細的災害「發生時間」。因不同時間點會產生不同的狀況和反應，例如：災害發生在午睡跟上課，兩種時間點的因應作為會有所不同。依據不同的災害時間，設定「發生背景」，包含詳細的地點、具體對象、數量及狀況，例如：在 2 樓的 201 教室，後方設有一排四層置物櫃，提供師生擺放物品，教室內有一位老師、二十八位學生（含一位行動不便須乘坐輪椅者）。根據上述設定，逐一發想不同時序下各種可能狀況與細節，須納入人員當下的情緒狀態與反應作為，例如：災害發生當下，有兩位學生遭置物櫃上的物品砸傷（一位可行走，但頭部輕傷，意識清楚；一位倒臥在地，意識不清）。可依需求及討論規模設定情境議題，最後針對各種狀況提出因應處置對策。

➤ 災害影片

許多人對於災害無感、沒有想像能力，乃因「缺乏自身經歷」，對於從未經歷過的事情，無法想像或覺得沒有必要（不會發生在自己身上）。因此，為讓工作坊討論更有臨場感，建議可依據災害類別，提供適合的輔助災害影片，例如：地震發生搖晃時，櫃體可能都會倒塌或移位，人是無法站立或行走的，讓組員能更了解災害的特性及嚴重性，以利後續的討論及操作。

圖 5-2　情境議題引導討論工作坊操作
　　　　搭配地圖

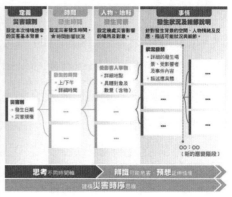

圖 5-3　災害情境思考要素

5.3.2.2操作方式

　　工作坊操作方式，初步可分爲「初階」、「進階」及「高階」等三種
方式，其主要差異在於組員參與經驗（過去是否有相關操作經驗）。

一、初階

　　「初階」適用於初次接觸或尙不熟悉情境議題討論之組員，訓練重點
著重在「狀況發想」及「處置對策」。在前述基本情境議題之下，思考不
同時間點（災害當下及後續災害演進），可能會發生哪些狀況，這些狀況
該如何處置，以及由誰處置等；讓組員了解，災害發生後，除了當下要處
理的狀況之外，可能會陸續衍生的突發狀況，設想各種最壞的狀況，預先
做好防範措施或因應作爲，以避免災情擴大。

時間	狀況	如何處理 / 誰處理
註明各狀況發生時間	可能遭遇的狀況	如何處置及由誰負責
綠色便利貼	紅色便利貼	黃色便利貼
1 **2**	**1** **2**	**1** **2**

操作説明	▶ 搭配相關場所範例平面圖，並於討論情境時設定人員組成及人數。 ▶ 各組成員：助教 1 位、組員約 10 位。 ▶ 助教負責 引導 狀況、處置對策 發想。

圖 5-4　「初階」情境議題討論操作海報

二、進階

　　「進階」則導入災害應變組織的運作，由組員分別扮演指揮官、發言人、避難引導組、通報組、搶救組、安全防護組、緊急救護組等角色，訓練重點著重在「組織運作」及「溝通協調」，強調各種災害可能同時發生（而非單一線性發展），如何在有限的時間及資源中，快速蒐集相關資訊並進行整合、判斷和決策，進而分配救災資源，每個角色都必須了解各自任務，才能在討論過程中提出相對的因應作為。

三、高階

　　「高階」使用 1：1 的時間概念進行討論，並隨著災害時間的演進，發布各種突發狀況，訓練重點著重在「演練實作」及「壓力測試」，如 9 點 21 分發生地震，進行就地掩蔽後，9 點 24 分進行疏散，疏散過程中，發布 9 點 25 分餘震來襲、其中某條疏散路線有掉落物及碎玻璃，此時災害應變組織該如何運作與調配，需要立即反應與回報。透過不斷的突發狀況發布，檢視災害應變組織應變能力之外，亦能檢視相關人員面對時間及

災害壓力下之反應作為，以作為後續精進方向之參考依據。

四、成果發表

不論採用何種討論操作方式，最後皆要進行「成果發表」，透過發表分享與討論交流的過程，聽取其他組別操作的成果，除了吸收更多經驗外，亦能透過他人的反饋，不斷思考與精進，獲得更有效的因應方式，避免閉門造車或團體迷思的情形發生。同時，將相關操作討論經驗，帶回任職學校，教予更多同仁，引導進行「情境思考」，平時做好發生各種可能狀況的防範措施和因應作為，才能有效減少災害發生的機率或降低災害帶來的衝擊。

圖 5-5　情境議題引導討論工作坊操作情形

圖 5-6　情境議題引導討論工作坊成果分享

5.3.3 防災教育在實務上的挑戰

如果希望防災教育切實可行，就必須考慮教育系統的現實狀況。學校內部通常會面臨一些挑戰，例如：老師缺乏能力和時間來開發適當的教材、在學校推動防災教育不會有任何獎勵，大部分的老師只是被動的依循學校的行事曆或實施計畫。

　　訓練有素但動機不強的老師，即使提供良好的課程也沒有太大作用；訓練有素且積極性高的教師才能善用課程以求更有效地擴展正確觀念，傳遞正確的知識與技能，建構學生的能力。這些老師需要接受適當的教育訓練。因此，要使防災教育有效，絕非獨立增加一門防災課，而是透過一開始的校長、老師培訓和在職訓練給予相關的概念，並防災納入學校課程，透過知識、自信心和生存技能來幫助學生解決生活上的問題。

5.4 十二年國民教育課綱的防災教育相關議題

　　面對社會的變遷與全球化時代的來臨，中小學課程發展過程中受關注的議題也隨之增加。因此，學校教育需與時俱進，實施議題教育，以補充與強化學生對議題的認識，使學生能獲得議題的相關知識、情意和技能，理解議題發生背景與成因、現象與影響，提升面對議題的責任感與行動力，成為健全個人、良好國民與世界公民。故教育部推動議題教育，以十九項主要議題為主，融入各項領域課程中，成為銜接未來之重要樞紐。

　　議題融入領域／科目之規劃應包含正式與非正式之課程與教學，內容涵蓋議題知識、技能與態度。除與各領域特質相結合進行議題融入之外，亦可視學生性向、社區需求及學校發展特色，於彈性學習課程／彈性學習時間及校訂課程加以規劃與實施，包含專題／議題探究及特色課程，或成立社團等，並與相關活動及校園文化形塑緊密配合，以發揮議題教育之全面性教育功能。

　　根據《十二年國民基本教育課程綱要—總綱》規定各領域課程設計應適切融入性別平等、人權、環境、海洋、品德、生命、法治、科技、資訊、能源、安全、防災、家庭教育、生涯規劃、多元文化、閱讀素養、戶外教育、國際教育、原住民族教育等十九項議題。根據內容，包含：環境教育、安全教育、防災教育有極大的相關性，此三項議題教育內容涉及廣

泛，故截取契合防災教育需求呈現（表 5-2）。

表 5-1　環境教育、安全教育、防災教育之學習目標

議題	學習目標
環境教育	認識與理解人類生存與發展所面對的環境危機與挑戰；探究氣候變遷、資源耗竭與生物多樣性消失，以及社會不正義與環境不正義；思考個人發展、國家發展與人類發展的意義；執行綠色、簡樸與永續的生活行動。
安全教育	建立安全意識；提升對環境的敏感度、警覺性與判斷力；防範事故傷害發生以確保生命安全。
防災教育	認識自然災害成因；養成災害風險管理與災害防救能力；強化防救行動之責任、態度與實踐力。

資料來源：彙整自十二年國教課綱議題融入說明手冊

表 5-2　環境教育、安全教育、防災教育議題之實質內涵

議題	主題	國民小學	國民中學	高級中學
環境教育	氣候變遷	環 E8 認識天氣的溫度、雨量要素與覺察氣候的趨勢及極端氣候的現象。 環 E9 覺知氣候變遷會對生活、社會及環境造成衝擊。 環 E10 覺知人類的行為是導致氣候變遷的原因。	環 J7 透過「碳循環」，了解化石燃料與溫室氣體、全球暖化、及氣候變遷的關係。 環 J8 了解臺灣生態環境及社會發展面對氣候變遷的脆弱性與韌性。 環 J9 了解氣候變遷減緩與調適的涵義，以及臺灣因應氣候變遷調適的政策。	環 U6 探究國際與國內對氣候變遷的應對措施，了解因應氣候變遷的國際公約的精神。 環 U7 蒐集並分析在地能源的消耗與排碳的趨勢，思考因地制宜的解決方案，參與集體的行動。

議題	主題	國民小學	國民中學	高級中學
災害防救	災害防救	環 E11 認識臺灣曾經發生的重大災害。 環 E12 養成對災害的警覺心及敏感度，對災害有基本的了解，並能避免災害的發生。 環 E13 覺知自然災害的頻率增加且衝擊擴大。	環 J10 了解自然災害對人類生活、生命、社會發展與經濟產業的衝擊。 環 J11 了解自然災害的人為影響因子。 環 J12 認識不同類型災害可能伴隨的危險，學習適當預防與避難行為。 環 J13 參與防災疏散演練。	環 U8 從災害防救法規了解臺灣災害防救的政策規劃。 環 U9 分析實際監測數據，探究自然災害頻率的趨勢與預估。 環 U10 執行災害防救的演練。 環 U11 運用繪圖科技與災害資料調查，繪製防災地圖。
安全教育	安全教育概論	安 E1 了解安全教育。 安 E2 了解危機與安全。 安 E3 知道常見事故傷害。	安 J1 理解安全教育的意義。 安 J2 判斷常見的事故傷害。	安 U1 預防事故傷害的發生。 安 U2 執行安全行為。
	日常生活的安全	安 E4 探討日常生活應該注意的安全。 安 E5 了解日常生活危害安全的事件。	安 J3 了解日常生活容易發生事故的原因。 安 J4 探討日常生活發生事故的影響因素。	安 U3 具備日常生活安全的行為。
	急救教育	安 E11 了解急救的重要性。 安 E12 操作簡單的急救項目。	安 J10 學習心肺復甦術及 AED 的操作。 安 J11 學習創傷救護技能。	安 U9 熟悉心肺復甦術及 AED 的操作。 安 U10 學習各項急救救護技能。

議題	主題	國民小學	國民中學	高級中學
		安 E13 了解學校內緊急救護設備的位置。 **安 E14** 知道通報緊急事件的方式。		
防災教育	災害風險與衝擊	**防 E1** 災害的種類包含洪水、颱風、土石流、乾旱……。 **防 E2** 臺灣地理位置、地質狀況、與生態環境與災害緊密相關。 **防 E3** 臺灣曾經發生的重大災害及其影響。	**防 J1** 臺灣災害的風險因子包含社會、經濟、環境、土地利用……。 **防 J2** 災害對臺灣社會及生態環境的衝擊。	**防 U1** 分析臺灣災害〈洪水、颱風、土石流、乾旱……〉的風險趨勢及衝擊。
	災害風險的管理	**防 E4** 防災學校、防災社區、防災地圖、災害潛勢、及災害預警的內涵。 **防 E5** 不同災害發生時的適當避難行為。 **防 E6** 藉由媒體災害即時訊息，判斷嚴重性，及通報請求救護。	**防 J3** 臺灣災害防救的機制與運作。 **防 J4** 臺灣災害預警的機制。 **防 J5** 地區或社區的脆弱度與回復力的意義。 **防 J6** 應用中央氣象署提供的災害資訊，做出適當的判斷及行動。	**防 U2** 複合式災害的趨勢、衝擊與管理。 **防 U3** 耐災都市和社區的指標與評估工具。 **防 U4** 應用政府提供的各種防災資訊進行災害風險管理。

議題	主題	國民小學	國民中學	高級中學
災害防救的演練		**防 E7** 認識校園的防災地圖。 **防 E8** 參與學校的防災疏散演練。 **防 E9** 協助家人定期檢查急救包及防災器材。	**防 J7** 繪製校園的防災地圖並參與校園防災演練。 **防 J8** 繪製社區防災地圖並參與社區防災演練。 **防 J9** 了解校園及住家內各項避難器具的正確使用方式。	**防 U5** 規劃並繪製校園防災地圖，並主動參與防災演練的規劃與執行。 **防 U6** 規劃並繪製社區防災地圖，並主動參與防災演練的規劃與執行。 **防 U7** 了解地方防災組織的運作，並能配合組織做災情速報，以及防救災行動。

資料來源：王价巨等，2018

5.5 各學習階段的規劃及課綱課程之融入

　　十二年國民基本教育依學制劃分爲三個主要教育階段，分別爲國民小學教育六年、國民中學教育三年、高級中等學校教育三年。再依各教育階段學生之身心發展狀況，區分如下五個學習階段：國民小學一、二年級爲第一學習階段，國民小學三、四年級爲第二學習階段，國民小學五、六年級爲第三學習階段，國民中學七、八、九年級爲第四學習階段，高級中等學校十、十一、十二年級爲第五學習階段。

一、國民小學

　　（一）第一學習階段係學生學習能力的奠基期，應著重生活習慣與品德的培養，協助學生在生活與實作中主動學習，並奠定語言與符號運用的

基礎。

（二）第二學習階段持續充實學生學習能力，發展基本生活知能與社會能力，開發多元智能，培養多方興趣，協助學生能夠透過體驗與實踐，適切處理生活問題。

（三）第三學習階段應協助學生深化學習，鼓勵自我探索，提高自信心，增進判斷是非的能力，培養社區／部落與國家意識，養成民主與法治觀念，展現互助與合作精神。

二、國民中學

第四學習階段是學生身心發展的快速期，也是自我探索與人際發展的關鍵期，應持續提升所有核心素養，以裨益全人發展。尤其著重協助學生建立合宜的自我觀念、進行性向試探、精進社會生活所需知能，同時鼓勵自主學習、同儕互學與團隊合作，並能理解與關心社區、社會、國家、國際與全球議題。

三、高級中等學校

第五學習階段係接續九年國民教育，尤其著重學生的學習銜接、身心發展、生涯定向、生涯準備、獨立自主等，精進所需之核心素養、專門知識或專業實務技能，以期培養五育均衡發展之優質公民。第五學習階段包括四種類型的高級中等學校，其重點如下：

（一）普通型高級中等學校：提供一般科目為主的課程，協助學生試探不同學科的性向，著重培養通識能力、人文關懷及社會參與，奠定學術預備基礎。

（二）技術型高級中等學校：提供一般科目、專業科目及實習科目課程，協助學生培養專業實務技能、陶冶職業道德、增進人文與科技素養、創造思考及適應社會變遷能力，奠定生涯發展基礎，提升務實致用之就業力。

（三）綜合型高級中等學校：提供一般科目及專精科目的課程，協助學生發展學術預備或職業準備的興趣與知能，使學生了解自我、生涯試探，以期適性發展。

（四）單科型高級中等學校：提供特定學科領域為主課程，協助學習性向明顯之學生持續開發潛能，奠定特定學科知能拓展與深化之基礎。

四、大專院校

自然災害有關的教育過程應該納入具有科學專業的各種學科。實際上，有關自然災害的高等教育橫跨大學各個系所，涉及工程、建築、農業、經濟學、社會科學等各個領域。因此，關於高等教育的防災教育未來發展必然需要更大規模的以議題式導入跨領域整合，透過全面的教學計畫，協助減災、整備、應變、復原重建工作。大專院校除了從事災害防救學術研究、災害管理發展方向外，更應主導防災教育的推動，在防減災任務中扮演更重要的領導角色，利用大專院校的資源協助社區，透過社區參與，提升社區、學校對災害的認知；協助中小學開發教材與推動防災教育活動。藉由草根運動推動模式提升民眾災害韌性，進而將影響力擴展至社區、社會。

以下以各學習階段及科目中可與前述防災教育相關議題融入之學習內容搭配，因各級學校之教科書內容編排以教育部發行之各領域課程綱要之學習內容為主，故導入以學習內容作為說明。編碼說明：第一碼為類別（以教育部各科目編列方式為主）；第二碼為學習階段（以羅馬數字呈現）；第三碼為流水號（依據教育部課綱流水號排列）。

5.5.1 第一學習階段各科目學習內容與議題融入

第一學習階段包含國民小學一、二年級，此階段學童甫進入校園，對許多事物尚處於懵懂階段，故議題與課綱融入多為讓學童認識大自然，並

從中認識到其美好與危害。因此，許多議題融入與舉例上多希望學童表達其感受，以抒發己見為主（表5-3）。

表 5-3　第一學習階段議題與課綱融入表

領域	議題	主題	學習內容與議題融入
國語文	環境教育	氣候變遷	Ca-I-1 各類文本中與日常生活相關的文化內涵。 （閱讀防災教育相關的文本並舉出氣候變遷概念） Bb-I-3 對物或自然的感受。 （對大自然的災害表達感受）
		災害防救	Ca-I-1 各類文本中與日常生活相關的文化內涵。 （閱讀防災教育相關的文本並認識基本防災動作） Bb-I-3 對物或自然的感受。 （對防災防救人員或事件表達心得）
	安全教育	安全教育概論	Ca-I-1 各類文本中與日常生活相關的文化內涵。 （觀看各類災害文本、影片並了解安全的重要性） Bb-I-3 對物或自然的感受。 （觀看各類災害文本、影片並表達感受）
		日常生活的安全	Ca-I-1 各類文本中與日常生活相關的文化內涵。 （閱讀防災教育相關的文本並認識生活中常見的危害） Bb-I-3 對物或自然的感受。 （觀看影片認識火的危害與功能）
		急救教育	Ca-I-1 各類文本中與日常生活相關的文化內涵。 （可用司馬光砸缸的故事說明急救重要性）

領域	議題	主題	學習內容與議題融入
生活領域	防災教育	災害風險與衝擊	Ca-I-1 各類文本中與日常生活相關的文化內涵。 （可用 311 大地震釜石小學校的案例說明） Bb-I-3 對物或自然的感受。 （觀看地震或海嘯影片並表達心得）
		災害風險的管理	Ca-I-1 各類文本中與日常生活相關的文化內涵。 （可用 311 大地震釜石小學校的案例說明）
		災害防救的演練	Ca-I-1 各類文本中與日常生活相關的文化內涵。 （災害演練前閱讀相關文本並理解內涵）
	環境教育	氣候變遷	B-I-2 社會環境之美的體認。 （認識環境氣候的變遷，珍惜自然環境） B-I-3 環境的探索與愛護。 （認識環境氣候的變遷，珍惜自然環境）
		災害防救	C-I-5 知識與方法的運用、組合與創新。 （認識簡單的防災知識，並知道應用方式） D-I-4 共同工作並相互協助。 （可與同學合作應用在災害防救上）
	安全教育	安全教育概論	E-I-1 生活習慣的養成。 （養成了解生活中的災害與認識公共場合逃生出口的習慣）
		日常生活的安全	E-I-1 生活習慣的養成。 （養成了解生活中的災害與認識公共場合逃生出口的習慣）
		急救教育	F-I-1 工作任務理解與工作目標設定的練習。 （了解同學或自己受傷時可以怎麼簡單應變處理）
	防災教育	災害風險與衝擊	B-I-2 社會環境之美的體認。 （了解自然環境的美麗與災害） B-I-3 環境的探索與愛護。 （了解自然環境的美麗與災害、培養愛護環境的素養）

領域	議題	主題	學習內容與議題融入
健康與體育		災害風險的管理	E-I-1 生活習慣的養成。 （了解地震的趴掩穩並養成感受到地震便立刻反應） C-I-5 知識與方法的運用、組合與創新。 （知道看到火場要立刻逃離，並大喊失火了）
		災害防救的演練	D-I-4 共同工作並相互協助。 （防災演練時幫助行動較為緩慢的同學） F-I-1 工作任務理解與工作目標設定的練習。 （知道災害來臨時自己該做什麼）
	環境教育	氣候變遷	Ib-I-1 唱、跳與模仿性律動遊戲。 （可設計兒歌讓學生藉由唱跳認識氣候變遷）
	安全教育	日常生活的安全	Da-I-1 日常生活中的基本衛生習慣。
		急救教育	Ba-I-2 眼耳鼻傷害事件急救處理方法。
	防災教育	災害風險與衝擊	Ib-I-1 唱、跳與模仿性律動遊戲。 （可設計兒歌讓學生藉由唱跳學習防災知識）
		災害風險的管理	Da-I-1 日常生活中的基本衛生習慣。
		災害防救的演練	Ba-I-2 眼耳鼻傷害事件急救處理方法。

資料來源：王价巨等，2018

5.5.2 第二學習階段各科目學習內容與議題融入

第二學習階段包含國民小學三、四年級，在經歷過前 2 年的義務教育後，能對簡單的故事、圖表有基礎概念，故在議題與課綱融入上可以讓學生認識數據與圖表，並且能將簡單的防災概念應用到生活上，也能理解自然環境與人類生活的互相影響（表 5-4）。

表 5-4　第二學習階段議題與課綱融入表

領域	議題	主題	學習內容與議題融入
國語文	環境教育	氣候變遷	Ad-II-3 故事、童詩、現代散文等。 （可運用防災教育相關故事及繪本講解氣候變遷的危害） Be-II-3 在學習應用方面，以心得報告的寫作方法爲主。 （在觀看書本或影片後寫下對氣候變遷的心得）
		災害防救	Bc-III-1 具邏輯、客觀、理性的說明，如科學知識、產品、環境等。 （講解基本災害防救器具的使用方式）
	安全教育	安全教育概論	Bc-II-3 數據、圖表片工具列等輔助說明。 （教師教授安全教育課程時可以運用圖表讓學生說明）
		日常生活的安全	Ad-II-3 故事、童詩、現代散文等。 （運用相關故事書說明日常生活中的安全）
		急救教育	Bc-III-1 具邏輯、客觀、理性的說明，如科學知識、產品、環境等。 （能理解基本災害防救器具的使用方式）
	防災教育	災害風險與衝擊	Ad-II-3 故事、童詩、現代散文等。 （可運用防災教育相關故事及繪本講解災害衝擊） Be-II-3 在學習應用方面，以心得報告的寫作方法爲主。 （可讓學生表達對災害的心得看法）
自然科學領域	環境教育	氣候變遷	INg-II-1 自然環境中有許多資源。人類生存與生活需依賴自然環境中的各種資源，但自然資源都是有限的，需要珍惜使用。 INg-II-2 地球資源永續可結合日常生活中低碳與節水方法做起。 INf-II-5 人類活動對環境造成影響。 INd-II-6 一年四季氣溫會有所變化，天氣也會有所不同。氣象報告可以讓我們知道天氣的可能變化。

領域	議題	主題	學習內容與議題融入
			INf-II-4 季節的變化與人類生活的關係。 INg-III-4 人類的活動會造成氣候變遷，加劇對生態與環境的影響。
		災害防救	INf-II-1 日常生活中常見的科技。 （可以說明如何用手機或電話撥打 1991 專線）
	安全教育	日常生活的安全	INf-II-1 日常生活中常見的科技。 （說明日常中的電器可能造成的危害）
		急救教育	INf-II-1 日常生活中常見的科技。 （教學生如何用手機撥打 119 或 110）
	防災教育	災害風險與衝擊	INf-II-6 地震會造成嚴重的災害，平時的準備與防震能降低損害。
		災害風險的管理	INf-II-6 地震會造成嚴重的災害，平時的準備與防震能降低損害。
		災害防救的演練	INf-II-6 地震會造成嚴重的災害，平時的準備與防震能降低損害。
社會領域	環境教育	氣候變遷	Ab-II-1 居民的生活方式與空間利用，和其居住地方的自然、人文環境相互影響。 Ab-II-2 自然環境會影響經濟的發展，經濟的發展也會改變自然環境。 （可舉例臺灣的土地開發導致地層下陷等現象） Bb-II-1 居民的生活空間與生活方式具有地區性的差異。 （可以舉例臺灣的多震環境衍生出的生活方式）
	安全教育	日常生活的安全	Ab-II-1 居民的生活方式與空間利用，和其居住地方的自然、人文環境相互影響。 （可以舉例臺灣夏天多蚊蟲，因此需要注意積水處的清理）

領域	議題	主題	學習內容與議題融入
	防災教育	災害風險與衝擊	Ab-II-1 居民的生活方式與空間利用，和其居住地方的自然、人文環境相互影響。 Ab-II-2 自然環境會影響經濟的發展，經濟的發展也會改變自然環境。 （可舉例說明經濟開發可以帶來什麼災害） Bb-II-1 居民的生活空間與生活方式具有地區性的差異。 （可用小林村事件說明靠山村落可能面臨的危害）
		災害風險的管理	Bb -II-1 居民的生活空間與生活方式具有地區性的差異。 （可說明靠山或靠海的居民面臨不同的災害所以會有不同應對方式）
綜合活動領域	環境教育	氣候變遷	Ca-II-1 生活周遭潛藏危機的情境。 （注意每年颱風過境臺灣的狀況） Cd-II-1 生活中環境問題的察覺。 （觀察生活周遭氣候的變化）
		災害防救	Ca-II–3 生活周遭潛藏危機的處理與演練。 （可以演練遇到危機的處理方式）
	安全教育	安全教育概論	Ca-II-2 生活周遭危機情境的辨識方法。 （認識生活中的危機）
		日常生活的安全	Ca-II-2 生活周遭危機情境的辨識方法。 Cd-II-1 生活中環境問題的察覺。 （了解自己住家周遭可能遇到的危害）
		急救教育	Ca-II–3 生活周遭潛藏危機的處理與演練。 （遇到危害時的緊急應變處理的演練）
	防災教育	災害風險與衝擊	Ca-II-1 生活周遭潛藏危機的情境。 （可以透過臺灣近年來自然災害建立災害情境）
		災害風險的管理	Ca-II–3 生活周遭潛藏危機的處理與演練。 （老師可以教授颱風前可以幫忙家裡穩固門窗）
		災害防救的演練	Ca-II–3 生活周遭潛藏危機的處理與演練。 （全校性防災演練）

領域	議題	主題	學習內容與議題融入
健康與體育領域	環境教育	災害防救	Ba-II-3 防火、震颱措施及逃生避難基本技巧。
	安全教育	日常生活的安全	Gb-II-1 戶外戲水安全知識、離地蹬牆漂浮。 Ba-II-1 居家、交通及戶外環境潛在危機與安全須知。
		急救教育	Ba-II-2 灼燙傷、出血、扭傷的急救處理方法。
	防災教育	災害風險與衝擊	Ba-II-1 居家、交通及戶外環境潛在危機與安全須知。
		災害風險的管理	Ba-II-3 防火、震颱措施及逃生避難基本技巧。
		災害防救的演練	Ba-II-3 防火、震颱措施及逃生避難基本技巧。

資料來源：彙整自十二年國教課綱語文領域—國語文；十二年國教課綱自然科學領域；十二年國教課綱社會領域；十二年國教課綱健康與體育領域、十二年國教課綱綜合活動領域

5.5.3 第三學習階段各科目學習內容與議題融入

　　第三學習階段包含國民小學五、六年級，此一階段為進入國民中學的銜接期，學童已有基本的文本編排能力，也能以有邏輯的論述方式表達看法，對具體性的主題也較能理解。故課綱與議題融入方面建議以有組織性的文本表達，並且以主題式的課題與學生進行互動設計教案（表5-5）。

表 5-5　第三學習階段議題與課綱融入表

領域	議題	主題	學習內容與議題融入
國語文	環境教育	氣候變遷	Bc-III-1 具邏輯、客觀、理性的說明，如科學知識、產品、環境等。 （讓學生表達對氣候變遷的看法） Be-III-3 在學習應用方面，以簡報、讀書報告、演講稿等格式與寫作方法為主。 （可給學生閱讀氣候變遷相關文章並寫成讀書報告）
	安全教育	安全教育概論	Be-III-3 在學習應用方面，以簡報、讀書報告、演講稿等格式與寫作方法為主。
		日常生活的安全	Be-III-1 在生活應用方面，以說明書、廣告、標語、告示、公約等格式與寫作方法為主。 （教導學生注意生活周遭的警示標語，或是自己製作淺顯易懂的警示標語）
	防災教育	災害風險與衝擊	Bc-III-1 具邏輯、客觀、理性的說明，如科學知識、產品、環境等。
		災害風險的管理	Be-III-1 在生活應用方面，以說明書、廣告、標語、告示、公約等格式與寫作方法為主。 （可協助學生製作家庭防災地圖或是災害警告標語）
英語文	環境教育	氣候變遷	Ae-III-1 簡易歌謠、韻文、短文、故事及短劇。 Ae-III-2 繪本故事、兒童短劇。
		災害防救	Ae-III-1 簡易歌謠、韻文、短文、故事及短劇。 Ae-III-2 繪本故事、兒童短劇。
	安全教育	安全教育概論	Ae-III-1 簡易歌謠、韻文、短文、故事及短劇。 Ae-III-2 繪本故事、兒童短劇。
		日常生活的安全	Ae-III-1 簡易歌謠、韻文、短文、故事及短劇。 Ae-III-2 繪本故事、兒童短劇。
	防災教育	災害風險與衝擊	Ae-III-1 簡易歌謠、韻文、短文、故事及短劇。 Ae-III-2 繪本故事、兒童短劇。
自然科學領域	環境教育	氣候變遷	INd-III-7 天氣圖上用高、低氣壓、鋒面、颱風等符號來表示天氣現象，並認識其天氣變化。 （教導學生看鋒面圖並能理解氣象預報） INg-III-4 人類的活動會造成氣候變遷，加劇對生態與環境的影響。

領域	議題	主題	學習內容與議題融入
社會領域	安全教育	安全教育概論	INe-III-3 燃燒是物質與氧劇烈作用的現象，燃燒必須同時具備可燃物、助燃物，並達到燃點等三個要素。 （認識燃燒原理進而了解火災）
		日常生活的安全	INe-III-3 燃燒是物質與氧劇烈作用的現象，燃燒必須同時具備可燃物、助燃物，並達到燃點等三個要素。 （認識燃燒原理進而了解火災） INf-III-2 科技在生活中的應用與對環境與人體的影響。 （可教學生知道常見科技可能造成的危害）
	防災教育	災害風險與衝擊	INf-III-5 臺灣的主要自然災害之認識及防災避難。
		災害風險的管理	INf-III-5 臺灣的主要自然災害之認識及防災避難。
		災害防救的演練	INf-III-5 臺灣的主要自然災害之認識及防災避難。
	環境教育	氣候變遷	Ca-III-1 都市化與工業化會改變環境，也會引發環境問題。 Ca-III-2 土地利用反映過去和現在的環境變遷，以及對未來的展望。
	安全教育	日常生活的安全	Ab-III-3 自然環境、自然災害及經濟活動，和生活空間的使用有關聯性。 （老師可教導學生認識住家周遭自然環境與經濟活動進而帶到日常生活的危害） Ab-III-1 臺灣的地理位置、自然環境，與歷史文化的發展有關聯性。
	防災教育	災害風險與衝擊	Ab-III-3 自然環境、自然災害及經濟活動，和生活空間的使用有關聯性。 （可用臺灣的氣候環境說明生活中的自然災害） Ca-III-2 土地利用反映過去和現在的環境變遷，以及對未來的展望。 （可舉例盜採砂石導致水土保持出問題） Ab-III-1 臺灣的地理位置、自然環境，與歷史文化的發展有關聯性。 （可用氣候或災害相關諺語說明臺灣歷史上常見的災害）

領域	議題	主題	學習內容與議題融入
綜合活動領域	環境教育	氣候變遷	Ca-III-1 環境潛藏的危機。 （認識氣候變遷下引發的環境危機）
		災害防救	Ca-III-3 化解危機的資源或策略。
	安全教育	安全教育概論	Ca-III-1 環境潛藏的危機。 （認識生活周遭可能的環境危機）
		日常生活的安全	Ca-III-2 辨識環境潛藏危機的方法。 （學習如何辨識日常生活中的潛藏危機）
	防災教育	災害風險與衝擊	Ca-III-1 環境潛藏的危機。
		災害風險的管理	Ca-III-3 化解危機的資源或策略。
		災害防救的演練	Ca-III-3 化解危機的資源或策略。
健康與體育領域	環境教育	氣候變遷	Ca-III-1 健康環境的交互影響因素。
		災害防救	Fb-III-2 臺灣地區常見傳染病預防與自我照顧方法。
	安全教育	急救教育	Fb-III-2 臺灣地區常見傳染病預防與自我照顧方法。
	防災教育	災害風險的管理	Fb-III-2 臺灣地區常見傳染病預防與自我照顧方法。 （教導學生認識臺灣常見的傳染病並學習防疫方式）

資料來源：彙整自十二年國教課綱語文領域—國語文；十二年國教課綱語文領域—英語文；十二年國教課綱自然科學領域；十二年國教課綱社會領域；十二年國教課綱綜合活動領域：十二年國教課綱健康與體育領域

5.5.4 第四學習階段各科目學習內容與議題融入

　　第四學習階段係為國民中學之七、八、九年級，課程內容與章節架構上多以主題式內容為主，有明確學習目標，學生也能完整抒發己見，並撰寫報告等文本形式。故議題與課綱融入上可針對課本內容加以延伸討論，例如：自然領域、社會領域關於自然環境主題（表 5-6）。

表 5-6　第四學習階段議題與課綱融入表

領域	議題	主題	學習內容與議題融入
國語文	環境教育	氣候變遷	Be-IV-3 在學習應用方面，以簡報、讀書報告、演講稿、劇本等格式與寫作方法為主。（老師可分享氣候變遷文章給學生撰寫讀書報告等方式）
	安全教育	日常生活的安全	Be-IV-3 在學習應用方面，以簡報、讀書報告、演講稿、劇本等格式與寫作方法為主。（老師可分享氣候日常生活的危害相關文章給學生撰寫讀書報告等方式）
	防災教育	災害風險與衝擊	Be-IV-3 在學習應用方面，以簡報、讀書報告、演講稿、劇本等格式與寫作方法為主。（老師可分享臺灣災害文章給學生撰寫讀書報告等方式）
		災害風險的管理	Be-IV-3 在學習應用方面，以簡報、讀書報告、演講稿、劇本等格式與寫作方法為主。（老師可分享防災文章給學生撰寫讀書報告等方式）
英語文	環境教育	氣候變遷	Ae-IV-1 簡易歌謠、韻文、短文、故事及短劇。（用短劇等方式呈現氣候變遷課題）
	安全教育	日常生活的安全	Ae-IV-1 簡易歌謠、韻文、短文、故事及短劇。（用短劇等方式呈現日常生活的安全課題）B-IV-8 引導式討論。（老師可以日常生活的安全為題給學生討論，再由英語文表達）
	防災教育	災害風險與衝擊	Ae-IV-1 簡易歌謠、韻文、短文、故事及短劇。
		災害風險的管理	Ae-IV-1 簡易歌謠、韻文、短文、故事及短劇。B-IV-8 引導式討論。（老師可以災害管理為題提供給學生討論，再由英語文表達）

領域	議題	主題	學習內容與議題融入
自然科學領域	環境教育	氣候變遷	Md-IV-2 氣候變遷產生的衝擊有海平面上升、全球暖化、異常降水等現象。 INg-IV-7 溫室氣體與全球暖化的關係。 INg-IV-8 氣候變遷產生的衝擊是全球性的。 Nb-IV-3 因應氣候變遷的方法有減緩與調適。
		災害防救	INg-IV-9 因應氣候變遷的方法，主要有減緩與調適兩種途徑。
	安全教育	日常生活的安全	Mc-IV-6 用電安全常識，避免觸電和電線走火。
	防災教育	災害風險與衝擊	Ia-IV-3 板塊之間會相互分離或聚合，產生地震、火山和造山運動。 Ia-IV-4 全球地震、火山分布在特定的地帶，且兩者相當吻合。 Ib-IV-5 臺灣的災變天氣包括颱風、梅雨、寒潮、乾旱等現象。 Md-IV-2 颱風主要發生在 7 至 9 月，並容易造成生命財產的損失。 Md-IV-3 颱風會帶來狂風、豪雨及暴潮等災害。 Md-IV-4 臺灣位處於板塊交界，因此地震頻仍，常造成災害。 Md-IV-5 大雨過後和順向坡會加重山崩的威脅。
		災害風險的管理	Md-IV-1 生物保育知識與技能在防治自然災害的應用。
社會領域	環境教育	氣候變遷	地 Bc-IV-2 全球氣候變遷的衝擊。
	安全教育	日常生活的安全	歷 G-IV-1 地方史探究（二） （可運用學校周遭在地歷史說明生活中常見災害，例如：臺中第二市場爆炸案）
	防災教育	災害風險與衝擊	地 Ab-IV-4 問題探究：土地利用或地形災害與環境倫理。 地 Bc-IV-2 全球氣候變遷的衝擊。

領域	議題	主題	學習內容與議題融入
		災害風險的管理	歷 G-IV-2 從主題 E 或 F 挑選適當課題深入探究，或規劃與執行歷史踏查或展演。 （老師可帶領學生走訪 921 大地震園區認識歷史上重大地震災害並學習災害管理） 地 Ac-IV-4 問題探究：颱風與生活。
綜合活動領域	安全教育	安全教育概論	童 Cc-IV-1 戶外休閒活動的安全、風險管理與緊急事件的處理。
		日常生活的安全	童 Cc-IV-1 戶外休閒活動的安全、風險管理與緊急事件的處理。
		急救教育	童 Cc-IV-1 戶外休閒活動的安全、風險管理與緊急事件的處理。
健康與體育領域	環境教育	氣候變遷	Ca-IV-2 全球環境問題造成的健康衝擊與影響。
	安全教育	急救教育	Ba-IV-3 緊急情境處理與止血、包紮、CPR、復甦姿勢急救技術。

資料來源：王价巨等，2018

5.5.5 第五學習階段各科目學習內容與議題融入

第五學習階段為高級中學十、十一、十二年級，此階段學生已具備完整論述能力，對各領域之主題知識已有一定程度認識，能進一步思考。故議題與課綱融入上可以在自然領域、社會領域問題探究部分結合，發展出小論文或微電影等方式，並參加相關競賽（表 5-7）。

表 5-7　第五學習階段議題與課綱融入表

領域	議題	主題	學習內容與議題融入
國語文	環境教育	氣候變遷	Be-V-3 在學習應用方面，以簡報、讀書報告、演講稿、會議紀錄、劇本、小論文、計畫書、申請書等格式與寫作方法為主。（可以針對氣候變遷撰寫一份讀書報告或演講稿） Be-V-1 在生活應用方面，以自傳、新聞稿、報導、評論等格式與寫作方法為主。（可運用製作新聞報導方式報導氣候變遷對臺灣的影響）
	防災教育	災害風險與衝擊	Be-V-3 在學習應用方面，以簡報、讀書報告、演講稿、會議紀錄、劇本、小論文、計畫書、申請書等格式與寫作方法為主。（可以針對災害衝擊撰寫一份讀書報告或演講稿） Be-V-1 在生活應用方面，以自傳、新聞稿、報導、評論等格式與寫作方法為主。（可運用製作新聞報導方式報導臺灣的自然災害）
		災害風險的管理	Be-V-3 在學習應用方面，以簡報、讀書報告、演講稿、會議紀錄、劇本、小論文、計畫書、申請書等格式與寫作方法為主。（可以災害管理為題撰寫相關的讀書報告、小論文等） Be-V-1 在生活應用方面，以自傳、新聞稿、報導、評論等格式與寫作方法為主。（可以自己學校的防災措施為題撰寫新聞稿等）
英語文	環境教育	氣候變遷	Ae-V-1 歌曲、短詩、短文、短劇、故事。 Ae-V-6 學習雜誌、漫畫。 Ae-V-7 新聞報導。
	防災教育	災害風險與衝擊	Ae-V-1 歌曲、短詩、短文、短劇、故事。 Ae-V-6 學習雜誌、漫畫。 Ae-V-7 新聞報導。 C-V-4 國際議題（例如：全球暖化、人工智慧、氣候變遷等）。

領域	議題	主題	學習內容與議題融入
自然科學領域		災害風險的管理	Ae-V-6 學習雜誌、漫畫。 （老師可安排防災教育文章給學生閱讀，例如：防災教育花路米電子服）
	環境教育	氣候變遷	ENb-Vc-4 因應氣候變遷的調適有許多面向及方法。 EIb-Vc-6 天氣圖是由各地氣象觀測資料繪製而成，用以分析天氣。
	安全教育	日常生活的安全	PMc-Vc-1 用電安全。
	防災教育	災害風險與衝擊	PNc-Vc-2 核能發電與輻射安全。 EMd-Vc-1 颱風形成有其必要條件與機制。 EMd-Vc-3 侵臺颱風的路徑主要受太平洋高壓所引導，不同路徑對臺灣各地的風雨影響不同。 EMd-Vc-4 臺灣位在活躍的板塊交界，斷層活動引發的地震及所導致的災害常造成巨大的損失。
社會領域	環境教育	氣候變遷	地 Ba-V-5 問題探究：氣候、水資源與人類生活。 （可舉例氣候變遷導致水資源的缺少進而影響人類生活）
	防災教育	災害風險與衝擊	地 Ab-V-3 問題探究：地理資訊的生活應用。 （可使用土石流及大規模崩塌防災資訊網查詢住家附近的土石流危害） 地 Bb-V-1 地形營力。 （介紹地形營力時同時也說明地震災害的衝擊）
		災害風險的管理	地 Ba-V-5 問題探究：氣候、水資源與人類生活。 （老師可在學生了解氣候與人類生活的互相影響後導入災害管理概念） 地 Bb-V-4 問題探究：地形與人類生活。 （老師可在學生了解地形與人類生活的互相影響後導入災害管理概念）

領域	議題	主題	學習內容與議題融入
健康與體育領域	安全教育	日常生活的安全	Ba-V-2 事故傷害處理。
全民國防教育	環境教育	氣候變遷	D-V-1 傳統與非傳統安全威脅簡介。
		災害防救	I-V-1 我國災害防救簡介。 I-V-2 校園災害防救簡介。

資料來源：王价巨等，2018

　　十二年國民教育課綱，強調多元議題融入教學，以及跨領域的學習方式，故許多科目的學習內容可以互相搭配。因此，議題融入教學與跨領域教學時，不同科目教師間可以互相合作設計教案，將防災教育相關的議題與知識融入課程當中。舉例而言，國語文或英語文課程強調文本的論述及表達能力，可以與社會領域科目結合，將歷史地理文化與國語文的表達需求結合，導入防災教育議題，最終可透過小論文或是新聞稿的方式呈現，完成後還能參加相關競賽。另外，教育部或經濟部水利署、消防局網站中均有許多防災相關的資料與網站，可以在教學中加入這些多媒體資訊，提升議題融入程度。

　　總結來說，自國小到高中共分為五大學習階段，各階段強調的學習內容不一，但整體來看是層級式的加深加廣，故防災教育議題融入上也須配合學習階段循序漸進，例如：國小階段的一、二、三學習階段，因課程內容較為簡單與廣泛，可透過話劇、繪本等方式讓學生理解氣候環境帶來的災害，並有基礎的防災動作與應變。國中階段，學生具備一定程度的表達能力，可帶入相關議題給予學生討論，並撰寫成讀書心得或是演講稿，激發學生對災害應變的思考能力。高中階段，各方面論述已成熟，課程目標明確，故不同科目教師可以互相合作帶領學生撰寫與防災課題相關之小論文或微電影拍攝，不但能累積防災知能，更能加強學生各領域的合作表

現，以符合十二年國民教育課綱的跨領域與多元學習之要求。

5.6 國際防災教育活動案例

5.6.1 枕頭套計畫

美國紅十字會的「枕頭套計畫」主要教導學校、課後照顧班或是暑期營隊的三到五年級孩童，認識災害以及如何準備災時應變的防災物資。特別的是，防災物資不是放在背包或是箱子，而是放進枕頭套裡，其靈感源於 2005 年卡崔娜颶風時，學生將隨身物品放入枕頭套中避難。枕頭套輕巧的特性能在災害來臨時方便攜帶，加快避難的速度。

圖 5-7　孩童們正在裝飾自己獨特的防災枕頭套

資料來源：美國紅十字會網站

計畫三大概念為「學習」、「練習」、「分享」，透過每堂約 45 至 60 分鐘的課程，專業的紅十字會志工們會以簡單易懂的講解方式，帶領孩童認識災害及緊急應變計畫的基本觀念，並針對當地常發生的災害做特

別講解，例如：龍捲風或是颱風；以輕鬆有趣的遊戲方式，練習面對不同
災害時的應變技巧；最後，認識災時應變的防災準備物資，包括手電筒、
水、額外衣物、急救包等，並一一放入枕頭套中，彩繪、裝飾製成屬於自
己獨特的防災枕頭套，並帶回家，與家人或是朋友們分享所學。

　　家庭防災計畫及火災逃生計畫等也是計畫強調的重點之一，除了會在
課堂上教導孩童外，迪士尼也特別推出了「米奇與朋友們災害準備活動手
冊電子書（Mickey and Friends Disaster Preparedness Activity Book）」，有
英文及西班牙語版本，供大家免費下載使用。手冊以互動性活動，讓孩童
能與家人們一起學習、練習災害知識及災害應變措施等。

　　這項計畫推廣至今，已影響超過 50 萬的學生（統計至 2016 年）。不
論是課程內容或是教學手法都愈趨完善，常依據各州或各個學校不同的特
性去做不同的調整，也製作了指導手冊供志工們參考使用。美國紅十字會
於 2014 年開始將這個計畫推廣至其他國家，包括澳洲、香港、墨西哥、
秘魯、英國及越南等，未來更計畫拓展至十五個國家，影響更多孩童及家
庭。

圖 5-8　兒童學習災害知識　　　　圖 5-9　志工解說關於枕頭套計畫的內容

資料來源：美國紅十字會網站　　　　資料來源：美國紅十字會網站

5.6.2 Ready Kids

「Ready Kids」教育對象以五歲兒童至十八歲青少年為主，設立目的為除了讓防災教育更為有趣外，也協助指引家長與教職人員如何教導孩童對於災害事件之了解及因應、災害前中後期的作為，並培養孩童團隊合作、創造、領導與溝通等能力，最後讓孩童們可以自主性參與防災工作，進而向家庭及大眾宣導、教育、喚起防災意識與進行整備。

「Ready Kids」網站內容主要分為「親子指引」、「教職指引」、「家庭整備計畫」、「防災包整備物品」、「各類災害認識與因應方式」等主題單元，各單元皆提供相關教材下載，除此之外，「Ready Kids」也開發各種災害情境模擬遊戲，考驗孩童對於災害的因應能力，以及防災包整備技能。

表 5-8　「Ready Kids」主題單元內容設計

主題單元	單元目的
親子指引 （Parents）	孩童是家庭成員之一，必須為自己的安全與權利共同整備家庭防災工作。 ➡ 整備防災包。 ➡ 研擬災害家庭聯繫計畫。 ➡ 規劃災時應變作為。 ➡ 辦理家庭防災演練。
教師指引 （Educators）	「Ready Kids」教材依據學生教育程度設計，共4級。 ➡ 1級：一至二年級（小學）孩童。提供了解各災害或緊急事件與如何整備，並訓練調查能力、創造能力及溝通能力。 ➡ 2級：三至五年級（小學）孩童。研究當地或全國緊急事件，並運用創意及文字，強化對緊急整備的了解。 ➡ 3級：六至八年級（中學）孩童。發展圖像小說，加強對於緊急整備的理解。藉研究、遊戲、模擬、討論與驅使探索活動獲得知識。

主題單元	單元目的
	➔ 4 級：九至十二年級（高中）孩童。藉討論、多媒體研究、調查與訪談展開宣傳運動，提高大眾對於緊急事件的意識及準備。
家庭整備計畫 （Make a Plan）	突如其來的災害可能使你無法與家人取得聯繫，所以事前研擬災時家庭聯繫計畫極爲重要。 ➔ 聯繫方式（手機、Email、社群軟體等）。 ➔ 集合見面地點。 ➔ 家人資料（生日、身分證字號、用藥資料）。 ➔ 就業、就學、醫療院所資訊。 ➔ 醫療／房屋投保相關資訊。
防災包整備物品 （Build a Kit）	確保災時生命機能的維持與訊息的傳遞，防災包極爲重要，且必須整備 3 日份。
災害認識與因應方式 （Know the Facts）	越了解災害越不會受傷害。「Ready Kids」提供了15 種災害類型的介紹，包含旱災、震災、熱浪、水災、火災、龍捲風、坡地災害、停電、太空天氣、雷雨與閃電、颶風、海嘯、火山爆發、森林野火、暴風雪。
災害情境模擬遊戲 （Kids Games）	➔ 災害大師：在各類災害情境中選擇正確決定，將獲得積分前往下一關，共 8 關。 ➔ 防災包整備：在不同場景撿拾防災包所需物品，拯救家人。

資料來源：「Ready.gov」網站

圖 5-10　災害情境模擬遊戲：災害大師

圖 5-11　災害情境模擬遊戲：防災包整備

圖 5-12　教師指引：1 至 4 級教材　　　圖 5-13　「Ready Kids」首頁

資料來源：「Ready.gov」網站

5.6.3 HANDs（Hope and Dreams）培養防災種子

HANDs（Hope and Dreams）是由日本國際交流基金會發起，一年一度的青年交換計畫，為日本與其他亞洲國家青年們提供一個教育訓練的交流平臺，讓青年們透過自身專業能力，以及團隊合作機會，建立超越國界的網絡。

一、防災教育行動：每一個人都可以成為防災種子

加入 HANDs 主要透過線上申請，申請年齡介於十八至三十五歲間，由於需至受災地區完成學習之旅（Study Tour），申請者除了具備獨立處理國內外培訓及生活的能力外，也必須具備尊重他國文化及積極參與活動等性格。成員們透過學習行程提出具體提案，若獲日本國際交流基金會高

度評價將獲得經費援助,實質落實提案。學習之旅的內容包括:

　　1. 現地考察:成員們至受災地區進行考察。

　　2. 角色扮演:為獲得更多資訊,成員們需自不同立場進行發想。

　　3. 活動設計:依據上述活動獲得的資料,設計適宜的活動專案。

　　4. 專案落實:確實執行活動專案。

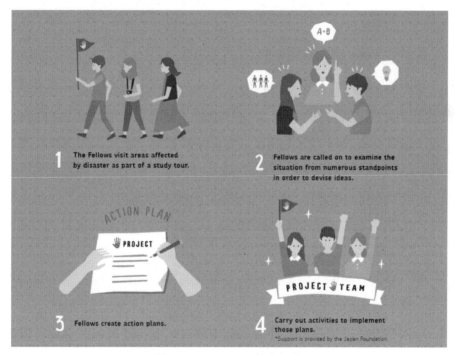

圖 5-14　HANDs 考察行程

來源:HANDs Project for Disaster Education

二、防災教育宗旨:了解實際需求,營造社區防災環境

　　HANDs 旨在輔佐成員們建立領袖風範,並激發出防災教育、整備及災後復原等災害防救推動之最佳做法,以便他們回國後能積極實行各自設計的專案。HANDs 依據三項執行宗旨來強化群體活動:

1. 思考解決問題的方式：HANDs 希望集合先進、新穎、獨特的想法激發人們有眞正價值的作爲。

2. 扮演多元的角色：爲避免專案僅有短暫效應，HANDs 讓成員們透過扮演社會上不同立場的角色方式，使專案符合社區實務需求。

3. 創造希望與夢想：HANDs 代表了希望與夢想。成員們意識到自身可爲民眾帶來希望與夢想，藉此督促自己要以多數人的希望與夢想來行動。

三、跨領域合作：風、水、土型人

參與 HANDs 的成員橫跨各領域專業人才，不僅只有防災教育領域的專家學者，還有紀錄片製作人、插畫師／漫畫家、芭蕾舞者、作家、記者、精神科醫師等不同領域之人才，共同發想、創造不同解決方案。HANDs 將成員及社區居民分爲風、水、土三種型態的人，猶如大自然生態，每種型態皆扮演著重要的角色，彼此也相互影響。

1. 風型人：爲土型人帶來啟發的種子以影響地方，並注入新的活力，以 HANDs 成員們爲主。

2. 土型人：準備土壤歡迎風型人帶來的種子，並隨時提供所需的物質。以當地居民爲主。

3. 水型人：爲土型與風型人間的中間者，支持他們朝往共同目標努力。以 HANDs 各領域專業專家學者爲主。

四、防災教育課程：透過創意將防災知識注入社區

HANDs 參與成員們必須至受災地區考察，行程期間透過了解當地經歷來規劃適合的活動專案，設計內容圍繞著減災、整備及災後復原重建等主題，期望透過成員們無拘無束的思考模式，讓活動專案得以實現。

2013 年 11 月菲律賓雷伊泰（Leyte）島上的聖塔庫魯茲（Santa Cruz）社區爲海燕颱風襲擊最爲嚴重的地區之一，約 200 名（近 20%）住

戶喪生，儘管如此，災後住戶們及當地受雇的漁夫仍舊居住於該地區。HANDs 其中三位成員：JK Anicoche（菲律賓籍）、Jen Culibar（菲律賓籍）、Panida Tancharoen（泰國籍），認為地方防災教育極為重要且不可或缺，因此選擇該社區作為他們活動專案－「DEEL Project」的執行社區，希望提升社區能量以因應未來猶如海燕颱風般的重大災害，減少社區傷亡及財產損失。

　　活動專案「DEEL Project」於 2014 至 2015 年間持續推行，主要透過經驗學習進行防災教學。該活動專案同時反映了三位成員不同的經歷與背景：JK 活躍於作家、舞臺劇導演、表演者間、Jen 具有擔任國際 NGO 社會工作者的經驗、Panida 則是一名遊戲規劃者，透過運用玩具來解決社會問題，「DEEL Project」結合他們豐富的經驗及專業，使活動專案得以實現。

五、防災教育效應：社區防災觀念發芽、茁壯

　　「DEEL Project」充分結合三位成員的專長，Jen 利用社會工作者及救災經驗，向當地居民傳達災時與災後倖存者的照護需求等相關知識；同時，JK 透過舞蹈表演反映倖存者的意識變化，Panida 則運用遊戲來提升防災意識，促使防災教育更具創意。活動參與者主要為當地社區推薦的女性及青少年。

　　值得一提的是，Jen 運用海報及便利貼闡述聯合國兒童權利公約（United Nations Convention on the Rights of the Child, UNCRC），該方式不是單純的教學，而是透過討論模式與參與者建立互動，共同思考心理壓力的定義、災時可能產生的壓力及處理方式等各類問題，找尋最適於該社區的災害防救模式。接著，參與者將會扮演孩童或成人的角色，透過不同立場發想，了解並籌劃保護社區內孩童的重要性，例如：緊急組織和治安維持。其中，一位參與者解釋：「海燕颱風時，很少人了解這個資訊，我

認為這個活動非常具有意義。」

Ralph Martin P. Redona 為參與「DEEL Project」的大學生，在海燕颱風期間失去了他的父親。為了改變社區中幾乎沒有人具備防災教育相關知識的困境，他參與「DEEL Project」並擔任社區代表。Ralph 表示聖塔庫魯茲許多人尚未受到適當的防災教育，對年輕世代而言，學習極為重要，所以未來將利用在「DEEL Project」所學，定期於社區辦理防災教育知識講座與演習演練。

5.6.4 日本防災教學新創意

大多數人初次聽到「防災教育」、「防災工作」時，常認為是專業、遙不可及的事情，事實上，生活中教導紅綠燈交通規則、提醒電器安全等，都可以說是防災教育的一種呈現。為了讓大家了解防災工作也是生活中的一環，日本發展出許多生活化、趣味十足的戶外遊戲或是教學網頁等。

一、防災野餐（防災ピクニック）

在防災工作上，日本已是許多國家學習、仿效的對象，面對近年來越來越失控的災害現象，日本政府、民間組織投入極大心力，希望民眾平時熟悉災害發生的各種情境，真實發生時能有條不紊地因應。

大家是否嘗試過野餐活動？野餐時，大家都會準備什麼？可能是自家準備的果汁、水果或三明治，也有可能是好吃又方便的速食店可樂、炸雞、披薩。那麼「防災野餐」吃什麼呢？災害發生後大家奔逃至戶外，在無法安全返家、救援物資尚未抵達的情況下，緊急避難包內的食物絕對關鍵，「防災野餐」吃的就是避難包內的防災食品！

「防災野餐」活動可說是一次完整性的疏散避難行動，它能夠自我檢視疏散避難計畫是否妥善，整備物品種類、數量是否合宜，且可熟悉防災

用品的操作，並定期汰舊換新防災用品、食品。不僅如此，還能夠透過防災食品品嘗、防災用品操作，實際體驗找尋災時真正的自我需求。

二、防災圖像定向遊戲（防災フォトロゲイニング）

定向運動是一種利用地圖、指北針等工具，引導參與者由某地點前往下個特定地點的運動，看似簡單的運動，卻是長時間的體力與智力挑戰。「防災圖像定向遊戲」是一個將防災教育結合定向運動所發展出來的戶外遊戲，屬於團隊冒險遊戲，非常適合二至五人組隊來玩。

在生活中，大家是否曾仔細觀察過每天上下班、上下學時經過哪些地方呢？大家是否知道住家、公司或學校周邊有哪些防災資源可以使用呢？「防災圖像定向遊戲」讓大家在熟悉的環境中大冒險，可能會發現以前不知道的小小商店，也可能會發現不曾注意過的儲水塔，透過這遊戲能夠挖掘出各種不曾發現、注意的新鮮事物；不僅如此，在長時間團隊冒險遊戲中，夥伴們相互溝通彼此想法、討論團隊戰略，以及彼此幫忙與支援的過程，更是培養大家雖身處困頓的災害環境，依然能保持良好的身心狀態。

「防災圖像定向遊戲」如何玩？首先各參賽隊伍先取得大會提供的地圖、防災據點提示單，在出發尋找防災據點前，先坐下來商討戰略。戰略擬定好就立即出發！各參賽隊伍帶著地圖、防災據點提示單、指北針、相機，在規定時間內利用步行方式穿梭大街小巷，尋找指定據點。找到據點後，一定要記得與據點拍照打卡，告訴大家找到了！最終目標是在最短時間、最佳體能狀態下找到所有指定據點。

三、防災動畫結合網站

日本「地震調查研究推進本部」網站推出兒童防災教育，利用動畫及簡單的文字說明，讓小朋友跟著地震博士的腳步學習地震的應變方式。

地震博士將地震相關知識分為六大調查線來做說明。深入淺出地介紹能讓小朋友們了解地震發生的原因、地震發生前的預防準備、地震當下應

該要注意的事項，以及地震後可能造成的停電、火災及海嘯……等災害。除了博士會講解地震的小常識外，旁邊也有小知識介紹地震的預警、強度分級、發生餘震的可能、發生海嘯前的徵兆、海嘯的動畫模擬及在急難時如何跟家人報平安。

地震博士看到小朋友對於地震都沒有危機意識，於是提供他們情境想定，並考驗他們對於地震的常識及可能在震後發生的其他災害，如何儘快選擇應變方式，例如：有餘震會發生要離開家到空曠處，或是可能發生海嘯需到安全處避難，並告訴他們正確的應變思考原則。知道如何避難後，也與家人一起討論家庭防災計畫，內容包含建築物耐震診斷、準備緊急避難包、準備儲蓄用品、準備消防用品、檢查家裡物品擺放位置、緊急避難場所地點和家人間的聯繫方法，接著思考一下如果發生地震時要如何行動，並看看專家對於地震的研究，補充一下小知識，最後再來做個小測驗，看看有沒有都記得關於地震的知識及應變方法。

如果需要疏散，周圍的國小和國中都可能被指定為疏散地點，也會要求在地震發生前跟教師和家長討論好疏散計畫，地震發生時如果沒有和家人在一起，也不要忘記抵達安全場所後，要打電話向家人報平安。

四、防災歌曲

美國聯邦緊急管理總署與芝麻街（Sesame Street）攜手合作推出「芝麻街防災計畫」，這項計畫包括易於使用的課程、遊戲、歌曲和活動，藉此幫助孩童加深重要的防災訊息，並告訴孩子們如果發生火災時，該採取什麼行動，以及如何防止火災發生。

「Hot Things Burn」是一個讓孩童學習熱的東西是會燙傷自己的歌曲，並讓孩童知道遠離這些熱的東西，能確保他們的安全。孩童總是在被燙傷之後才會慢慢長大，然而在這過程中，孩童知道冷水可以幫助燒傷降溫，也能讓傷口感覺較不痛，是很重要的事情，「Cool Water Song」就是

在傳遞這個訊息，如果他們被燒傷了，應該要立刻把傷口泡到冷水當中。

其他還包括 Mitchell, Haynes, Hall, Choong, and Oven（2008）描述了他們為中學生提供災害課程的經驗，學生使用 GIS 軟體開發了反映社區災害風險的計畫；Battersby, Mitchell, and Cutter（2011）討論了南卡羅萊納州 K-2 學生線上災害地圖集的開發；Naya（2007）描述學生參加線上「自然災害青年高峰會」，學生透過與世界各地其他學生的討論和合作，了解了減少災害風險的知識。各種文獻的證據都顯示，兒童防災教育可以有效增加對於風險、防護措施和整備策略的正確認識，且會更樂於投入這個工作。

5.7 臺灣防災教育推動案例

5.7.1 體驗式的防災教育推動

在學校推動防災訓練，無論前述的火災及地震，食安、防疫、外人入侵、颱洪坡地災害、海嘯等，除了利用各級政府認證設置的防災訓練教材、影片等，如果能在體驗式環境中進行，是很恰當的方法。目前接受教育部補助的部分學校，已建立學習基地與體驗教室，如果學校本身因為資源無法建立體驗式環境，也可以運用各地政府目前的防災學習設施。

以日本東京都為例，固定的防災體驗教育訓練場所相當多，也有利用假日或紀念日特別舉辦的開放式防災體驗活動。臺灣也有許多防災體驗的設施，臺北市政府消防局防災科學教育館，以電腦、機械等設備，模擬各種災害發生狀況，實地操作體驗，使防火、防洪、防震、防颱等緊急避難知能，自然地融入日常生活中，以「寓教於樂」方式，提升災害應變能力，或是派出地震體驗車等，惟普及性仍有待強化。

5.7.2 教材教具設計

　　防災教育推動基礎，奠基在教案、繪本、教具等教材之開發，目前研發內容架構涵蓋在地化防災遊學課程、防災知識性課程、創意防災教具，兼具室外互動、歷史人文、資訊科技、生態永續等面向，且結合十二年國民教育課程綱要之各項議題融入，展現多元、在地化創意教案教具。

　　苗栗縣西湖鄉西湖國小瑞湖分校：與農會及社區的夥伴為發展食農教育的重要成員，加上竹子為學校周邊環境特色，加以發展相關課程，目前校外教學已融入植物辨識等野外求生之課程，另學校致力於教具研發，亦可與學生共同發想、製作，規劃成為全國最大的防災教育中心及設置收容體驗活動。

　　苗栗縣獅潭鄉獅潭國小：透過不同形式的教具展示地震之影響，並以地震防災科學教育為主題，發展課程、活動等，搭配在地歷史地震事件解說，實為其他學校之參考對象，將與社區合作，辦理社區防災運動會，融入防災 KAS 闖關體驗活動，加廣建置學校課程的發展性，走讀社區過程融入 1935 年關刀山地震歷史事件，是非常有意義的活動。

　　屏東縣琉球鄉琉球國小：具有得天獨厚的自然、人文環境，學校防災教育結合社區相關環境發展協會、公私部門之生態導覽旅遊，結合生態環境教育，未來將成為學校防災教育的亮點。學校針對畢業生辦理獨木舟環島配合露營的活動，並鼓勵家長全程參與，融合水上活動求生、野外環境認識，持續結合環境生態相關知能。

　　彰化縣大城鄉大城國小：目前學校發展以麥為主軸的食農教育、氣候變遷教育議題，正在規劃結合防災教育進一步發展，將與鄰近小麥工廠等合作發展防災食品；與社區合作已透過路跑、單車活動及母親節活動進行，因環境特性因素，探討議題包含空氣汙染影響，利用微型 PM2.5 偵測器延伸使用方案。課程串連運用鐵馬道遊農村的方式進行，訓練學生解

說在地災害的成因、現象及應變作為；遊學課程中結合在地人文信仰（保生大帝），深具歷史意義，令人印象深刻。

屏東縣牡丹鄉石門國小：已建置 luli（蝸牛）教學模組，並將環境及原住民族文化與災害結合，透過部落耆老之古老智慧發展完善防災教育課程，且建置一戶外防災基地，提供外校遊學參訪之用，學生亦擔任解說員角色說明各項防災課程之教學，將持續擴大參與對象、將防災知識普及至社區居民，課程的規劃與推動經驗亦能分享至部落的其他學校。

基隆市安樂區西定國小：曾經發生過積淹水，亦有淹水潛勢，學校對於校園環境災害潛勢及歷史災情資料，蒐集相當完整，知識推廣宣導課程已完成一至六年級一系列的規劃；課程主題、內容從在地環境出發，融入在地的特色、結合 GOOGLE 工具、鄉基寶 MR 防災課程，內容完整紮實。學校與里長關係密切，里長對於過去淹水的致災點，瞭若指掌；由此可見里長對於這塊土地的認同感與對學校的支持，這樣的關係值得永續經營，未來借重地方及社區力量推動相關工作，例如：結合地方資源辦理「學校與社區環境總體檢活動」；又例如：號召社區居民參與防災演練活動，推動自我防災概念、避難及求助方法。

5.7.3 科技導入

近年來新科技已逐步導入防災教育推動，例如：虛擬實境（Virtual Reality，以下簡稱 VR）、擴增實境（Augmented Reality，以下簡稱 AR）技術發展快速，已擴大應用各種領域，AR、VR 技術在防災教育推動上。新科技的擴大應用已為國際間推動防災教育重要工具之一，例如：日本運用 AR 技術，讓學童能夠透過手機螢幕深刻體驗，不同淹水高度在實際生活空間中的狀況，有助於提升防災教育課程推動成效。

國內已有多個災害業務主管單位、直轄市及縣（市）政府消防局將新科技結合運用在防災教育，例如：內政部消防署於 2018 年建置「火線任

務：全民火災避難演練」、2020 年完成「防火安全一起來」等虛擬實境（VR）遊戲建置，模擬一般住家環境，藉由任務闖關遊戲，宣導居家防火作爲及面對火災之注意事項；經濟部水利署則藉由「小水滴透視鏡 VR 體驗環境教育宣導行動車」，宣導培養日常生活節約用水、用電、物資的行爲，減少資源的消耗；行政院農業部農村發展及水土保持署長期致力於水土保持相關防災教育推廣，近年來更積極導入數位科技，建置多套教學輔助工具與模擬遊戲：「土石流擴增實境（AR）」、「龜兔不賽跑水保挑戰趣」、「水保少女 Running 吧！」、「防砂戰隊大冒險」等，傳遞治山防災的概念與水土保持的知識；臺北市政府消防局防災科學教育館設有「地震 VR 密室逃脫體驗區」、桃園防災教育館「跟著消防員去滅火」、「五大災害區」等；此外，交通部中央氣象署 AR 科普擴增實境（天文、地震、氣象等現象）、強震即時警報系統、校園氣象 APP、經濟部水利署行動水情 APP、行政院農業部農村發展及水土保持署虛擬實境 VR 與擴增實境體驗 AR 等軟硬體，皆逐步與學校結合，共同應用防災科技技術發展教材教案並應用於教學活動，藉由各式防災體驗活動，提升校園師生對防災有更深入的認識。

多元化科技推廣防災教育及強化學校災害管理能力已有階段性成果，學校應用**虛擬實境技術、程式設計及科技裝置**，結合**校園環境、防救災資訊、災害預警概念、情境思考與判斷原則**等災害防救觀念，設計在地化防災課程與教學內容，透過科技遊戲的方式寓教於樂，不僅增加學生的學習興趣，更有利於加強推廣至學校合作夥伴（家長、社區及其他學校），遊戲過程亦可蒐集學習大數據，提供管理單位與師生參考，透過雲端共享教學資源與題庫，則有助教師交流學習。

表 5-9　導入體驗式多媒體教材

學校名稱	導入方式
基隆市安樂區西定國小	「中央氣象署 AR- 科普擴增實境」APP 結合課程教學
臺北市立中山國中	火災 AR 體驗軟體
新北市鶯歌區鳳鳴國小	火災 MR 體驗情境教室布置、火災網頁教學遊戲
新竹縣關西鎮東光國小	運用 Micro:bit 製作災害預警裝置
苗栗縣西湖鄉西湖國小瑞湖分校	國立科學工藝博物館「微氣象站」建置於校園
苗栗縣大湖鄉華興國小	「中央氣象署應用氣象」、「經濟部水利署行動水情」APP 結合課程教學
臺中市立沙鹿國中	3D 建模軟體應用於疏散避難教學
南投縣草屯鎮中原國小	開發學校外遊學路線 VR 體驗闖關遊戲
高雄市甲仙區小林國小	開發學校內遊學路線 VR 體驗闖關遊戲
屏東縣枋山鄉加祿國小	導入「內政部消防署 1991 平安傳遞大作戰」結合課程教學
臺東縣成功鎮信義國小	國立科學工藝博物館「微氣象站」建置於校園

　　新北市鶯歌區鳳鳴國小：課程及演練均有整體規劃及發展，以「智慧防災」為主軸打造鳳鳴遊學課程，並以 AR、MR 進行體驗活動，且將地震體驗相關設備融入課程發展，並進一步讓學生了解因應災害判斷的原則，與學生深入討論減災、整備之細節，例如：家具固定方式、整備技巧、住宅用火災警報器設置方式及位置等。

　　新竹縣湖口鄉湖口國小：設置海嘯模擬實驗器、單向式地震模擬器及

斷層帶聚落等，相當有在地化之呈現。與在地團隊合作方面，學校已與村長、消防婦女宣導隊等建立關係，婦女宣導隊現正推動家庭的火災逃生路線概念，融入學校課程中。由於學校發展防災融入課程豐富多元，已有十套課程，將讓學生學習相關知識或技能後，嘗試擔任解說員，加強學生表現能力及自信心，未來外部人員到校參訪越趨頻繁的狀況下，亦能減少教師壓力。

新竹縣關西鎮東光國小：整合在地歷史災害、水資源、土地利用、健康、農業生產、生物多樣化及水土保育的成果，在行政院農業部農村發展及水土保持署的輔導之下，已建置完成水土保持酷學校及土石流防災教室，並延續發展在地化情境教案及課程。目前與新東陽公司及農會合作社具有合作基礎，將考量如何有效依據災害時序，分段設定資源位置及取得、運用方式。學校防災教育成果豐碩，全校皆是防災教室，將開始進行盤點，整合校內、校外的知識與技能，並思考傳承的方式。

嘉義縣梅山鄉太和國小：位於山地，地質及災害相關資源豐富，戶外防災教室建置非常具備可行性，目前已建置防災 VR 體驗，加強學生體驗情境，並實際讓學生參與防災救難過程，以提升學生的防災知能。學校目前規劃方向爲探究式學習，加強學生動手做、學習技能，防災生活化結合對於生命的態度、生活目標，進一步傳遞生存知能，建立坡地災害生存體驗，已相當完善。

5.7.4 學校與社區合作

教育部積極輔導防災校園搭配**在地特色**及扣緊每個學習階段的學習目標，將防災基地結合教材、教案等內容以供他校進行參訪、遊學課程等，邀請社區居民、鄰近學校共同攜手建置安全、完善的防災校園，由學校以教育者的角度將知識傳遞給居民、居民亦將在地的生活經驗傳承給學校，

並在建立完善的防災校園基礎下，逐步結合**科技**、**原民文化**、**環境議題**等不同領域的發展，將防災教育、態度完整體現於我們的生活之中。

屏東縣恆春鎮恆春國小：結合社區、社區大學、水中運動協會、樂齡中心等，編製一至六年級之防災教育教學設計，內容包含各式防災目標、生態環境體驗、人文歷史關懷、野外求生訓練，已充分發揮跨域整合的功能。未來預計與樂齡中心合作，進行社區長者之居家防災檢視，構想甚佳，並利用現有居家防災檢視表（地震、火災），協助檢視並提供改善建議，同時培養學生對長者之關懷與同理心。

屏東縣長治鄉德協國小：已在多年的防災校園成果基礎上，建置相當多的教案及教材，將利用開放校園的機會（例如：班親會、運動會或校慶等）向家長及社區民眾宣導防災，深化防災夥伴關係，與校園情境建置結合作為一大亮點。課程教學已不僅限於教室內，而是拓展到戶外與環境結合教學，例如：學校的水漾森林滯洪池，不僅能結合生態環境教育，亦能於下大雨時觀察到淹水之情形。防災遊學基地建置為學校目標，但「遊」與「學」之平衡及品質（內涵）是學校的關鍵，好玩、學習知能、在地化、落實，均為學校權衡的重點，將串聯屏東的防災遊學路線，或製作屏東適用的防災教育案例（事例）集。

屏東縣枋山鄉加祿國小：鄰近潮州斷層帶南端，於學校網站設置「加祿防災小學堂」專區，並發展防災動畫、Scratch 防災遊戲、設計防災悠遊卡，讓學生可以於日常生活中取得防災相關資料，發展防災情境話劇與社區活動連結，包含教材教置、教育宣導、課程安排等的軟體建置相當具有成效，將規劃防災教育硬體空間，設計流暢動線。學校教師與志工亦共同製作「社區立體防災模型」，標示可能致災的脆弱地點，並進行災害潛勢調查、運用 360 度相機和空拍機建立「720Yun 社區防災導覽網站」，再與居民共同討論內容，喚起社區居民的防災意識。將嘗試不同方式與社

區進行互動，串聯在地知識將防災教育概念導入社區，喚醒社區民眾防災記憶。

新竹縣湖口鄉湖口國小及新竹縣關西鎮東光國小：在防災教育推動上，皆強調與社區結合，期望將防災融入於生活之中，並達到資源共享，自助互助的精神。

5.7.5 多元領域整合

位在宜蘭礁溪的**宜蘭縣礁溪鄉玉田國小**擁有特色弘窯，從「窯」探討與防災教育的關連，並擁有造「窯」的感人故事；通過國道五號北宜高速公路雪山隧道，**新北市萬里區萬里國小**三面環山，並位在核能廠 8 公里範圍內，結合防災、能源及生態，推廣在地化的防災遊學課程及教學體驗活動；**臺北市文山區溪口國小**是一所由彩虹意象所構築的學校，當彩虹劃過溪口，學習正在發生，也希望學童能在「溪」遊中，將防災教育融入領域教學中。

彰化縣大城鄉大城國小則體現防災即生活的態度，從讓孩子了解環境與在地農作物之關聯開始，並將農作物製成防災食品，活用在地農作物結合防災食農教育。

屏東縣牡丹鄉石門國小展開防災教育的契機，將原本的山河之戀課程，轉化為與排灣族結合之生活永續、減災及野外求生防災課程。

5.7.6 防災教育的整合行銷：遊學路線的規劃

防災教育的遊學課程也越來越受到歡迎。遊學課程路線方案透過學校自身防災教育特色故事與策略主軸，相互串聯建立區域聯盟，藉由學校、社區撰擬活動計畫書發展並規劃校內防災遊學課程，課程可與食農、夜間活動結合，透過認識、烹煮食材，克服災後需求，或透過夜間活動模擬災時逃生及求生，住在疏散避難屋等空間體驗災後收容生活；學校、村

（里）及社區亦可共同合作，簽訂合作備忘錄，將校園防災教育與社區環境特色結合，促進里民及師生在防災教育的凝聚力與交流合作。遊學課程以區域的特色環境場域踏勘、學校防災課程演示等多樣化行程爲主軸，不僅能加深對生態環境的認識，更能藉由實地踏勘與多元教學型態強化參訪人員環境、防災及在地文化素養。

　　防災遊學地圖（圖 5-15）是以防災島冒險爲主題，防災遊學課程則以時下流行的練功集寶的概念出發，希望透過故事性及趣味性，引起師生、甚至是一般大眾的興趣。故事設定背景在災害頻繁的 20 世紀，不只是全球暖化導致的天氣異變，還有近幾年地震災害等，我們無法避免這些自然災害的來臨，但我們能減少災害來臨時的傷亡與損失，只要有足夠的防災知識，每個人都能成爲防災勇士。勇士的訓練由不同島嶼的技能學習與冒險開始，在各個島嶼能在不同的課程中學習到各式技能，成爲不同職業的英雄。將冒險故事視覺化帶入遊學地圖當中，讓地圖不再只是乏味的資訊傳遞，並誘發大眾對於防災遊學課程的興趣。因此故事主軸定名爲「防災勇士出任務」，五大遊學路線名稱根據各區域在地環境特質及學校、防災教育課持特色，設定爲「科技智慧島」、「永續循環島」、「山海傳說島」、「震後重生島」、「風雨森林島」等五大防災冒險島嶼。以冒險地圖概念出發，防災遊學課程系列地圖除五座島嶼個別有詳細課程說明外，也有一張總覽地圖，方便快速瀏覽與找尋需求。

圖 5-15　五大學校區域環境及防災遊學地圖全覽圖

資料來源：王价巨等，2020

第6章 校園災害管理的法規及法律議題

面對學校的災害與意外風險，除了以風險管理的手段，進行風險評估並採取各種風險規避、風險減緩、風險轉移與風險分擔的作為之外，也應該遵循各級政府機關與教育主管機關災害防救相關法令，進行校園災害管理工作。

2000 年頒布施行《災害防救法》是各級政府機關災害管理工作的依據，共分為八章。定義的災害包括：風災、水災、震災（含土壤液化）、旱災、寒害、土石流災害、火山災害等自然災害，以及火災、爆炸、公用氣體與油料管線、輸電線路災害、礦災、空難、海難、陸上交通事故、森林火災、毒性化學物質災害、生物病原災害、動植物疫災、輻射災害、工業管線災害、懸浮微粒物質災害等，分屬不同部會負責。《災害防救法》第 22、23、27、36 條分別針對減災、整備、應變、復原重建工作明定項目與要求，除了各災害業務主管機關應依據《災害防救法》，針對減災、整備、應變、復原重建階段規劃工作項目與分工，制訂災害防救業務計畫之外，其他各級政府機關與所屬機構，亦針對四個階段的重點工作制訂災害防救計畫，以利災害管理工作的推動與執行，各級學校對於校內的災害管理，也和政府機關一樣可以依照減災、整備、應變、復原重建四階段來區分。

6.1 學校防災相關法規盤點

針對校園災害管理，教育部制訂了《教育部主管各級學校及所屬機

構災害防救要點》（以下簡稱《災害防救要點》），明訂了從幼兒園到大學等各級校園災害管理工作的內涵。《災害防救要點》所稱災害，納入了《災害防救法》中所列舉且與學校較相關的災害，包括：風災、水災、震災、土石流災害等自然災害與火災、毒性化學物質災害、傳染病、重大交通事故等人為災害。學校應成立災害防救組織，執行減災、整備、應變及復原重建等災害防救工作；學校應結合所在地區災害潛勢特性，訂定災害防救計畫及相關具體作為。

在《災害防救要點》中所列舉的減災、整備、應變、復原重建各階段工作，例如：表6-1。

除了《災害防救要點》之外，部分不同學制的學校相關的法令另有和災害防救相關的部分。

幼兒園在防災和意外事件等安全管理方面還需要符合《幼兒教育及照顧法》與《幼兒園與其分班設立變更及管理辦法》的要求。依據《幼兒教育及照顧法》第30條，幼兒園必須針對安全管理、各項安全演練措施、緊急事件處理機制訂定管理規定與執行，且定期檢討改進；依據第32條，教保服務機構應公開之資訊中也包括衛生、安全及緊急事件處理措施。

依照第31條的要求幼童專用車輛、駕駛人及其隨車人員之督導管理及其他應遵行事項之辦法，由中央主管機關會同交通部定之。幼兒園新進用之駕駛人及隨車人員，應於任職前二年內，或任職後三個月內，接受基本救命術訓練八小時以上；任職後每二年應接受基本救命術訓練八小時以上、安全教育（含交通安全）相關課程三小時以上及緊急救護情境演習一次以上。直轄市、縣（市）主管機關應至少每季辦理相關訓練、課程或演習，幼兒園應予協助。

依據第33條教保服務機構為適當處理幼兒緊急傷病，應訂定施救步驟、護送就醫地點，呼叫緊急救護專線支援之注意事項及父母或監護人未

表 6-1　校園災害管理各階段之工作要項

減災階段	整備階段	應變階段	復原重建階段
1. 環境調查，災害潛勢分析及評估。 2. 災害防救計畫擬定、預算編列、執行及檢討。 3. 防災教育、訓練及觀念宣導。 4. 老舊建築物、重要公共建物及災害防救設施、設備之檢查與補強。 5. 建立災害防救通報資訊網路。 6. 建立災害防救支援網絡。 7. 其他減災相關事項。	1. 災害防救組織之整備。 2. 實施應變計畫模擬演練。 3. 災害防救物資、器材之儲備及檢查。 4. 災情蒐集、通報及校安中心所需通訊設施之建置、維護及強化。 5. 其他緊急應變準備事宜。	1. 召開緊急應變小組會議，執行緊急應變作為。 2. 災情蒐集及損失查報。 3. 受災人員之照護。 4. 救援物資取得及運用。 5. 配合相關單位之需要，協助避難收容處所之開設。 6. 災害應變過程之完整記錄。 7. 其他災害應變、必要作為及災情控制之措施。 8. 復原工作之籌備。	1. 災情勘查及鑑定。 2. 受災人員之安置。 3. 捐贈物資、款項之分配與管理及救助金之發放。 4. 相關人員心理諮商輔導。 5. 學生就學援助、復學及復課輔導。 6. 復原經費之籌措。 7. 硬體設施復原重建。 8. 召開緊急應變小組檢討會議並撰寫事件後報告。 9. 其他有關災後復原重建事項。

資料來源：教育部主管各級學校及所屬機構災害防救要點，2020

到達前之處理措施等規定。此外，幼兒園應設置保健設施，作為健康管理、緊急傷病處理、衛生保健、營養諮詢及協助健康教學之資源。幼兒園之護理人員，每二年應接受教學醫院或主管機關認可之機構、學校或團體辦理之救護技術訓練八小時。依據第 41 條，父母或監護人應告知幼兒特殊身心健康狀況，必要時並提供相關健康狀況資料，並與教保服務機構協力改善幼兒之身心健康，各級主管機關對有前項第四款幼兒之父母或監

護人，應主動提供資源協助。另依據《幼兒園與其分班設立變更及管理辦法》第 41 條幼兒園應訂定幼兒緊急傷病施救注意事項，包括施救步驟、緊急救護支援專線、就醫地點、護送方式、緊急連絡及父母、監護人或親屬未到達前之處理措施等，並定期辦理緊急傷病處理演練。幼兒園應保存前項演練及園內緊急傷病相關之紀錄，以備查考。

　　安全與災害防救計畫以及演練的部分，依據《幼兒園與其分班設立變更及管理辦法》第 40 條，幼兒園應依相關規定，訂定公共安全與複合型防災計畫及事故傷害防制規定，並對園內相關人員及幼兒實施安全教育，定期辦理防火、防震、防汛、防海嘯、防核、人身安全、避難逃生及事故傷害處理演練；且應保存前項演練及園內事故傷害相關之紀錄，以備查考。依據第 44 條幼兒園如發生安全、意外及災害等事件，應依相關規定辦理通報。

《幼兒教育及照顧法》

第 30 條

教保服務機構之負責人及其他服務人員，不得對幼兒有身心虐待、體罰、霸凌、性騷擾、不當管教，或其他對幼兒之身心暴力或不當對待之行為。

教保服務機構應就下列事項訂定管理規定、確實執行，並定期檢討改進：

一、環境、食品安全與衛生及疾病預防。

二、安全管理。

三、定期檢修各項設施安全。

四、各項安全演練措施。

五、緊急事件處理機制。

第 31 條

幼兒進入及離開教保服務機構時，該機構應實施保護措施，確保其安全。

幼兒園接送幼兒，應以經直轄市、縣（市）主管機關核准之幼童專用車輛為之，車齡不得逾出廠十年；其規格、標識、顏色、載運人數應符合法令規定，並經公路監理機關檢驗合格；該車輛之駕駛人應具有職業駕駛執照，並配置具教保服務人員資格，或成年人擔任隨車人員隨車照護，維護接送安全。

前項幼童專用車輛、駕駛人及其隨車人員之督導管理及其他應遵行事項之辦法，由中央主管機關會同交通部定之。

幼兒園新進用之駕駛人及隨車人員，應於任職前二年內，或任職後三個月內，接受基本救命術訓練八小時以上；任職後每二年應接受基本救命術訓練八小時以上、安全教育（含交通安全）相關課程三小時以上及緊急救護情境演習一次以上。直轄市、縣（市）主管機關應至少每季辦理相關訓練、課程或演習，幼兒園應予協助。

第 33 條

教保服務機構為適當處理幼兒緊急傷病，應訂定施救步驟、護送就醫地點，呼叫緊急救護專線支援之注意事項及父母或監護人未到達前之處理措施等規定。

幼兒園應依第八條第六項之基本設施設備標準設置保健設施，作為健康管理、緊急傷病處理、衛生保健、營養諮詢及協助健康教學之資源。

幼兒園之護理人員，每二年應接受教學醫院或主管機關認可之機構、學校或團體辦理之救護技術訓練八小時。

第 37 條

教保服務機構應公開下列資訊：

一、教保目標及內容。

二、教保服務人員及其他服務人員之學（經）歷、證照。

三、衛生、安全及緊急事件處理措施。

四、依第十六條及第十七條規定設置行政組織及員額編制情形。

五、依第三十四條第一項規定辦理幼兒團體保險之情形。

六、第四十三條第四項所定收退費基準、收費項目及數額、減免收費之規定。

七、核定之招收人數及實際招收人數。

第 41 條

父母或監護人應履行下列義務：

一、依教保服務契約規定繳費。

二、參加教保服務機構因其幼兒特殊需要所舉辦之個案研討會或相關活動。

三、參加教保服務機構所舉辦之親職活動。

四、告知幼兒特殊身心健康狀況，必要時並提供相關健康狀況資料，並與教保服務機構協力改善幼兒之身心健康。

各級主管機關對有前項第四款幼兒之父母或監護人，應主動提供資源協助之。

《幼兒園與其分班設立變更及管理辦法》

第 40 條

幼兒園應依相關規定，訂定公共安全與複合型防災計畫及事故傷害防制規定，並對園內相關人員及幼兒實施安全教育，定期辦理防火、防

震、防汛、防海嘯、防核、人身安全、避難逃生及事故傷害處理演練。

幼兒園應保存前項演練及園內事故傷害相關之紀錄，以備查考。

第 41 條

幼兒園應訂定幼兒緊急傷病施救注意事項，包括施救步驟、緊急救護支援專線、就醫地點、護送方式、緊急連絡及父母、監護人或親屬未到達前之處理措施等，並定期辦理緊急傷病處理演練。

幼兒園應保存前項演練及園內緊急傷病相關之紀錄，以備查考。

第 42 條

幼兒園應訂定園舍安全管理檢核項目及作業程序，定期檢查並維護各項設備、器材、遊戲設施與消防設施設備，加強門禁及巡查工作，並保存相關紀錄，以備查考。

第 43 條

幼兒園辦理校外教學活動，應依相關法令訂定實施規定，選擇合法、安全場所，使用合格交通工具，並視實際需要，為參與人員投保旅遊平安保險。

幼兒園辦理前項活動時，應實施相關之安全教育，並採取必要措施，預防事故發生。

第 44 條

幼兒園如發生安全、意外及災害等事件，應依相關規定辦理通報。

幼兒園之教保服務人員及其他工作人員知悉服務之幼兒園發生疑似性侵害、性騷擾或性霸凌事件者，應依性侵害犯罪防治法、兒童及少年福利與權益保障法及其他相關法律規定通報。

　　身心障礙學生方面，依據《身心障礙者權益保障法》第 16 條身心障礙者之人格及合法權益，應受尊重及保障，對其接受教育、應考、進用、就業、居住、遷徙、醫療等權益，不得有歧視之對待；公共設施場所營運者，不得使身心障礙者無法公平使用設施、設備或享有權利。且依據第 30 條各級教育主管機關辦理身心障礙者教育及入學考試時，應依其障礙類別、程度、學習及生活需要，提供各項必需之專業人員、特殊教材與各種教育輔助器材、無障礙校園環境、點字讀物及相關教育資源，以符公平合理接受教育之機會與應考條件。此外，依據同法第 75 條不得留置無生活自理能力之身心障礙者於易發生危險或傷害之環境。

　　針對身心障礙學生，《特殊教育法》明訂了十三類身心障礙學生，包括：智能障礙、視覺障礙、聽覺障礙、語言障礙、肢體障礙、腦性麻痺、身體病弱、情緒行為障礙、學習障礙、多重障礙、自閉症、發展遲緩和其他障礙。

　　校園災害管理與防災教育方面，依據該法第 10 條、第 14 條、第 22 條，學校應該考量特教學生之需求，以符合適性化、個別化、社區化、無障礙及融合之精神進行課程設計與提供相關之設施與服務，並依據第 31 條，制訂個別教育計畫，針對學生在就學期間應該學習到的防災知能，尤其是自我保護技能，校方應該為之量身訂做。此外考量到學生在校時的防災教育與災害時疏散與避難的需要，除確保校園無障礙環境之外，學校應提供教育輔助器材與適性教材以及學習及生活人力協助。在《特教學校設立變更停辦合併及人員編制標準》第 5 條中也同樣要求特教學校之校舍及其他設備，應合於各級各類教育階段之法規規定，並考量各教育階段特殊教育課程及學生之特殊需求，提供無障礙設施、教學設備及教育輔助器材。

《特殊教育法》

第 3 條

本法所稱身心障礙，指因下列生理或心理之障礙，經專業評估及鑑定具學習特殊需求，須特殊教育及相關服務措施之情形：

一、智能障礙。

二、視覺障礙。

三、聽覺障礙。

四、語言障礙。

五、肢體障礙。

六、腦性麻痺。

七、身體病弱。

八、情緒行為障礙。

九、學習障礙。

十、自閉症。

十一、多重障礙。

十二、發展遲緩。

十三、其他障礙。

第 10 條

特殊教育與相關服務措施之提供及設施之設置，應符合融合之目標，並納入適性化、個別化、通用設計、合理調整、社區化、無障礙及可及性之精神。

第 14 條

為因應特殊教育學生之教育需求，其入學年齡、年級安排、教育場所、實施方式及修業年限，應保持彈性；其提早或暫緩入學、縮短或延

長修業年限及其他相關事項之辦法，由中央主管機關定之。但法律另有規定者，從其規定。

第 22 條

特殊教育之課程、教材、教法及評量，應保持彈性，適合特殊教育學生、幼兒身心特性及需求。

高級中等以下學校實施特殊教育課程之方式、內容、教材研發、教法、評量及其他相關事項之辦法及幼兒園相關之準則，由中央主管機關定之。

第 31 條

高級中等以下學校應以團隊合作方式對身心障礙學生訂定個別化教育計畫，訂定時應邀請身心障礙學生本人，以及學生之法定代理人或實際照顧者參與；必要時，法定代理人或實際照顧者得邀請相關人員陪同參與。經學校評估學生有需求時，應邀請特殊教育相關專業人員參與個別化教育計畫討論，提供合作諮詢，協助教師掌握學生特質，發展合宜教學策略，提升教學效能。

第 32 條

為增進前條團隊之特殊教育知能，以利訂定個別化教育計畫，各級主管機關應視所屬高級中等以下學校及幼兒園身心障礙學生及幼兒之特殊教育需求，加強辦理普通班教師、教保服務人員、特殊教育教師及相關人員之培訓及在職進修，並提供相關支持服務之協助。

第 38 條

學校及幼兒園應依身心障礙學生及幼兒之教育需求，提供下列支持服務：

一、教育及運動輔具服務。

二、適性教材服務。

三、學習及生活人力協助。

四、復健服務。

五、家庭支持服務。

六、適應體育服務。

七、校園無障礙環境。

八、其他支持服務。

　　學校師生有特殊疾病者，可能在災害發生時有特別狀況或特殊需求。例如：氣喘患者或心血管疾病患者可能在疏散避難時因快速疏散、劇烈活動而發病；血友病患者更需要在發生意外時，立刻進行必要處置止血，否則將大量失血。此外，若不小心碰撞，關節內出血可能造成永久性損傷，腦出血可能造成長期頭痛、癲癇或是意識不清；受傷送醫的師生也可能恰好有酒精過敏、藥物過敏的狀況，若未事先告知醫護人員，可能引發嚴重的過敏症狀。學校的健康中心必須準備符合一般與特殊需求師生需要的緊急救護裝備與器材，並備妥特殊個案資料。

《學校衛生法》

第 9 條

學校應將學生健康檢查及疾病檢查結果載入學生資料，併隨學籍轉移。前項學生資料，應予保密，不得無故洩漏。但應教學、輔導、醫療之需要，經學生家長同意或依其他法律規定應予提供者，不在此限。

第 12 條

學校對患有心臟病、氣喘、癲癇、糖尿病、血友病、癌症、精神疾病、罕見疾病及其他重大傷病或身心障礙之學生，應加強輔導與照顧；

必要時，得調整其課業及活動。

第 13 條

學校發現學生或教職員工罹患傳染病或有造成校內傳染之虞時，應會同衛生、環境保護機關做好防疫及監控措施；必要時，得禁止到校。

為遏止學校傳染病蔓延，各級主管機關得命其停課。並應協助學校備置適當之防疫物資。

第 15 條

學校為適當處理學生及教職員工緊急傷病，應依第二項準則之規定，訂定緊急傷病處理規定，並增進其急救知能。

前項緊急傷病項目、處理程序及其他相關事項之準則，由各級主管機關定之。

學校發現有疑似食品中毒之情形，應採緊急救護措施，同時應通報直轄市、縣（市）衛生主管機關處理。

第 21 條

學校之籌設應考慮校址之地質、水土保持、交通、空氣與水汙染、噪音及其他環境影響因素。

學校校舍建築、飲用水、廁所、洗手臺、垃圾、汙水處理、噪音、通風、採光、照明、粉板、課桌椅、消防及無障礙校園設施、哺育母乳環境設施等，應符合相關法令規定標準。

除了教育部頒訂的各項法令之外，教育部以及其他各部會制訂的許多法令也與學校的災害管理相關，各級學校一樣必須遵守，並參考其要求制訂相關規則和計畫據以執行。

高中的化學實驗室與高工化工科的實驗室、大學的各種實驗室，使用

各類不同的化學物質；高工與大學的機械、汽車、航太、土木工程等相關科系也可能有各種機械設備、金屬加工設備、空氣壓縮機、烤箱、鍋爐、吊車等設備，除必須依法定標準設置安全措施，師生也必須依法取得相關的證照才能操作特定的設備，甚至於設置合格的專責人員負責管理。

　　實驗室與實習工廠必須有良好的通風與照明，降低災害發生的風險，且實驗室、實習工廠必須制訂管理規範以及安全守則，要求師生熟悉；並備有師生安全防護的器材，例如：安全頭盔、護目鏡、耐酸鹼手套等，在有需要的時候使用。

　　同時也必須在各類實驗室、實習工廠中，備有必要的緊急應變器材，例如：滅火器、滅火毯、吸液棉、急救箱、沖身洗眼器等，並針對危險性較高且存量較多的化學物質備有物質資料表（SDS），並放置於救災人員易於取得之處。平時應建立緊急通報系統，並針對較可能發生的意外事故定期進行應變演練。

《職業安全衛生法》

第 5 條
雇主使勞工從事工作，應在合理可行範圍內，採取必要之預防設備或措施，使勞工免於發生職業災害。

第 6 條
雇主對下列事項應有符合規定之必要安全衛生設備及措施：
一、防止機械、設備或器具等引起之危害。
二、防止爆炸性或發火性等物質引起之危害。
三、防止電、熱或其他之能引起之危害。
四、防止採石、採掘、裝卸、搬運、堆積或採伐等作業中引起之危害。
五、防止有墜落、物體飛落或崩塌等之虞之作業場所引起之危害。

六、防止高壓氣體引起之危害。

七、防止原料、材料、氣體、蒸氣、粉塵、溶劑、化學品、含毒性物質或缺氧空氣等引起之危害。

八、防止輻射、高溫、低溫、超音波、噪音、振動或異常氣壓等引起之危害。

九、防止監視儀表或精密作業等引起之危害。

十、防止廢氣、廢液或殘渣等廢棄物引起之危害。

十一、防止水患、風災或火災等引起之危害。

十二、防止動物、植物或微生物等引起之危害。

十三、防止通道、地板或階梯等引起之危害。

十四、防止未採取充足通風、採光、照明、保溫或防濕等引起之危害。

雇主對下列事項，應妥為規劃及採取必要之安全衛生措施：

一、重複性作業等促發肌肉骨骼疾病之預防。

二、輪班、夜間工作、長時間工作等異常工作負荷促發疾病之預防。

三、執行職務因他人行為遭受身體或精神不法侵害之預防。

四、避難、急救、休息或其他為保護勞工身心健康之事項。

第 10 條

雇主對於具有危害性之化學品，應予標示、製備清單及揭示安全資料表，並採取必要之通識措施。

第 11 條

雇主對於前條之化學品，應依其健康危害、散布狀況及使用量等情形，評估風險等級，並採取分級管理措施。

第 23 條

雇主應依其事業單位之規模、性質，訂定職業安全衛生管理計畫；並設

置安全衛生組織、人員，實施安全衛生管理及自動檢查。

前項之事業單位達一定規模以上或有第十五條第一項所定之工作場所者，應建置職業安全衛生管理系統。

第 24 條

經中央主管機關指定具有危險性機械或設備之操作人員，雇主應僱用經中央主管機關認可之訓練或經技能檢定之合格人員充任之。

《毒性及關注化學物質管理法》

第 3 條

本法用詞，定義如下：

一、毒性化學物質：指人為有意產製或於產製過程中無意衍生之化學物質，經中央主管機關認定其毒性符合下列分類規定並公告者。其分類如下：

　（一）第一類毒性化學物質：化學物質在環境中不易分解或因生物蓄積、生物濃縮、生物轉化等作用，致汙染環境或危害人體健康者。

　（二）第二類毒性化學物質：化學物質有致腫瘤、生育能力受損、畸胎、遺傳因子突變或其他慢性疾病等作用者。

　（三）第三類毒性化學物質：化學物質經暴露，將立即危害人體健康或生物生命者。

　（四）第四類毒性化學物質：化學物質具有內分泌干擾素特性或有汙染環境、危害人體健康者。

二、關注化學物質：指毒性化學物質以外之化學物質，基於其物質特性或國內外關注之民生消費議題，經中央主管機關認定有汙染環境

或危害人體健康之虞，並公告者。

第 17 條

毒性化學物質之容器、包裝、運作場所及設施，運作人應依規定標示毒性及汙染防制有關事項，並備具該毒性化學物質之安全資料表。

第 18 條

第一類至第三類毒性化學物質之製造、使用、貯存、運送，運作人應依規定設置專業技術管理人員，從事毒性化學物質之汙染防制及危害預防。

前項專業技術管理人員之資格、訓練、核發、撤銷或廢止合格證書、設置等級、人數、執行業務、代理、變更及其他應遵行事項之辦法，由中央主管機關定之。

第 23 條

政府機關或學術機構運作毒性化學物質之管理，得依下列規定為之：

一、運作毒性化學相關物質之管理權責、用途、設置專業技術管理人員、運送、紀錄製作、申報與保存年限、標示、貯存、查核、預防、聯防、應變及其他應遵行事項，由中央目的事業主管機關會同中央主管機關另定辦法。

二、由中央目的事業主管機關就個別運作事項提出經中央主管機關同意之管理方式。

第 25 條

運作關注化學物質應向直轄市、縣（市）主管機關申請核可，並依核可文件內容運作。

第 26 條

關注化學物質之指定運作，運作人應製作紀錄定期申報，其紀錄應妥

善保存備查。

第 27 條

關注化學物質之容器、包裝、運作場所及設施，運作人應依規定標示警語及汙染防制有關事項，並備具該物質之安全資料表。

第 35 條

第一類至第三類毒性化學物質及經中央主管機關指定公告具有危害性之關注化學物質，其相關運作人應檢送完整危害預防及應變計畫，報請直轄市、縣（市）主管機關備查，並依該危害預防及應變計畫內容實施。

直轄市、縣（市）主管機關應將前項完整危害預防及應變計畫公開於中央主管機關指定之網站並以其他適當方式供民眾查閱。

第 36 條

第一類至第三類毒性化學物質及經中央主管機關指定公告具有危害性之關注化學物質，其相關運作人應採取必要之防護第三人措施，並依規定對運作風險投保責任保險。

第 37 條

毒性化學物質及經中央主管機關指定公告具有危害性之關注化學物質，其相關運作人應積極預防事故發生，並指派專業應變人員或委託經主管機關認證之專業應變機關（構），於事故發生時，負責採取必要之防護、應變、清理等處理措施。

第 38 條

製造、使用、貯存、運送第一類至第三類毒性化學物質及經中央主管機關指定公告具有危害性之關注化學物質，其相關運作人應組設聯防組織，檢送設立計畫報請主管機關備查，輔助事故發生時之防護、應

變及清理措施。

第 39 條

第一類至第三類毒性化學物質及經中央主管機關指定公告具有危害性之關注化學物質，其運作過程中，應維持其防止排放或洩漏設施之正常操作，並備有應變器材及偵測與警報設備。

前項經主管機關指定公告應連線者，運作人應於規定期限內完成設置自動偵測設施並與主管機關連線。

第 41 條

毒性化學物質及經中央主管機關指定公告具有危害性之關注化學物質，有下列情形之一者，運作人應立即採取緊急防治措施，並至遲於三十分鐘內，報知事故發生所在地之直轄市、縣（市）主管機關：

一、因洩漏、化學反應或其他突發事故而有汙染運作場所周界外之環境之虞。

二、於運送過程中，發生突發事故而有汙染環境或危害人體健康之虞。

前項報知方式，由中央主管機關公告之。

《學術機構運作毒性及關注化學物質管理辦法》

第 2 條

本辦法用詞，定義如下：

一、學術機構：指運作毒性及關注化學物質之各級公私立學校、教育部主管之社會教育機構及學術研究機構。但軍事、警察校院及矯正學校，不在此限。

二、運作單位：指學術機構內運作毒性及關注化學物質之實驗（試驗）室及實習（試驗）場所。

三、運作管理單位：指學術機構內負責所轄運作單位之毒性及關注化學
　　物質行政管理事宜之單位。

第 3 條

為妥善管理毒性及關注化學物質之運作，學術機構之管理權責如下：

一、毒性及關注化學物質運作管理規定之訂定及實施。

二、毒性及關注化學物質危害預防及應變計畫之訂定及實施。

三、運作毒性及關注化學物質之監督管理。

四、毒性及關注化學物質運作紀錄表之彙整及定期申報。

第 4 條

學術機構應設管理委員會（以下簡稱委員會），審議毒性及關注化學物
質運作事項，委員會應置委員五人至七人，其中至少應有二人具備毒
性及關注化學物質毒理、運作技術、災防或管理專長。

第 5 條

學術機構運作單一毒性化學物質，其申請登記或核可之文件，應先經
委員會審議通過後，依本法第十三條規定辦理；其運作毒性化學物質，
區分數運作管理單位者，應分別依運作管理單位申請之。

學術機構運作毒性及關注化學物質得貯存於學術機構之運作單位內。

第 7 條

學術機構運作第一類至第三類毒性化學物質或經中央主管機關指定公
告具有危害性之關注化學物質（以下簡稱危害性關注化學物質），其單
一物質運作總量達分級運作量者，學術機構應依本法第十八條規定，
置專業技術管理人員。

第 8 條

運作單位運作毒性化學物質，應依本法第九條第二項規定之格式確實

記錄，逐日填寫毒性化學物質運作紀錄表，並以書面或電子檔案方式
保存；其各種運作量無變動者，得逐月填寫。

第 9 條

運作單位運作關注化學物質，應依中央主管機關依本法第二十六條第
二項規定之格式確實記錄，逐月填寫運作紀錄表，並以書面或電子檔
案方式保存。

第 10 條

學術機構運作毒性及關注化學物質之容器、包裝或其運作單位及設施
之標示，應依中央主管機關依本法第十七條第二項、第二十七條第二
項所定辦法規定辦理。

前項容器之容積在一百毫升以下者，得僅標示名稱、危害圖式及警示
語。

第 11 條

學術機構運作第一類至第三類毒性化學物質或危害性關注化學物質，
除廢棄、輸出外，其單一物質運作總量達分級運作量者，應依下列規
定辦理：

一、訂定危害預防及應變計畫，經委員會審議通過後，報請直轄市、
　　縣（市）主管機關備查。

二、依本法第三十九條第一項規定設置應變器材及偵測與警報設備。

學術機構運作前項物質，區分數營運管理單位者，其單一物質運作總
量應分別計算之。

第 12 條

學術機構運作第一類至第三類毒性化學物質及危害性關注化學物質
者，應加入該物質所在地之直轄市、縣（市）內組設之毒性及關注化學

物質聯防組織，並依本法第三十八條規定辦理。

第 13 條

學術機構應積極預防事故發生，並應依本法第三十七條規定辦理。

學術機構於事故發生時，應即採取緊急防治措施及通報，並於事後進行調查檢討，作成調查處理報告，經委員會審議通過後，報請事故發生所在地之直轄市、縣（市）主管機關備查。

6.2 災害或意外事故中學校之法律責任

校園防災工作與安全管理不夠完善，最根本的問題之一是教職員工對於相關法令的了解不夠，以及學校與教職員工對於學生權益受侵害時所必須擔負的法律責任認識不足，一旦學校教職員工不熟悉且未能落實校園災害與安全管理的工作，不僅使學生暴露於災害與意外事件的風險提高，也讓自己面對極高的連帶法律責任風險。

然而，臺灣目前對於學校的防災體系建構，並沒有類似日本《學校保健安全法》的規範。《國民教育法》並未含納校園安全；在《高級中等教育法》、《專科學校法》、《大學法》、《技術及職業教育法》、《社會教育法》等相關法令中，對於校園安全管理與防災工作幾乎毫無著墨，不僅對於學校的安全管理責任未有明確敘述，對於學校安全管理辦法也並未在各子法規範的行政作為項目和組織編制中明訂。相對地，僅有《幼兒教育及照顧法》、《幼兒園及其分班基本設施設備標準》針對幼兒園的安全有較明確且詳細的規範，例如：要求所有教保服務人員必須定期實施各種類型災害的防災演練並保留紀錄。（單信瑜，2019，https://opinion.udn.com/opinion/story/9449/4054261）。以大學（包括技職院校）為例，大學

中的環境安全管理、勞動場所安全管理、化學品管理，都是依據其他部會的相關法令，針對特定的設施或實驗室安全加以規範，但對於一般師生，也僅依照《消防法》執行消防安全相關規定。

防止校園意外事件的發生，學校和教師的作為是被關注的重要因素。災害或意外事件發生時，學校教職員工依照計畫和程序與平時的訓練執行應變任務，過程中如果還是有學生傷亡，師長是否仍須擔負法律責任甚或究責？過往處理的方式多依據個人的感覺或經驗，帶有很多的主觀成分（何文達，2002）。其實，法律才是最終、最重要的依據，校方和教師是否擔負法律責任，在於學校或教師是否善盡保護學生的注意義務，需評估現場狀況，及是否依照計畫、程序與平時訓練執行（何文達，2002）。

當校園內發生災害或意外事件導致師生傷亡或其他權益受損時，校方可能面臨刑事、民事責任的追究；尤其，若師生傷亡係因人為過失直接造成，司法機關會追究當事人過失傷害或過失致死的責任。究其原因，可區分為故意和過失。

依據《刑法》第13條，行為人對於構成犯罪之事實，明知並有意使其發生者，為故意。若是行為人清楚知道構成犯罪之事實並且有意讓它發生，叫做直接故意；若是行為人對於構成犯罪之事實，可以預測其會發生，而且這件事的發生並不違反自己心中的意思，叫做間接故意。以教師而言，是指教師於教育活動中對於構成侵權行為的事實知道有發生的可能，卻仍使其發生或任其發生者，都屬於故意。

另一方面，《刑法》第14條，行為人雖非故意，但應注意並能注意，而不注意者，為過失。亦即，學校教師雖非故意，但按照其情境應注意並能注意而不注意者，對於其構成侵害行為之事實，雖預見其發生而確信其不發生者，就屬於過失。因故意或過失，不法侵害他人權利者，負損害賠償責任。但能證明其行為無過失者，不在此限。

雖然民事、刑事過失責任於規範功能有顯著差異。但民刑事過失責

任之基本構造是共通的，過失責任皆分為「注意義務之違反」與「因果關係」。民事過失責任亦考量行為人是否對於結果的產生有預見可能性或迴避可能性；就「因果關係」部分，不論民刑事皆採取相當因果關係理論。但是，刑法除了因果關係外，還需行為人之行為符合「製造法所不容許之風險」及「風險實現」兩要件；《民法》要件包括「注意義務存在」及「注意義務違反」，以正常人在相同情況下是否會有相同行為作為判斷依據（張源傑，2020）。

　　教師身為教育專業人員，基於教育工作的專業性，教師在教育活動中負有防止學生身體或生命遭受侵害的義務，此一義務即為「教育安全的注意義務」（劉宗德，1979）。教育機構對於保障學生安全的注意義務，涵蓋事前預防、事發時的緊急處理和事後的延續處置，實質工作包括：校園建物與設施設備的維護管理、災害防救與安全防護計畫的建立、教職員工生的訓練、災害與意外事故風險監控、緊急應變行動等。需注意事項因課程、業務、活動性質、地點等而有所差異，注意程度也因課程內容、學生年齡、性格和能力等因素而不同；教師需對學生的意外負責是因為其教師身分和教學工作，不管是教學和行政、學校作息，均涵蓋於教師職務範圍。張玉慧（2001）以案例討論教育活動、輔導管教不當、學生互動、學校設施及外力入侵校園等事故，討論公立中小學校園事故中的教師責任，藉以分析教師的「教育安全義務」，並繪製「教師責任檢視流程圖」作為學校面對相關事故時釐清責任的參考。

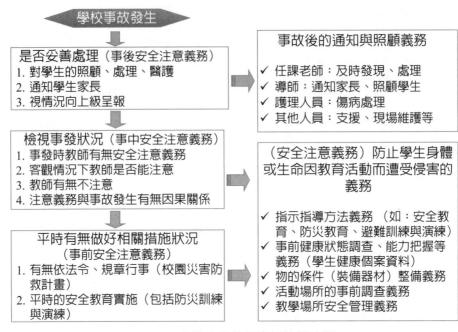

圖 6-1　學校事故教師責任檢視流程

資料來源：張玉慧，2001

6.3 校園事故之安全注意義務與賠償責任

　　教育基本權基於《憲法》而保障學生應有安全學習環境，學校是保障教育基本權的主要場所。因此，學校需滿足學生學習權益並保障學生能安全接受教育；《教師法》第 32 條第二款也規定，教師負有「積極維護學生受教之權益」之義務。亦即，因為工作關係、法律關係及個人關係，安全注意義務是老師的工作職責，教師必須防止學生權益受損，聯合國教科文組織即提出教師應對於避免學生（學校）事故的發生，給予最大的注意（劉國兆，2003）。事故（意外）為未經計畫而發生的事件，其結果可能造成人員傷亡或財產損失，亦即，由於人員疏忽而未加規劃或由於環境及

設備缺失而造成人財損失。學校事故包括教育活動、學校設施兩大類，狹義的教育活動是指學校正式排定的各項教學課程；廣義教育活動則涵蓋教師指導監督下進行的課外活動、學校特殊教學活動、教育指導、運動會及學校慶典活動等，學校事故發生表示學生安全受教權已被侵害（許育典、劉惠文，2010）。

如果教職員工對於某種危險事故有預見可能時，如未能採取適當的防止措施，係違反安全注意義務，可能成立「教育活動事務之學校及教師的賠償責任」。例如：在學校實施地震或火災的疏散避難演練時，應該指導學生「不跑、不推、不語」，以便學生可以迅速且安全地疏散。若學校平時未要求導師演練前加強要求，也未能由教職員工進行全校性宣導或訓練，而在學校進行演練時，教師對於學生奔跑、嬉鬧、推擠的行為都未加制止和糾正，若學生在過程中受傷，則學校有違反安全注意義務之虞。如果教育活動事故係因受害學生本身過失行為所造成，或與教職員工違反全注意義務無因果關係，則前者係因教職員工並無過失，後者係因事故之發生並非教職員工之過失，均不能認為教職員工對於事故的發生有過失責任。如有此類情形，受害的學生或其監護人應向其他應負侵權行為責任之人（例如：因故意或過失行為致他人受傷的學生），請求損害賠償。

以學校進行防災演練時，學生奔跑、推擠跌倒或踩踏受傷事件為例，如果學校平時都定期進行疏散避難演練，且都完整地向師生宣達和指導「不跑、不推、不語」等概念，並且老師都會落實指導且有負責避難引導的教職員工引導，但仍有學生故意推擠他人或有學生自己因為故意跳過花臺跌倒受傷，學校並不需要為學生受傷負過失之責任。

事故發生後，除了學生照顧和協助及對於學生被侵害權利的補償外，學校是否需負賠償責任亦是學校最關切的問題之一。若發生主因來自於學校設施因設置或管理失當而發生事故，應由設施管理者（學校）負損害賠

償責任。公立學校的設施或教師行為對學生造成傷害時，學校作為行政機關，須對因其權力行使所造成的學生損害負責，形成學校事故的國家賠償責任；私立學校則向有爭議，有學者認為是僱傭契約所生之私法關係，亦有認為屬於在學契約關係（許育典、劉惠文，2010）。

依《國家賠償法》規定，國家賠償責任分為兩類：（一）基於公務員執行職務行使公權力致生損害之賠償責任（《國家賠償法》第 2 條、第 13 條）；（二）基於公有公共設施設置管理欠缺致生賠償責任（《國家賠償法》第三條）。依《國家賠償法》第 2 條第 2 項規定，成立國家賠償責任須具備八種要件（法務部，2016）：須為公務員的行為（包括公務員的作為與不作為）、須為執行職務的行為、須為行使公權力的行為、公務員須有故意或過失、須為不法的行為、須侵害人民的自由或權利、須發生損害、須該不法侵害行為與人民所受損害間有相當因果關係。教師執行職務行為因包括積極的作為與消極的不作為，如消極的違反作為義務怠於執行職務，致學生權益受損害，以教師因過失或故意怠於行使公權力時，國家始應負損害賠償責任。

學校事故的國家賠償責任成立要件上，雖然基於「有損害，有賠償」原理，然公私立學校有所差異。公立學校教師屬於《國家賠償法》所規定的公務員，在上班期間之行為屬公權力之行使，對學生負有注意其安全的義務，亦有國家賠償責任，如屬個人私生活之行為，例如：教師下班後或假日時間對於特定學生的課後指導、邀約特定學生參加戶外活動或參觀展覽等，則非屬執行職務；公立學校設施如果因設置或管理欠缺而致使學生受害，國家賠償責任亦成立。只是，除了故意或重大疏失以外，民眾受損之權益的賠償由國家負責，而不是由公務員自己負責，也可使該公務員執行公務時依法積極任事，不必瞻前顧後。亦即，公務員在執行職務過程中或其後果，縱有侵害人民權益情事，只要沒有故意或重大過失，就不必負

損害賠償責任，而由國家負其責任。

　　私立學校設施並不屬於《國家賠償法》第 3 條第 1 項的公有公共設施責任，私立學校教師行為亦非屬公權力行使（盧作彬，2008），屬私立學校的民事侵權行為責任（張炳仁，2005；劉惠文，2008），應依民法第188 條規定負僱用人之連帶損害賠償責任。其法律責任成立要件包括：教職員工須為學校（僱用人）之受僱人、教職員工執行職務不法侵害他人權利時學校應負連帶損害賠償責任、需為學校對於教職員工的選任與監督有疏失，私立學校則可依法請求教職員工償還賠償之金額。

　　過去，我國各級公立學校的在學關係，長久被歸類為特別權力關係。所以，在合理範圍內，學校的特別權力不受法治原則與人權保障拘束，雖無法律依據，學校也具有向教職員或學生下達各種特別限制措施的權力，教師或學生不得提起訴願或訴訟。隨著時代進步和法治觀念成熟，特別權力關係已遭到揚棄，1999 年 6 月三讀通過的《教育基本法》，以及其他有關《國民教育法》、《高級中學法》、《教師法》、《師資培育法》、《特殊教育法》等規定，教育行政機關應規劃配套的執行規章，具體實踐《憲法》與保障《教育基本法》的教育基本權。因此，在學關係在我國《憲法》上的現代法治意義已屬「法律關係」，依此法律關係規範成員的權利義務（許育典、劉惠文，2010）。學生如一般人民享有法治國原則的保障，學校或教師對學生基於「教育目的」所為的措施，如涉及當事人的基本權，應遵守法律保留原則，其他事項則可衡量學校或教師職權範圍及其重要性，給予學校或教師適當的行政裁量權。

6.4 安全注意義務的標準

　　在緊急事件發生時，一樣是學生受傷害，下列最常見的四種狀況中，何種狀況的學校教職員可能被究責的程度最輕？何種情況下學生受到傷害

的機會與嚴重性較高？

1. 學校沒有災害防救計畫（或僅依照教育部範本而未因地制宜修訂）和作業程序，平日沒有訓練，師長在緊急事件或災害發生當下完全自行判斷及作為。

2. 「校園災害防救計畫」依據災害和資源條件修訂，也有作業程序，但平日沒有訓練和演練，師長在事件發生當下沒有依照計畫和作業程序作為。

3. 學校平時依照主管機關要求演練，但是計畫並未依照學校狀況詳細擬定和修訂，演練也未完整檢討與持續改進。

4. 「校園災害防救計畫」依據災害和資源條件修訂，也有標準作業程序，平日定期訓練和演練，師長在事件當下依照計畫、作業程序而有因應作為。

基於《教師法》規定，可以《民法》侵權行為所採取的抽象輕過失作為認定教師安全注意義務的標準，以善良管理人的注意義務為準，亦即，客觀上一般教師在該具體情況應能注意並可期待其注意。然而，在災害防救的實務工作上，所謂「善盡校方的責任與義務」必然是無「止境」的；但從司法角度卻可以從「證據」來討論。

安全注意義務的類型包括事前的安全注意義務及事後的照顧及通知義務。事前安全注意義務包括：人、事、時、地、物的整備義務，亦即依照各項法令與規範建立學校的災害防救與安全管理制度與計畫，並對教職員工加以訓練和考核。例如：定期檢查校舍與設施設備並追蹤改善、定期修訂「校園災害防救計畫」與各項應變作業程序並落實執行、建立學校的防災與安全管理制度、整備防災與安全設施與設備、定期進行學校設施設備的維護與安全檢查、實施教職員工生的緊急應變教育訓練、實施師生的防災教育、實施全校師生的防災演練與確實檢討、應變過程是否記錄重要事

件或通報時間、內容和各項處置經過等，這些都可以作為判斷或佐證學校教職員是否善盡責任與義務的依據。

　　教師之注意義務被要求之程度，依職務內涵而不同，隨著幼兒園、國小、國中、高中、大學，學生自主判斷與行為能力逐漸提高，教師防止災害或意外事故發生注意義務亦不同（邢泰釗，2004），教師對學生安全注意義務與學生之年齡成反比。此外，因為專科教師具備特定的專業知能，實驗室與實習工廠風險較高而非一般教師可熟悉，中學理化老師、技職學校專業教師對於實驗室與實習工廠的安全注意義務也比一般教師的注意義務高。依據《教師法律手冊》所載，校園安全注意義務主要包括五個面向（邢泰釗，2004）：人的條件整備義務、指示指導方法、事前調查與能力把握義務、物的條件整備義務、事故後的照顧及通知義務。

第7章 學校演習演練的規劃與執行

　　防災訓練與演習（Train and Exercise）的目的，主要在於提升災害整備的能量，實際檢視緊急應變組織、應變流程、避難疏散路線等規劃，驗證其可行性，確保災時能順利啟動並運作。學校的防災工作為確保學生與教職員工的安全，並使教職員工生熟悉不同災害情境之應變作為，同時提升應變技能，進而發現問題並妥適處理。因此訓練與演習應透過對於校園可能的災害情境建立正確認知，建構校園內每一個人的自救與互助能力。每學期至少規劃及辦理兩次校園災害防救演練，不管是單一災害的單一情境，或是複合災害的多元情境，都需有完整規劃並考量邏輯性與合理性。因此，防災演習前必須推動相關的訓練，來逐步建構演習的能量，並且透過演習來檢討與修正災害管理相關計畫與訓練的內容及方式。

7.1 防災演習與演練的法律意義

　　臺灣目前對於學校安全管理辦法並未明訂於各子法規範的行政作為項目和組織編制，僅《幼兒教育及照顧法》、《幼兒園及其分班基本設施設備標準》中針對幼兒園的安全有較明確且詳細的規範。故學校的防災訓練與演習，僅依教育部的行政要求，每學期實施一次為主。其他非教育部主管業務部分，學校則依據《消防法》、《職業安全衛生管理辦法》來推動檢查、督導或演練。根據《災害防救法》第 25 條規定，學校的防災演習為配合地方政府的角色，並非以學校為主體規劃。

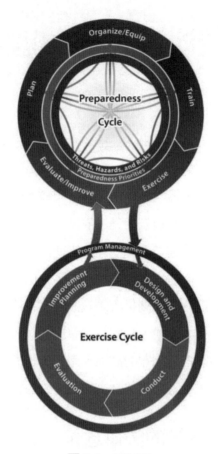

圖 7-1　HSEEP

資料來源：FEMA, 2020

　　相較之下，日本在法令規範上就較為明確。以日本東京都為例，學校推動防災訓練與演習的依據，主要來自《學校保健安全法》第 27 至 29 條所制定的學校安全計畫、學校環境安全責任與危機管理對策。所有公立幼稚園、中小學校、特教學校，每年要至少實施十一次防災「避難訓練」與教育課程，高等學校則至少需要四次。避難訓練的內容在過去主要針對地震與海嘯的疏散避難與安置，近年來因為氣候變遷，2019 年 12 月 5 日，

日本文部科學省頒布「元教參學第 31 號」命令，發布「關於加強學校防災體系和自然防災教育的推進對策」，加強水災等自然災害的因應及學校與周邊社區合作的政策；同年 10 月 10 日，日本最高法院判決確認，311 大地震大川小學事故訴訟案，政府需賠償 14 億 3,600 萬日圓。事故遺族的勝訴，代表了學校與地方政府當局對於自然災害並沒有絕對的責任排除，並且學校必須對於全體師生，負起強化防災體系與訓練的責任（細川幸一，2019）。

　　雖然臺灣法制面的規範不足，但演練和訓練仍有其必要性。依照各級學校的經驗與實際需求，目前的防災訓練與演習以火災、食安、防疫、外人入侵、颱洪坡地災害、地震與海嘯等災害為主，有些學校也會配合社區避難收容處所來規劃學校的防災訓練與演習方案。

7.2 防災演習的規劃

　　由於防災演習的種類相當多，美國國土安全部將其區分為：研討型演習（Discussion-Based Exercise），包括簡報（Seminars）、工作坊（Workshops）、圖上或桌上推演（Tabletops）、兵棋演習（Games）等；以及操作型演習（Operations-Based Exercise），包括技術操演（Drills）、特定功能演習（Functional Exercises）、全功能演習（Full Scale Exercises）等，應根據演練目的、需求、時空環境背景與演習目的選擇適合的演練類型。

圖 7-2　學生在防災訓練時態度輕忽的狀況

　　學校防災演習的規劃主要以避難疏散為主。受限於學校人力與資源的限制，學校性質又較社區或企業相對單純，因此不一定要完全依據大型演習規劃模式規劃。<u>但是基本的演習目標與範圍、演習想定、演習種類、演習狀況（劇本或腳本）設計、實施方法、後續檢討等步驟，仍然要具備</u>，因此演習的種類可以分為以下選擇：

　　·傳統的簡報演習：適用在第一次進行演習的團隊，透過簡報來釐清各種角色。

　　·圖上推演：利用圖資、編組、時間軸線的觀念討論各種想定下的因應，並可作為防災避難行動計畫的依據。

　　·避難演練：以實際的行動，來驗證上述簡報演習與圖上推演訓練所擬定的防災計畫。

　　一個大型的完整演習，通常是由小規模演習開始，大型的完整演習可

以在相同想定下，利用不同種類與規模的小型演練來逐步累積演習經驗，再推動完整的實兵演習。要特別注意的是，演習計畫中牽涉到的訓練必須在平時完成並驗證，而不是透過演習來訓練。

7.2.1 演習目標與範圍的設定

　　學校首先必須依據自身面對的災害種類，設定演習目標與範圍。例如：針對地震的避難演習，目標可以設定為：讓全校的學生與教職員工都能採取正確的避難行動，並且在一定的時間撤離到安全的避難空間。或者針對學校與社區共同開設收容安置處所的演習，目標可以設定為如何順利地挪出學校空間給社區使用，並且完成與收容處所管理團隊的任務交接與溝通。

　　另外，演習範圍也可以針對不同對象來設計，例如：有些演習只針對教職員工、有些演習分不同年級學生實施、有些則是針對學校志工或特定人員，都可以依據演習的目的與規劃個別指定。未必每次演練都要從就地掩蔽到疏散集結來完成演練，單純針對不同情境練習就地掩蔽，或藉由疏散演練了解動線是否擁塞，都有其意義與功能。

7.2.2 演習想定

　　演習想定的設定決定了演習的背景條件，首先學校可以運用各級政府所提供的災害潛勢與環境特色資訊，參考其他學校發生過的案例，並找出學校潛藏的風險。通常在擬定想定的過程中，學校可以召開共識研討會，讓所有人了解想定的各種樣態。

　　再者，學校防災演練所設定的條件，並非僅以上學上課期間為單一目標，各級學校實施防災演習時，也往往刻意配合所有教職員工在校時實施。與實際情形相較之下，防災編組或者支援可能不足的狀況也有所差異，因此，情境設定上應該思考下表各種想定的交錯進行，學校也可以混

合設定當次演習的基本想定，來測試學校本身應變與避難動員的實施狀況。

表 7-1 演習想定的基本設定矩陣（例）

想定特殊條件、想定時段	1. 上學放學途中	2. 上課前或放學時間	3. 上課期間	4. 休息時間打掃時間	5. 單日校外教學	6. 畢業旅行等外縣市跨夜活動	7. 例假日與寒暑假
A. 校長或重要主管外出	A1	A2	A3	A4	A5	A6	A7
B. 對外通訊中斷	B1	B2	B3	B4	B5	B6	B7
C. 停電無法使用學校設備	C1	C2	C3	C4	C5	C6	C7
D. 預設的避難路徑不通或受災	D1	D2	D3	D4	D5	D6	D7
E. 學生或教職員工負傷	E1	E2	E3	E4	E5	E6	E7
F. 校內人員行蹤不明	F1	F2	F3	F4	F5	F6	F7
G. 學校避難場所發生土壤液化或者地表張裂	G1	G2	G3	G4	G5	G6	G7
H. 沿海學校發布海嘯警報、核電廠或工廠附近學校發布事故警報	H1	H2	H3	H4	H5	H6	H7

7.3 演習狀況設計：劇本或腳本撰擬

　　演練內容可依該年度規劃重點研擬情境，依據可能發生之災害類型、規模，依實際需求設計。演練腳本撰擬可運用矩陣式腳本（表 7-2）進行角色扮演，以時序設定、角色設定、情境及狀況擬定等方法，確認各編組之權責任務及潛在問題，並確保應變時所需的資源與人力，透過討論以確定適合學校的應變方案，包含緊急避難、救護、收容、安撫之細節操作。

　　矩陣式腳本主要建構「災害時序」概念及「情境想像」能力。在同一時間下，可能發生多個狀況，各組人員應有各自需要負責和處置的事情；或同一個災害，發生在不同時間點或地點，可能產生不同的影響。因此，災害「情境想像」能力有助教職員工預想各種最壞的狀況，進行預先防範和準備。

表 7-2　矩陣式腳本（參考）

日期	時間	狀況	指揮官	發言人	搶救組	通報組	避難引導組	安全防護組	緊急救護組	其他	學生

　　演習狀況的設計，主要是基於想定的災害種類、規模、特殊條件、時段等，來設計演習要處置的情境。以下為目前在臺灣各級學校通用的震災演習矩陣式腳本，以演習時間、演習編組（角色）作為矩陣軸線，並且設計演習的實施行動。

表 7-3 　學校防災演練情境設定（例）

基本設定	發生時段	□上學或放學時段　■上課期間　□下課期間　□午休時間　□放學後之課後社團時間　□朝會或導師時間
	地震災害	地震規模：6.8 震度：□3 級、□4 級、□5 弱、□5 強、■6 弱、□6 強、□7 級
	震度影響	電力：■有電力　□無電力通訊：■仍可通訊 　　　　□基地臺及網路訊號中斷
	應變啟動	■有電，採全校廣播方式。 □電力中斷採用方式：哨音。
	複合災害	■火災　　地點：廚房　　火災分類：■A 類（普通）、□B 類（油類）、□C 類（電氣）、□D 類（金屬）狀況概述：人員 1 位輕微嗆傷 □建物結構受損位置：　　　　　狀況概述： ■人員受傷受傷人數：4 人 (a) 地點：低年級教室 C 棟　受傷程度：手肘擦傷 (b) 地點：中年級教室 B 棟　受傷程度：腿部割傷 (c) 地點：方型廣場　受傷程度：腳踝扭傷 (d) 地點：國小廚房　受傷程度：輕微嗆傷 ■其他：非結構物之部分教室吊燈墜落、窗戶玻璃破碎
	支援單位	■消防、□警政、□衛生（醫院、診所）、□社政（含鄰里、區公所）、□大眾運輸、□電力公司、■無、□其他：
	雨天備案	■維持全規模演練（攜雨具） □變更疏散地點（能避雨之集合位置） □行政採部分動員（或緊急應變編組改至能避雨之集合位置） □學生採部分動員（所有學生僅做趴下、掩護、穩住） □老師採部分動員（指定之專科老師、導師） □其他：
情境設定		109 年 9 月 21 日 9 時 21 分（上課）時段，苗栗縣政府東南方 35.5km（苗栗泰安鄉發生深度 6.2km 地震規模 6.8，三峽區震度 6 弱的地震，地震搖晃持續 30 秒，造成■人員受傷■國小廚房失火■部分教室吊燈墜落、窗戶玻璃破碎□電力□通訊中斷）之複合型災害。
備註		

表 7-4　新北市三峽區北大國小各分組演習內容一覽

演練進程	時間	情境設定（狀況內容）	指揮官發言人	通報組 組長：代理：組員：4 人	避難引導組 組長：代理：組員：46 人	搶救組 組長：代理：組員：5 人	安全防護組 組長：代理：組員：8 人	緊急救護組 組長：代理：組員：7 人	機動組 組長：組員：24 人	各班師生 35 班共 1043 人
（一）災害發生與警覺	09：21	地震速報系統發出警報，地震來臨時，教室內吊燈墜落和櫃子倒塌。	依「趴下、掩護、穩住抓住桌腳」要領，避開有設施或疑慮之處和疑墜落之處，選擇落物，並就地掩護保護頭頸部。	依「趴下、掩護、穩住抓住桌腳」要領，避開有設施或疑慮之處，選擇落物，並就地掩護保護頭頸部。	依「趴下、掩護、穩住抓住桌腳」要領，避開有設施或疑慮之處，選擇落物，並就地掩護保護頭頸部。	依「趴下、掩護、穩住抓住桌腳」要領，避開有設施或疑慮之處，選擇落物，並就地掩護保護頭頸部。	依「趴下、掩護、穩住抓住桌腳」要領，避開有設施或疑慮之處，選擇落物，並就地掩護保護頭頸部。	依「趴下、掩護、穩住抓住桌腳」要領，避開有設施或疑慮之處，選擇落物，並就地掩護保護頭頸部。	依「趴下、掩護、穩住抓住桌腳」要領，避開有設施或疑慮之處，選擇落物，並就地掩護保護頭頸部。	依「趴下、掩護、穩住抓住桌腳」要領，避開有設施或疑慮之處，選擇落物，並就地掩護保護頭頸部。
（二）疏散避難及應變啟動	09：24	地震稍歇	判斷原則：預警系統音效響起，立即選擇能保護頭頸之桌子下方或是固定掩體旁避為佳，避開輕易掉落、傾倒或玻璃碎裂之處。 ○室內：［不要跑］大家退到到桌子下方，掩護、穩住，緊抓桌腳，趴下或蹲下（即依○） ○室外：【不要跑】大家到操場或會倒塌建物或會倒塌處或○（即安全集結點。） 1. 指揮官評估地震強度與建物受受情形，決定進行全面疏散。 2. 穿戴防災頭盔，前往指揮中心集合。 ★ 指揮官：透過廣播啟動應變組織，並至操場集合（成立指揮中心）： (a) 請避難引導組就位並至指揮中心。疏散路線是否○（ (b) 請緊急救護組至體育館育館各各設置急救站。	1. 穿戴防災頭盔及配戴識別證、攜行防災裝備、前往指揮中心集合（位聯絡清冊）。 2. 攜帶聯繫之各聯絡電話： (a) 地方安、醫、治、縣市教局處、應變防（區）災害應外部機關急通連繫電話。	1. 穿戴防災頭盔及配戴識別證、攜行防災裝備、就分配之各避勤動練之引導至集合指揮中心（支援中心）引導學生就疏散（可吹哨或引導標誌指示）。 2. 依救災情形，逐步移向指揮中心（遇狀況立即通知指揮中心）。	1. 穿戴防災頭盔及配戴識別證、攜行防災裝、組裝備器材，前往指揮中心集合。 2. 疏救途過程危留意校園危害情形，掌握救災情形。 3. 依救災情形，移至引導校園災害情形，前往地點（例如：本校方形廣場）。	1. 穿戴防災頭盔及配戴識別證、攜行防災裝備。防護組至裝防護前往指揮中心集集合。 2. 初步了解電力或重要機電設施狀況、有無傾倒或跳電、危害或視校園狀況採取防護措施。	1. 穿戴防災頭盔及配戴識別證、攜行救災器材、救護組材至救護前往設置急救站。 2. 常攜帶持採個急清冊、緊急連絡人清冊。	1. 穿戴防災頭盔及配戴識別證、攜帶訊助搶救組織運器材至放置處。 2. 協助支援各組。	1. 教師攜帶班級緊急防災包（含緊急通訊錄、紅繩索、剪刀、A4 夾板、雨衣、筆、乾糧輕量 2 包、水 3 瓶（500–600ML）、基本醫藥救藥物（依各校需求或學生依照路線帶往各指定避難場所或避難門進行任前後疏散。

演練進程	時間	情境設定（狀況內容）	指揮官發言	通訊組 組長：代理：組員：4人	避難引導組 組長：代理：組員：46人	搶救組 組長：代理：組員：5人	安全防護組 組長：代理：組員：8人	緊急救護組 組長：代理：組員：7人	機動組 組長：組員：24人	各班師生 35班共1043人
			(c)進行全校疏散（哨音—長四短）。	(b)學校緊急廣播。3.持續掌握及評估各項資訊。	3.疏散避難時，注意安全（例如：樓梯上掉落倒）		救物品掉落、情有墜落物發生後，以警示設備提醒各人員。			2.教師或班導班級學生皆跟隨或臨開教室。3.有突發狀況前後班級互相照應。
			指揮官：（全校廣播）現在地震暫時停歇，請大家不要慌張，請好好跟著保頭部、安全原則：○【記得不要慌張，切勿推擠以及大聲呼叫！→不語、不跑、不推】○【報告一位老師，同學們才發生大地震，現在我們要進行疏散避難，並隨時注意是否有掉落物】支依防災地圖及逃生圖引導學生，進行疏散避難。		組長：報告指揮官，避難引導組人員正在疏散全校學生，完事後再行回報，完畢。註：老師到達集合場後待組長到達後回報。〔避難疏散情形調查表、疏散點人員點名冊（各導師）〕	組長：報告指揮官，搶救組人員到6位，完畢。〔教職員點名冊〕	組長：報告指揮官，安全防護組人員到9位，實到○位，完畢。〔教職員點名冊〕	組長：報告指揮官，緊急救護組人員到8位，實到○位，完畢。〔教職員點名冊〕	組長：報告指揮官，機動組人員到25位，實到○位，完畢。〔教職員點名冊〕	各班導師帶領學生至集結區（立即坐下以利於盤點學生動態），並初步進行安撫學生。跟組避難引導。
(三)災情與清查回報	09：30	成立緊急應變組織（含應變組織人員清點）	應變編組組長、應變時機：地方政府成立變中心時，上級指示區設立、學校位於災區且有災情發現於中央氣象局發放風量或度級大雨特報及感受地震，可能導致災後續災情。指揮官成立、請各組做災人數回報、完畢各班結立即坐下到達集結區開始清查組各組組長、清查通話測試組。	組長：報告指揮官，通報組人員到5位，實到○位，完畢。○通報各所有統小組全急應變做後續準災情。指揮官：災各組變中人數回報、請各組立、完畢各班結立即坐下到達集結區開始清查組各組組長、清查通話測試組。〔教職員點名冊〕	組長：報告指揮官，疏散引導人員正在疏散全校學生再行清點完事後統計全急應變小組回報、完畢。註：老師到集合後後組長到達。報○【避難疏散情形調查表、疏散點人員點名冊（各導師）〕					

演練進程	時間	情境設定（狀況內容）	指揮官發言人	避難引導組	通報組	搶救組	安全防護組	緊急救護組	機動組	各班師生
	9：30〓9：50	全校師生及校舍清查	班級人數清查	組長：代理：組員：46人	組長：代理：組員：4人	組長：代理：組員：15人	組長：代理：組員：8人	組長：代理：組員：7人	組長：組員：24人	35班共1043人
			（一）指揮官：請避難引導組完成全校人員清查，並掌握有無受困或因夫聯情形。（2）：收到。立即處理。★接續：夫辦學生搜尋匡★（3）：收到。請避難引導組將人數統計表，盡速複送指揮中心備查。	（2）組長：報告指揮官，接獲2年4班、3年1班回報兩位學生行蹤不明以及接獲4年1班回報1名左右型廣場班（倒抹到）無法行走等。其他各班人員持續清點中。（清查全校教職員工生及校外人員清查）（3）報告指揮官，全校清點完畢，人員報到完畢，教職員工生應出席○○○人、現場出席人○○○人、請假未到○○人、校外人士○○人。（學生可分低中高年級實施中高年級統計）	協助應變指揮中心的器物設施。（人數表張貼）註：掌握全校數統計狀況資訊。	搶救組開始編組，清點組員之可用工具。（搶護組急救站設置）	派員巡查各班和狀況，確保集結區之安全。	緊急救護組開始布置急救站，並持續接獲所傷患訊後，確認視傷患送出口場適。（大門開啟，警衛守候）		各班導師清點人數，導師：李○紅。導師開始清點學生到場或有特殊狀況者立即將紅軍送出。（除請送軍）註：全外課班級請採隔壁班索取空白紅線軍。

演練進程	時間	情境設定（狀況內容）	指揮官發言人	通報組	避難引導組	搶救組	安全防護組	緊急救護組	檔勤組	各班師生
				組長： 代理： 組員：4人	組長： 代理： 組員：46人	組長： 代理： 組員：5人	組長： 代理： 組員：8人	組長： 代理： 組員：7人	組長： 組員：24人	35班共1043人
		核舍清查	(1)指揮官：安全防護組請攝組帶各棟檢查判定表巡視檢查建物狀況並請注意自身安全。				(2)報告指揮官：安全防護組已編成3組（2人/組）任務分配檢查各建築物或硬體有無損毀、傾倒等。註：巡視檢查本校建物通報指揮中心。〔依本校建物及疏散危險判定表〕		支援安全防護組巡檢建物。	
（四）緊急救搜與救助	9：31	搜救學生及傷患救助	2名學生失聯 (1)指揮官：目前發現2年4班學生於C棟1樓，發現3年1班學生失蹤於B棟2樓，請搶救組攝組帶救援工具，依班級疏散路線回溯巡視，注意意外傷害或受困於教室或建物內之學生，另於安全防護組巡檢時一併協助。完畢。	協助指揮官掌握各組執勤狀況。	避難引導組至各班集合區視各班學生情形並持續協助疏散及情形維護。	(2)組長：指揮官，搶救組已編成2組（2人/組）派遣人員回溯至2年4班、3年1班找尋及救援。完畢。註：尋獲回報並協助送至緊急救護站。	(3)組長：報告安全防護組收到，註：優先協助搶救組尋找學生。	協助集合場地需要照護的傷患（包含有關注特殊疾病學生）。	協助搶救組找尋及照護失蹤學生。	安撫學生，任課教師隨時意現場狀況。（師生先靜坐）
		1名學生跌倒受傷（扭傷）	回(1)：收到。 回(2)：收到。	協助指揮官掌握各組執勤狀況。	避難引導組至各班集合區視各班學生情形並持續協助疏散及情形維護。	(1)組長：報告指揮官，搶救組立即派2名人員前往護型至現場。完畢。		(2)組長：報告搶救，護型學生送達至緊急救護站，已進行傷勢處理。	協助緊急救護組護型學生。	安撫學生，任課教師隨時意現場狀況。（師生先靜坐）

演練進程	時間	情境設定（狀況內容）	指揮官發言人		通報組 組長：代理：組員：4 人	避難引導組 組長：代理：組員：46 人	搶救組 組長：代理：組員：5 人	安全防護組 組長：代理：組員：8 人	緊急救護組 組長：代理：組員：7 人	機動組 組長：組員：24 人	各班師生 35 班共 1043 人
	09：40	傷患救助	被重物壓住，無法脫困，手部擦傷流紅腫，尋找送急救站檢傷	(三)請搶救組（或安全防護組）將受傷學生送醫院脫困，送急救站。(五)請緊急救護組並請連續送回原班班導察，請通報組連續繫家長知悉。	(6) 協助導師連繫家長，轉知學生狀況安全。註：通知家長後回報指揮官。	持續巡邏並查報各班學生秩序。	(2) 報告指揮官，搶救組也到達現場，會傷送學生儘快到急救站。	(1) 報告指揮官，在 C 棟 2 樓發現 2 年 4 班受傷學生吳○終，該生被倒塌櫃子壓住，目前己協助該生移動。生手部外觀挫傷紅腫（無出血情形）。完畢。	(4) 報告指揮官，2 年 4 班受傷學生吳○終送達急救站，初步檢視及經處理後，仍可回到班。註：待命尋視有無心狀況，檢視領回；有需後送請連繫救護車位（或自助送醫）。〔教職員工生送醫名單〕	待命	關注受傷學生狀況，安撫情緒。
			因吊燈墜落，制傷腿部無法行走，尋找送急救站	(三)請搶救組（或安全防護組）將受傷學生送醫院脫困，送急救站。(五)請緊急救護組安置在急救站繼續搶救，請通報組連繫家長知悉。	(6) 協助導師連繫家長，轉知學生狀況安全。註：通知家長後回報指揮官。	持續巡邏並查報各班學生秩序。	(2) 報告指揮官，搶救組也到達現場，利用折疊式擔架將學生搬至急救站。	(1) 報告指揮官，在 B 棟 2 樓發現 3 年 1 班受傷學生張○其，該生因吊燈墜落砸到腿部（有出血），協助搬至急救站。完畢。	(4) 報告指揮官，3 年 1 班受傷學生張○其送達急救站，初步檢視及防疫進行檢察。註：待命協助檢視尋視有無心狀況可請導師領回；有需後送請連繫救護車位（或自助送醫）。〔教職員工生送醫名單〕	待命	關注受傷學生狀況，安撫情緒。

演練進程	時間	情境設定(狀況內容)	指揮官發言人	通報組 組長： 代理： 組員：4人	避難引導組 組長： 代理： 組員：46人	搶救組 組長： 代理： 組員：5人	安全防護組 組長： 代理： 組員：8人	緊急救護組 組長： 代理： 組員：7人	機動組 組長： 組員：24人	各班師生 35班共1043人
(五)複合式災害處置回報	09：45	國小廚房火警	警鈴響起，濃煙竄出，發現災損，開始進行安全防護警戒。	(2)請搶救組派員先關閉消防警鈴，並攜帶滅火器前往廚房協助滅火並注意自身安全。 (4)請通報組立即通知搶救組滅火。請緊急救護組待命協助處理傷患同仁。 (6)請避難引導組協助搶救組引導消防門協助消防至廚房。	(5)組長：通報。立即通報，通報隱患，消息，通報各分隊，回報指揮官 (8)請安全防護組制火場警示周遭（拉起封鎖警示帶），禁止進入並待命警戒。 回(10)：收到，收到，請持續觀察必要時務必送醫檢查診治。	(7)組長：避難引導組收到。（火勢撲滅），報告指揮官，消防分隊已到，本組將引導消防分隊至廚房。	(3)組長：收到，立即前往。（使用滅火器，火勢減弱）報告指揮官，火勢過大，無法撲滅火，人員已退到安全距離，請消防隊再利用現有設備滅火。另外，有組員輕微嗆傷，已送至急救站。	(1)組長：報告指揮官，國小廚房有濃煙竄出。（依實際狀況）報告指揮官，火勢再判斷是否撤退行動。(9)安全防護組收到，已派組員拉起封鎖線，並派員於周邊警戒。	(5)組長：收到。(11)報告組指揮官，諸竹老師確生大礙，目前留在救站中，證：醫療受備人員資料。	如有傷患，協助緊急救護組。	師生迅速離開火場，如位於濃煙瀰漫狀況下，立即疏域避難，煙霧時緊至無。
(六)後續校園災報及相關單位	09：55		1.網路通報校安中心 2.通知教育局相關局處 3.回報教育局相關局處客庭 4.利用消防災卡平安留守平安留言	(2)組長：收到。通報單位：A.網路通報校安中心 B.通知災害應變中心 C.回報教育局相關局處 (3)1991報平安留言	持續巡視全校，查看師生是否需要協助，必要時協助維持現場秩序。	待命	火場警戒並救護全校及相關維持秩序。	持續觀察救受備人員，並推多班特殊學生狀況。必要時給予相關協助。	協助安防護組維持場秩序。	安撫學生，如有口渴者，水給學生隨時觀察天氣狀況，適時可拿下頭套。倒走

演練進程	時間	情境設定（狀況內容）	指揮官發言人	通報組 組長： 代理： 組員：4人	避難引導組 組長： 代理： 組員：46人	搶救組 組長： 代理： 組員：5人	安全防護組 組長： 代理： 組員：8人	緊急救護組 組長： 代理： 組員：7人	機動組 組長： 組員：24人	各班導生 35班共1043人
（七）學生安置（家長接回）	10：00	心靈撫慰	(1)指揮官針對地震發生使用簡易廣播設備，向全校師生宣導安全師生：請演練引導組討導家長接您回去（名字）。(2)…(3)請安全防護組確認建物安全。	(3)2年4班學生吳○鈴，緊急服務長到校要您的家長接您回去。(5)3年1班學生張○琪，緊急服務長到校要您的家長接您回去。	(2)組長：報告指揮官，剛發生地震，有部分家長要領學生現正在災時家長要領送回等候。（廣播接回）	待命	(4)組長：報告指揮官，本組已依建物危險判定各棟建物，並無任何狀況。	待命	支援安全防護組巡視各棟建物，有狀況。	2年4班友3年1班學生由導師送至緊急服務站，支給家長接回。（學生家長要簽名領回，自行接送同意書）
（八）演練結束、召開檢討會	10：10	檢討	回(4)：收到，請各班導示引領學生安靜返回教室。後續震應持續教室如有搖晃仍依示地掩蔽及避難。另外，請各組整理相關器具，進行復原動作。(1)請各組組長至學務處召開檢討會議	(2)收到。	(3)收到。	(4)收到。	(5)收到。	(6)收到。	(7)收到。	帶領學生回教室。

資料來源：新北市三峽區北大國小演習計畫，2020

7.4 演練方式

　　初期演練可依各班級、年級或樓層（棟別）分別演練，待熟悉掩護動作和避難疏散路線後，再進行全校演練。依據可能發生之災害類型、規模、時段（例如：上課、下課、午休或夜間宿舍），依實際需求設計並辦理，例如：通訊對講機練習、避難疏散演練、警報測試與廣播等。先以單一災害情境、可預警方式進行演練，待熟悉應變流程後，再逐步加入多種災害情境或進行無預警演練，避免演練僵化。

　　演習大多是預警，但也可以是無預警。對於初步規劃演習的學校，除了應該透過多次小型演習，來逐步建立舉行大規模演習的能力外，在不熟悉演習流程如何執行的狀況下，不建議採行無預警演習。但是對於已經具備多次大規模演習經驗且建構一定能力的學校，在熟知各個細節與操作程序之後，可依據不同的災害潛勢，進一步執行無預警演練，設定不同時段、不同場景加以演練，把演習演練視為真實事件來面對。但是，必須注意所有參加演習成員的安全，學校在執行演習時，也必須盡可能避免受傷的風險。

7.5 演練紀錄及檢討

　　演習過程必須詳實記錄，從籌備到檢討，將各種面對過的問題完整記載，作為調整後續規劃的參考。

　　演習的目的在找出問題並改善，不是演戲，因此必須擺脫「完美演出」的迷思，檢討的目的在於確認演習是否達到原本設定的目標，並找出可以精進的方向。因此，演練結束後，須召開檢討會議，確實檢核緊急應變小組是否確實執行肩負任務，全校教職員工生是否正確並落實執行防災演練避難、疏散、搶救及安置等動作，同時記錄改善建議並針對檢討內容

滾動式修正「校園災害防救計畫」、防災地圖、設施設備等，作為下次演練強化項目，提升整體災害應變能力。指揮官或各班導師亦針對學生總結演練過程可以持續改善之處，強化學生對防災演練及應變作為的印象。

第8章 學校作爲避難收容處所的規劃及準備

8.1 學校作爲社區災害避難處所的必要性

　　大規模災害發生時，社區民眾可能因爲房屋毀損、水電中斷或者心理不安等因素，必須離家尋求避難處所。社區因地理區位、人口結構、城鎮密度等因素不同，而有多樣性的避難收容處所選擇。避難收容處所依據災後的時序，分爲不同的層級，包括：緊急避難場所、臨時避難收容處所及中長期收容安置處所。其中由於對應大規模災後的大量民眾避難需求，臨時避難收容處所必須具備支援社區生活所需的功能，因此需特別指定與規劃，並依據社區特性，有幾種不同的選擇，例如：活動中心、體育場館、宗教設施、學校等。以日本爲例，多數的臨時避難收容處所都規劃在學校（見表 8-1），主要因爲大部分學校爲政府所有，尤其日本的中小學爲市町村直接主管，在指揮調度上能夠配合，更因爲學校與社區關係緊密，廁所數量與比例是所有公共設施中最多。部分學校具備防災倉庫、游泳池、備用水源、備用電源、防災通訊網等設施機能，因此無論是偏鄉地區或者都市區域，都仰賴學校提供場所作爲民眾在大規模災害後的避難使用。例如：日本神奈川縣橫濱市，便將各種災害的避難行動，與學校支援的方案明確地公布在政府資訊中（圖 8-1）。

表 8-1　東京都北區避難場所

番号	避　難　所　名　称	所　在　地	地図索引
避難所（荒川が氾濫した場合）			
1	桐ケ丘郷小学校	桐ケ丘1-10-23	C-3
2	八幡小学校	赤羽台3-18-5	D-3
3	稲付中学校	赤羽西6-1-4	C-4
4	旧第三岩淵小学校	西が丘1-12-14	D-4
5	西が丘小学校	十条仲原4-5-17	E-4
6	梅木小学校	西が丘2-21-15	D-4
7	王子第三小学校	上十条5-2-3	E-4
8	赤羽台西小学校	赤羽台2-1-34	D-3
9	旧赤羽台東小学校	赤羽台1-1-13	D-3
10	桐ケ丘中学校	桐ケ丘2-6-11	C-3
11	十条台小学校	中十条1-5-6	F-5
12	王子第二小学校	王子本町2-2-5	F-5
13	荒川小学校	中十条3-1-6	E-4
14	王子第五小学校	上十条2-18-17	E-5
15	十条富士見中学校	十条台1-9-33	E-5
16	旧富士見中学校(学校法人帝京大学)	上十条3-1-25	E-5
17	滝野川もみじ小学校	滝野川3-72-1	F-5
18	旧滝野川第六小学校	滝野川5-44-15	F-6
19	谷端小学校	滝野川7-12-17	F-6
20	滝野川第三小学校	滝野川1-12-27	G-5
21	滝野川紅葉中学校	滝野川5-55-8	F-6
22	滝野川第二小学校	滝野川6-19-4	F-6
23	飛鳥中学校	西ケ原3-5-12	H-6
24	西ケ原小学校	西ケ原4-19-21	G-6
25	滝野川小学校	西ケ原1-18-10	I-6
26	田端中学校	田端6-9-1	I-6
27	田端小学校	田端5-4-1	J-6
28	旧滝野川第七小学校	田端4-17-1	I-6
29	旧滝野川中学校(北区役所滝野川分庁舎)	滝野川2-52-10	G-5

資料來源：東京都，2017，東京都北区洪水ハザードマップ～荒川が氾
濫した場合～

　　臺灣目前在法規上，並沒有必須將學校指定為臨時避難收容處所的規定，但就過去的災害經驗與目前防災的實務操作上，多數的直轄市縣市政府及鄉鎮市區公所，仍然傾向於將高中以下學校納入社區避難場所，主要原因與日本的做法相近，著眼於學校與社區的緊密關係與環境上的相依性。

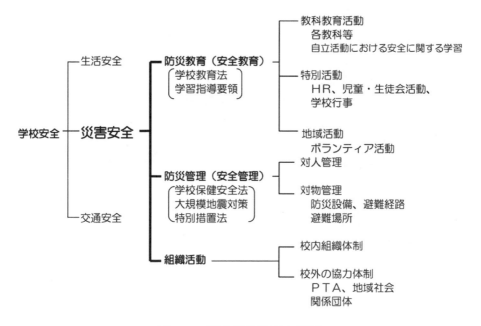

圖 8-1　學校安全的三大領域

資料來源：東京都教育委員會，東京都学校危機管理マニュアル，2013

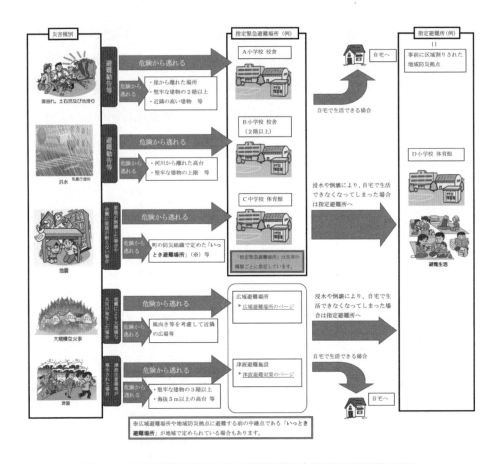

圖 8-2　神奈川縣橫濱市學校與各種災害避難的關聯性圖示

資料來源：橫濱市指定緊急避難場所開設指示，https://www.city.
yokohama.lg.jp/kurashi/bousai-kyukyu-bohan/bousai-saigai/
wagaya/jishin/place/yogo/hinan.files/0033_20180911.pdf（瀏覽
日期：2020.5.3）

8.2 社區防災整備與學校的合作

　　臺灣的各級學校由教育局處或教育部主管，並非鄉鎮市區公所管轄，
也非村里長的工作職掌範圍，但是學校必須與第一線的社區保持緊密的關

係來維繫校內外各種功能的正常運作，並共同維持校園與社區的安全。日本文部科學省曾經以學校安全對策為主軸，呈現學校與周邊機構與社區的關聯性（圖 8-3），可以看出學校作為社區的一份子，在安全議題上無法置身事外。

在現代社會所面對的大規模災害中，地震及海嘯是無法預測且對於建築物及基礎設施破壞性最為嚴重的災害。地震與海嘯的發生並不侷限於任何時間，對學校而言，可能在上學期間發生，也可能在夜間與假日發生。對學校的職責而言，第一優先是確保與確認學生的安全，這個工作並不區分上學或者放學時間，如果在上學期間遭遇大規模災害，學校責無旁貸負起照顧學生的責任，但即使是放學後，社區遭遇地震襲擊，從過去的經驗來看，學校不僅要確認校園的受災狀況，也必須查證與通報學生的狀況，也可能因為部分家長在災後必須返回工作崗位，需要將學生安置在學校。

臺灣各地方政府的實務規劃上，已經有許多學校被指定為社區的臨時避難收容處所，例如：臺北市、新北市等地，學校也被指定為優先或常設開設地點，標註於第一線的里防災地圖上（圖 8-4、圖 8-5），並且定期與社區合作推動防災避難演習。其中，新北市板橋區江翠國中，不僅被指定為常設性避難收容處所，收容人數更規劃高達 2,895 人（表 8-2）。

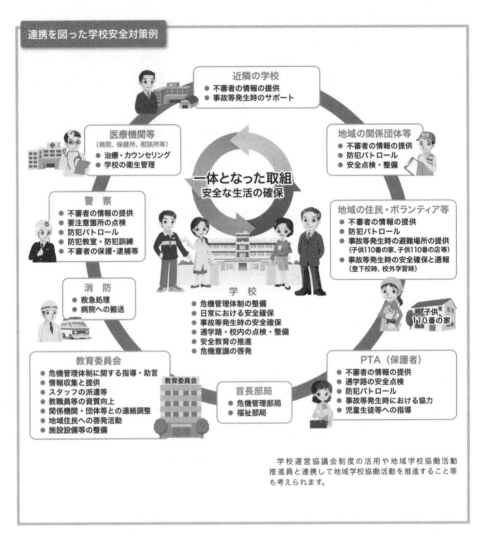

圖 8-3　學校與社區安全的合作

資料來源：日本文部科學省，2019

圖 8-4　臺北市中山區劍潭里防災地圖

資料來源：臺北市政府，2019

圖 8-5　新北市板橋區江翠里防災地圖

資料來源：新北市政府，2018

表 8-2 新北市板橋區公所 109 年度避難收容處所（摘錄）

109 年 02 月 11 日製表

收容避難所（避難所編號）	收容所（避難所）名稱	所在里	地址	所在樓層	聯絡人員及所在里別	聯絡人路公室電話	聯絡人手機	管理人及所屬人員職稱	管理人路公室電話	管理人手機	勇合避難弱勢安置（是/否）	收容人數 合計	收容人數 室內最大	收容人數 室內最小	收容人數 室外	可收容面積 室內最大	可收容面積 室內最小	可收容面積 室外	水災	土石流	震災	海嘯	常設避難收容處所（是/否）	同時為疏散避難收容場所（是/否）
SF220-0021	忠孝國中	福星里	新北市板橋區成都街30號	和平樓1樓（詳122、123、116）	杜X寬（組長）	29631350 分機232	0918XXX727	陳X寬（主任）	29631350 分機230	0921XX710	是	455	60	40	385	240	160	3086	是	是	是	否	否	否
SF220-0022	新埔國中	新海里	新北市板橋區新海路181號	禮堂前多功能藝志孝樓3樓	吳X育	22572275 分機512	0911XXX042	井X員	22572275 分機388	0922XX458	是	1251	411	391	840	1645	1564	6720	是	否	是	否	否	否
SF220-0023	中山國中	新民里	新北市板橋區文化路1段188巷56號	朝博樓（活動中心）3樓會議室、3樓視聽中心	井X堂（主任）	22508250 分機230	0912XXX892	陳X武（校長）	22508250 分機201	0988XX849	是	2280	1155	1135	1125	4621	4540	9000	否	否	是	是	否	否
SF220-0024	江翠國中	文化里	新北市板橋區松江街63號	學生活動樓1-3樓	林X吉（主任）	22518007 轉260	0918XXX856	郭X秀（校長）	22518007 轉210	0939XX636	是	2895	986	965	1909	3945.5	3864	15272	是	是	是	是	是	是
SF220-0025	光復高中	音賢里	新北市板橋區光環路1段1號	鳳來樓大樓、第1棟學生會樓公室、5樓視聽教室	蔡X玲（組長）	2958366 分機141	0915XXX950	陳X文（主任）	2958236 分機141	0937XX805	否	302	191	171	111	765	684	890	否	否	是	否	否	否
SF220-0026	溪崑國中	崑崙里	新北市板橋區大觀路三段30號	活動中心1樓、2樓、功能教室50、1樓	朱X惠（主任）	26809727 分機380	0913XXX606	胡X超（幹事）	26809727 分機384	0919XX406	是	728	222	202	506	891	808	4050	是	否	是	是	否	否

資料來源：新北市政府，2020

8.3 學校必須具備的設施與機能

　　為因應大規模災後的避難收容需要，學校必須有對應的設施與機能。以日本神奈川縣橫濱市為例，該市對於學校的防災設施如何建置，如何因應支援避難者生活的需求，有完整的概念圖示（圖 8-6），且事前就必須針對避難收容處所的空間配置方案有完整的討論（圖 8-9）。由於日本基於《大規模地震特別措置法》，內閣府與地方政府逐年編列特別預算建置學校的防災設施，與一般教育經費分流處理。舉凡：防災儲備、防災倉庫、緊急供水、臨時浴廁管線、備用電力供應等，都是由防災的預算支應學校建設，並不會排擠學校的教育資源，更能夠強化學校平時的機

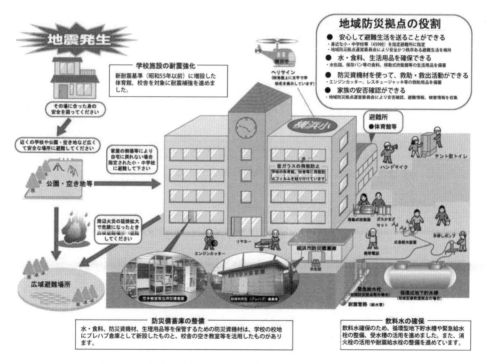

圖 8-6　地區指定避難場所與學校整合建設示意圖

資料來源：橫濱市地區防災據點指示，2018

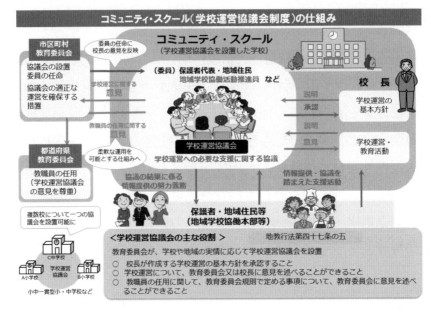

圖 8-7　社區與學校協同運作制度示意圖

資料來源：日本文部科學省，https://manabi-mirai.mext.go.jp/torikumi/ chiiki-gakko/cs.html（瀏覽日期：2020.8.3）

圖 8-8　災後避難收容時序圖

資料來源：日本文部科學省，2012

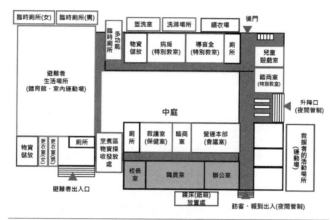

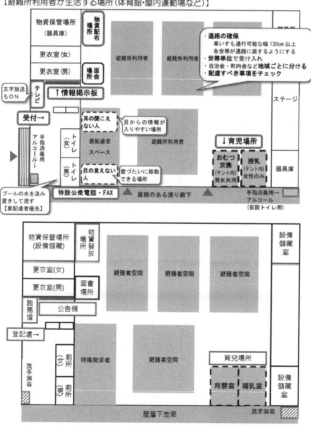

圖 8-9　日本避難所整體規劃空間配置圖

資料來源：靜岡県避難所運営マニュアル，2018

能。事實上學校建置防災設施是依照災後不同時期學校支援避難收容的需
求來規劃，日本內閣府所定義的大規模地震災後學校的四個因應時期（圖
8-10），包括：救命避難期、生命確保期、生活確保期、學校機能再開
期。

救命避難期，學校需維持校園安全，並且協助避難收容作業的進行。
此時學校本身必須具備緊急通訊系統，例如：對外的防災無線電通訊設
備、衛星電話等，來確認各種資訊能夠有效的橫向與縱向傳遞。在生命確
保期與生活確保期，必須有足夠的浴廁數量、照明設施、電力與空調設
備、物資調度儲放空間、生活必需物資、居住空間，並考慮弱勢人口特別
需求等。

8.4 避難收容管理體系的規劃

日本於 1995 年阪神地震後，爲確保大規模災害發生後的第一時間，
即使缺乏政府單位協助，受災地區仍能順利開設避難所進行民眾安置及物
資發放等工作，規劃以當地居民（包含自主防災組織、自治會）、市町村
政府主管單位、設施管理者（學校）共同組成的「避難所整備委員會」
（以下簡稱委員會），負責避難所的平時規劃整備及災時的開設營運。委
員會於避難所開設後，會陸續將其他相關利害關係人納入運作組織，掌握
各方的資訊及意見，確保避難所順利運作，隨著災後時間推移，委員會成
員會有不同的變化（圖 8-11）。

在臺灣，因爲法令和實務上的各種因素，學校人員不宜擔任避難收容
處所之指揮官及管理人員，但有義務配合政府要求提供相關空間或支援協
助收容空間區劃及設施整備。爲此，有必要檢視平時合作機制、學校設施
設備與避難收容處所資源整備的責任分擔。

以日本的規劃經驗來看，學校教職員並非直接介入避難收容處所開設

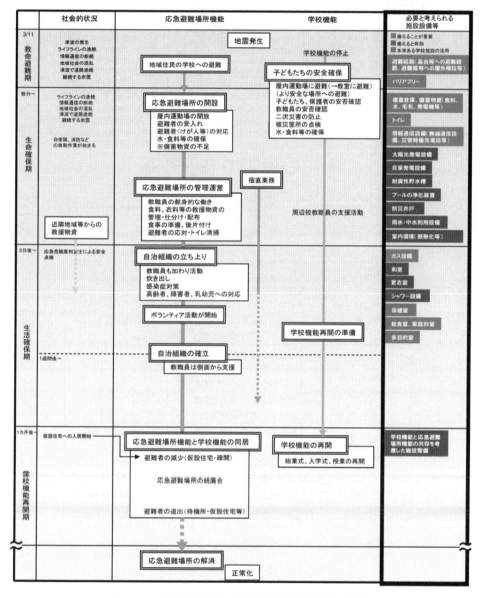

圖 8-10　學校設施設備與避難時序對應示意圖

資料來源：日本文部科學省，2012

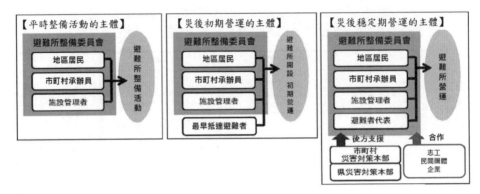

圖 8-11　避難所整備委員會變化圖

資料來源：高知県大規模災害に備えた避難所運営について，2014

組織等	役　割
避難所運営組織 (避難所利用者による)	・避難所の運営主体 ・地域のマニュアル等に基づく避難所立ち上げ後は、自主防災組織等から速やかに運営を引継ぎ、利用者全員をメンバーとする「避難所運営組織」を立ち上げる.
自主防災組織 (地元自治会)	・避難所の立ち上げを主導する (適宜、「避難所運営組織」に体制を移行する) ・避難所や地域住民への情報伝達 ・在宅避難者の把握及び支援 ・地域全体の防火・防犯活動
避難所施設管理者 (学校等)	・市町職員と連携し施設・設備の被害状況や安全性の確認 ・施設管理 ・避難所の運営支援(おもに施設、備品)
市町職員	・施設管理者と協力して避難所の開設・解消(閉鎖) ・市町災害対策本部(以下、「市町本部」という)との連絡調整 ・避難所の運営支援

※ 市町職員を避難所に配置(常駐)させずに、被災者支援の拠点となる施設のみへの配置を計画している市町もあります。

圖 8-12　避難所營運主體的組成

資料來源：靜岡県避難所運営マニュアル，2018

業務，而是由社區防災志工組織與政府合作來運作避難收容處所。學校教職員工的任務仍然集中於確保學生安全、確保校園設施正常運作與環境安全，其他開設分工則交由避難收容處所的自治委員會。

　　實際開設委員會內部會進行任務分班，分班種類會隨避難所的開設時間、避難者需求等情況進行彈性變更，各市町村在初期所規劃的分班種類也不盡相同，但工作內容大同小異，分班成員平時仍以當地居民（自主防災組織、自治會）為主進行避難所整備，災時則將志工團體、避難者等納入分班，進行避難所的運作，分班架構可參考圖 8-13。

表 8-3　平時任務分班內容

任務分班名稱	任務內容
總務班	指定避難所、內部空間規劃及硬體設施之整備事項
資訊宣傳班	1. 掌握地區民眾資訊，尤其年長者、身障人士及外國人等特殊需求者 2. 避難所相關資訊之宣導 3. 與外部支援團體之合作 4. 避難所之防災教育及開設演練
救護班	1. 醫療服務的技能培訓 2. 掌握地區擁有醫療專業背景之人員 3. 管理醫療資源等設施設備 4. 與衛生單位合作，進行防災教育及訓練
食品物資班	1. 食品物資的整備、災時管理及任務分工 2. 組織的防災教育、技能訓練

表 8-4　災時任務分班內容

任務分班名稱	任務內容
總務班	1. 掌握避難所的安全性及各項設施設備正常使用 2. 確保各分班的任務清楚分工及運作順利 3. 制定避難所生活規範 4. 建立避難者名冊 若避難者人數較多，關於避難所的生活規範及避難者的名冊建立，會額外建立專門管理避難者的分班，當收容情況穩定後，會再進行整合。
資訊宣傳班	1. 與災害對策本部維持聯繫，定期回報避難所情形 2. 管理及發布避難者資訊，建立民眾聯繫窗口 3. 建立與各相關單位的聯繫窗口，如：學校、政府機構、醫院及外部支援團體間資訊提供及接收 4. 負責對外的資訊傳播，避免不實消息及錯誤資訊
救護班	1. 提供緊急的醫療服務 2. 與外部支援團體建立醫療合作組織，管理避難民眾之健康 3. 建立心理諮詢組織提供諮詢服務，安慰避難民眾
食品物資班	1. 負責食品及民生物資的供應、管理 2. 管理避難所內部設施設備，並因應避難民眾需求進行改善 當避難所規模較大時，會將食物提供及物資管理進行分班，專業化分工，確保供給民眾食物的品質不受影響，物資管理及調度也更加迅速。
生活環境班	1. 場所衛生管理 2. 避難者健康管理 3. 寵物管理 4. 管理避難收容內秩序，預防犯罪及防止火災發生 5. 管理避難所內部設施設備 6. 因應民眾避難需求進行改善 由於生活環境班所負責的項目繁雜，因此若避難所開設規模大或避難者數量多，各工作項目會在進行專業化的分工，使避難所營運得更加順利，並維持避難所內的生活品質。
志工團隊	1. 志工受理及人員管理 2. 志工任務分配

任務分班名稱	任務內容
居住班	由避難者組成，以居住空間爲單位，推派班長負責回報各班需求及管理各班秩序；在車內避難以及在自家避難者，也應進行分班，確保委員會掌握整體避難人數之情況。

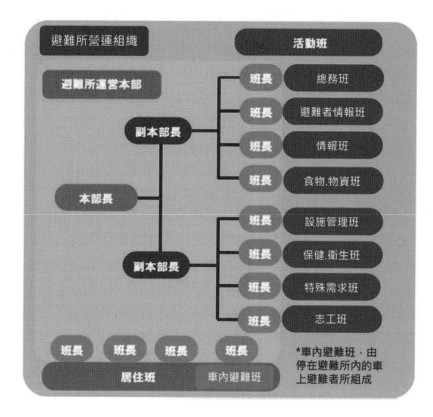

圖 8-13　避難所營運組織範例架構圖

資料來源：靜岡県避難所運營マニュアル，2018

第9章 總結：防災教育的本質

9.1 從過去到未來：從心出發的生命教育

　　根據國際災害資料庫（EM-DAT）統計，2019 年全球重大災害事件共有 361 件，造成 11,719 人死亡，9,129 萬人受影響。全球重大災害事件包含：印度季風降雨長達二個月、巴哈馬因多利安（Dorian）颶風滅島式災害、日本遭受哈吉貝（Hagibis）颱風侵襲、美國加州野火擴大導致全州進入緊急狀態、南美洲亞馬遜雨林野火延燒八個月之久、澳洲森林野火狀況延續至 2020 年等，大規模災害幾乎成為生活的日常。世界氣象組織（World Meteorological Organization, WMO）指出，2019 年全球平均溫度比工業革命前提高 1.1℃，是近 10 年來第二高溫，從氣候變遷（Climate Change）、氣候危機（Climate Crisis）到氣候緊急狀態（Climate Emergency），讓我們深刻省思環境永續及防災工作的重要性。

　　自助與韌性會因為受災才被重視，這似乎是人性，也是防災教育的挑戰。面對南海海槽錯動可能有 34.5 公尺高的海嘯威脅，日本高知縣的孩子們告訴我們：「面對災害，即使沒有人陪伴，我們也要好好的、努力的活下來。」日本宮城縣走過 311 大地震、海嘯、核災，孩子們用行動回應：「走過災害，我們會堅強的活下去，勇敢過生活。」防災教育就是生活教育，也是生命教育。

　　只是，大家對於實體建築結構的興趣遠多於對使用需求的真正了解，專注於專家決策系統的思考方式，缺乏與社區脈絡連結，忽略或低估了政治、經濟和社會力量的作用。實際上，風險中的人為因素形成了社會資源

分配及人們取得避災並改善生存機會的權利機制，這些都是政治及社會運作的結果。實質環境、經濟、政治和社會因素的複合，疊加了人對災害的脆弱度。缺乏安全議題的討論，更不利於責任分擔的精神。

災害管理是管理「人」，而非管理「災害」，因應對策必須回應「人」的特性與可能反應，著重於情境想像、緊急思維、災害心理、責任分擔的思考，此事背後其實有一個被忽略的核心價值：「生命的重要性」。為了讓人們看清危害及生命的脆弱性和寶貴，有必要認知安全與生存並非必然，而是個人行動選擇的結果，透過思考生命的珍貴，廣泛認知生存的意義，因此防災教育也是生命教育的一環。

「生存」是所有人面對災害最重要的目標，也是災害管理專業者的首要任務。巨災常態化，責任分擔，面對災害的生存需要更多的準備，生存適應的關鍵在於人的心理素質建構，人並沒有習慣接受風險，但這卻是我們必須接受的事實與養成的習慣，使用者「緊急行為」、「災害心理」的差異應該有更深入的研究探討，生命的意義與生存的價值，需要自我覺察體會。

9.2 防災教育力與防災文化

為因應極端氣候的影響頻率快速升高且持續加劇，聯合國結合「永續發展（Sustainable Development）」、「氣候變遷」、「災害管理（Disaster Management）」，以降低脆弱度及提高韌性作為核心策略，陸續通過永續發展目標（Sustainable Development Goals, SDGs）、氣候變遷《巴黎協定（The Paris Agreement）》及《仙台減災綱領 2015-2030（Sendai Framework for Disaster Risk Reduction 2015-2030）》，呼籲世界各國共同行動。

災害隨時都會發生，必須從學校開始建立防災文化，「建構韌性，防

災校園」作爲新階段的防災教育願景，「以判斷原則的教育，取代標準答案的訓練」爲重要的核心概念。防災教育應從一般學校逐步拓展至幼兒教育、特殊教育等場域，藉以因應更不可預期、更複雜的大規模災害之全球趨勢，進而以學校作爲社區防災教育的核心，提高社會整體的災害韌性。例如：學校師長會引導學生拜訪獨居老人、社區居民的家中，以獨居老人的觀點，規劃逃生路線或協助規劃避難災害相關事宜，並從中發現社區當中阻礙逃生的路線或是障礙，加以排除，以學生的觀察，協助社區健全防災避難規劃，這不僅只是爲了防災教育的本身，還有更多傳承和關心社區的潛在意義。

　　每個人都是在長時間意識灌輸引導與社會經驗形塑下，才形成今天的認知。任何轉變，都是對自我信仰與認知脈絡的挑戰，如果又牽涉到私人利益的相對剝奪，決策過程往往更加複雜。議題要花時間經營，要一步一步踏實的走，就像現在推動的防災教育一樣，秉持同理心，找到對的方法，從小扎根、深化，寄望成爲下個世代先備的能力。

　　防災教育的參與是成長內化的開始。如果一生中都沒有遇到災害，並且不必使用防災工具，當然很幸運。但是，可以將防災技能傳給下一代或其他地區。防災教育的成果不僅只是「用到」防災知識與技能，正確知識與觀念傳播的程度也是重要的成果。然而，議題的重大變革，總要歷經 2 至 3 個代際轉換，才能形成穩定的「文化」。一代影響一代，一個學生改變一個家庭，一個社區轉動一個地區，十年、廿年後成效必然可觀，防災生活化、文化化，應該成爲每個人、家庭、學校、社區生活的一部分。

參考文獻

中文文獻

全國教師會、臺大921災後心理復健小組、臺灣大學心理學系（1999）。921 大地震災後心理輔導手冊，http://921.heart.net.tw/921guhandbook.shtml

公共危險物品及可燃性高壓氣體製造儲存處理場所設置標準暨安全管理辦法，附表一、公共危險物品之種類、分級及管制量民國108年06月11日修正（2019）。內政部。

劉宗德（1979）。公務員侵權行為與學校事故責任之研究。政治大學法律學研究所碩士論文，9頁。

劉國兆（2003）。私立學校教師權利之研析。**教育研究期刊**，第109期，70頁。

王价巨（2010）。氣候變遷，災害管理新挑戰。**營建知訊**，第327期，9-14頁。

王价巨（2014）。當代災害管理的發展趨勢與體系建構。「大數據時代下複合型災害治理」學術研討會，國立臺北大學公共事務學院。

王价巨（2016）。校園災害管理的系統性架構——永續減災思維取徑。科技部專題研究計畫（計畫編號：105-2221-E-130-001）。

林呈、孫洪福（2000）。**見證921集集大地震——震害成因與因應對策，初版**。臺北市：麥格羅希爾。

何文達（2002）。校園意外事件處理程序之案例推理研究。國立東華大學教育研究所碩士論文，214頁。

許育典、劉惠文（2010）。教育基本權與學校事故的國賠責任－兼評臺灣高等法院九十二年上字第四二二號玻璃娃娃判決。**政大法學評論**，第113期，185-244頁。

王价巨、單信瑜、馬士元（2018）。防減災及氣候變遷調適教育推動及成效評估計畫。（教育部委託）

王价巨、單信瑜、馬士元、馬國宸（2020）。建構韌性防災校園與防災科技資源應用計畫。（教育部委託）

王价巨、蔡寧又（2020）。學校災害管理評估指標系統之建立，**都市與計劃**，

第 47 卷第 1 期，87-109 頁。

校園災害防救計畫撰寫指引（2020）。教育部。

教育部主管各級學校及所屬機構災害防救要點（2020 年 7 月 22 日）。

劉家男（2015）。**104 年度區域防災及氣候變遷調適教育服務推廣團計畫（中區）期末報告**。（教育部委託）

劉家男（2016）。**105 年度防減災及氣候變遷調適教育區域服務推廣團計畫期末報告**。（教育部委託）

胡怡欣（2005）。創傷後成長的內涵與機制初探：以 921 地震為例。國立臺灣大學心理學研究所碩士論文。

天然災害停止上班及上課作業辦法，民國 112 年 3 月 15 日修正（2023）。行政院人事行政總處。

山坡地保育利用條例（2019）。農業部。

謝淑敏（2013）。艾莉風災中國中原住民族學生的創傷、因應與復原歷程分析——以學校為基礎的災後心理復原工作。**中華輔導與諮商學報**，第 35 期，1-38 頁。

張玉慧（2001）。公立中小學學校事故中教師之法律責任分析。國立臺灣師範大學公民訓育研究所碩士論文，143 頁。

張炳仁（2005）。校園事故之國家賠償責任研究——以公立中小學為中心。國立中正大學法律所碩士論文，133 頁。

葉怡梅（2014）。921 地震受創者心理症狀與創傷後成長之研究。國立政治大學輔導與諮商碩士學位學程碩士論文。

劉惠文（2008）。學校事故的國家賠償責任。國立成功大學法律學研究所碩士論文，155 頁。

姚大鈞、單信瑜（2015）。**緊急應變計畫——理論與實務**。臺北：臺灣防災產業協會，180 頁。

盧作彬（2008）。學校教師行為國家賠償責任之研究。東海大學法律學系碩士論文，165 頁。

英文文獻

Abramson, D., & Garfield, R. (2006). *On the Edge: Children and Families Displaced by Hurricanes Katrina and Rita Face a Looming Medical and Mental Health Crisis.* New York: Columbia University Mailman School of Public Health.

Abramson, D., Redlener, I., Stehling-Ariza, T., & Fuller, E. (2007). *The legacy of Katrina's children: Estimating the numbers of at-risk children in the Gulf Coast states of Louisiana and Mississippi.* New York: Columbia University Mailman School of Public Health.

ActionAid (2011). *Disaster Risk Reduction through Schools Final Report.*

ActionAid (2009). *Disaster Risk Reduction through Schools: A Groundbreaking Project.* Johannesburg. South Africa: ActionAid International.

Adger, W. N., Hughes, T. P., Folke, C., Carpenter S. R., & Rockström, J. (2005). Social-ecological resilience to coastal disasters. *Science, 309*(5737), 1036-1039.

Aldrich, N., & Benson, W. F. (2008). Disaster preparedness and the chronic disease needs of vulnerable older adults. *Preventing Chronic Disease*, *5*(1), 1-6.

Alexander, D., Gaillard, JC., & Wisner, B. (2012). Disability and disaster. In: Wisner B, Gaillard J. C, Kilman I eds. *Handbook of hazards and disaster risk reduction.* London: Routledge. 413-423.

Alexander, D.(2002). *Principles of Emergency Planning and Management.* England: Oxford University Press, 340.

Allan, P., Bryant, M., Wisching, C., Garcia, D., & Rodriguez, M. T. (2013). The influence of urban morphology on the resilience of cities following an earthquake. *Journal of Urban Design, 18*: 241-262.

American Psychiatric Association (2000). *Diagnostic and statistical manual of mental disorders (4th Ed., Text Rev.).* Washington, DC: Author.

American Red Cross (2008). *Masters of Disaster.* Retrieved from http://www.redcross.org/disaster/masters/.on 04/09/2015

Americans with Disabilities Act. (1990). 42 U.S.C.A. Section 12101 et seq. (West 1993).

Amri, A., Bird, D. K., Ronan, K., Havnes, K., & Towers, B. (2016). Disaster Risk Reduction education in Indonesia: challenges and recommendations for scaling up. *Natural Hazards and Earth System Sciences, 344*: 1-28.

Anderson, A. (2010). *Combating climate change through quality education.* Washington, DC: The Brookings Institution. Retrieved from http://www.unisdr.org/files/15415_15415brookingspolicybriefclimatecha.pdf

Anderson, W., A. (2005). Bringing Children into Focus on the Social Science Disaster Research Agenda. *International Journal of Mass Emergencies and Disasters, 23*(3), 159-175.

Appleyard, K., & Osofsky, J. D. (2003). Parenting after trauma: Supporting parents and caregivers in the treatment of children impacted by violence. *Infant Mental Health Journal, 24*: 111-125.

Aptekar, L., & Boore, J. A. (1990). The emotional effects of disaster on children: A review of the literature. *International Journal of Mental Health, 19*: 77-90.

Babatunde, L.O. , Elegbede O.T., Olabode, B.O. & Fasasi, A.B. (2013). The Role of Government and Professionals in Disaster Management in Nigeria. *Journal of Environmental Sciences and Resource Management, 5*(2).

Babugura, A. A. (2008). Vulnerability of children and youth in drought disasters: A case study of Botswana. Children, *Youth and Environments, 18*(1), 126-157.

Back, E., Cameron, C., & Tanner, T. (2009). Children and disaster risk reduction: Taking stock and moving forward. Retrieved from http://www.preventionweb.net/files/12085_ChildLedDRRTakingStock1.pdf

Balbus, J. M., & Malina, A. B. (2009). Identifying vulnerable subpopulations for climate change health effects in the United States. *Journal Occupational Environmental Medicine, 51*(1), 33-7. doi:10.1097/JOM.0b013e318193e12e

Bandura, A. (1977). *Social learning theory.* Englewood Cliffs, NJ: Prentice Hall.

Barile, M., Fichten, C., Ferraro, V., & Judd, D. (2006). Ice storm experiences of persons with disabilities: Knowledge is safety. *The Review of Disability Studies, 2*(3), 35-48.

Barrett, Edith J., Carrie Y. Barron Ausbrooks, & Maria Martinez-Cosio. (2008). The School as a Source of Support for Katrina-Evacuated Youth. *Children, Youth and Environments, 18*(1), 202-236. Available from: www.colorado.edu/journals/cye.

Bartlett, S. (2008). The implications of climate change for children in lower-income countries. *Children, Youth and Environments, 18*(1), 71-98.

Bartlett, Sheridan. (2005). Good Governance: Making Age a Part of the Equation-An Introduction. *Children, Youth and Environments, 15*(2), 1-17. Available from:www. colorado.edu/journals/cye.

Bartlett, Sheridan. (2008). After the Tsunami in Cooks Nagar: The Challenges of Participatory Rebuilding. *Children, Youth and Environments, 18*(1), 470-484. Available from:www.colorado.edu/journals/cye.

Barton, Allen, H. (1969). *Communities in Disaster: A Sociological Analysis of Collective Stress Situations.* Garden City, NY: Anchor Books.

Battersby, S. E., Mitchell, J. T., & Cutter, S. L. (2011). Development of an online hazards atlas to improve disaster awareness. *International Research in Geographical and Environmental Education, 20*(4), 297-308. doi:10.1080/10382046.2011.619807

Baxter, P., & Jack, S. (2008). Qualitative case study methodology: study design and implementation for novice researchers. *The qualitative report, 13*: 544-559.

Benson, L., & Bugge, J. (2007). *Child-led disaster risk reduction: A practical guide.* Retrieved from the Save the Children website: http://resourcecentre. savethechildren.se/library/child-led-disaster-risk-reductionpractical-guide-part-1

Berkes, F. (2007). Understanding uncertainty and reducing vulnerability: lessons from resilience thinking. *Natural Hazards, 41*: 283-295.

Bimal, P. (2012). *Environmental Hazards and Disasters Contexts, Perspectives and Management.* Kansas, State University, Wiley - Blackwell: godina.

Birmingham, J., Pechman, E. M., Russell, C. A., & Mielke, M. (2005). *Shared features of high-performing after-school programs: A follow-up to the TASC evaluation.* Retrieved from http://www.sedl.org/pubs/fam107/fam107.pdf

Bobbitt, F.(1918). *The Curriculum, Boston: Houghton Mifflin.*

Boggis, A. (2011). Deafening silences: Researching with inarticulate children. *Disability Studies Quarterly, 31*: 1-7.

Boon, H. J., Brown, L. H., Tsey, K., Speare, R., Pagliano, P., Usher, K., & Clark, B. (2011). School disaster planning for children with disabilities: A critical review of the literature. *International Journal of Special Education, 26*(3), 223-237.

Booth. T., & Booth, W. (1996). Sounds of silence: narrative research with inarticulate subjects. *Disability & Society, 11*: 55-70.

Boyden, Jo. (2003). Children Under Fire: Challenging Assumptions about Children's Resilience. *Children, Youth and Environments, 13*(1). Available from:www.colorado.edu/journals/cye.

Braun, V., & Clarke, V. (2006). Using thematic analysis in psychology. *Qualitative Research in Psychology, 3*: 77-101.

Breton, J., Valla, J., & Lambert, J. (1993). Industrial disaster and mental health of children and their parents. *Journal of the American Academy of Child and Adolescent Psychiatry, 32*, 438-445.

BRI, & GRIPS. (2007) *Disaster Education*. Building Research Institute and the National Graduate Institute for Policy Studies, Kobe, Japan.

Bronfenbrenner, U., & Ceci, S. J. (1994). Nature-nurture reconceptualized in developmental perspective: A bioecological model. *Psychological Review, 101*: 568-586.

Brown, R. (2011). Principles guiding practice and responses to recent community disasters in New Zealand. *New Zealand Journal of Psychology, 40*: 86-89.

Bruneau, M., Chang, S. E., Eguchi, R. T., Lee, G. C., O'Rourke, T. D., Reinhorn, A. M., Shinozuka, M., Tierney, K. T., Wallance, W. A., & Winterfeldt, D. (2003). A framework to quantitatively assess and enhance the seismic resilience of communities. *Earthquake Spectra, 19*(4), 733-752.

Buckle, Philip (2006). Assessing Social Resilience. In Paton, D. and D. Johnston, eds. *Disaster Resilience: An Integrated Approach*. Springfield, IL: Charles C. Thomas Publisher, 88-104.

Bullock, J. A., Haddow, G., & Coppola, D. P. (2010). *Managing children in disasters: Planning for their unique needs*. Baca Raton, FL: Taylor and Francis Group.

Burke, R. V., Iverson, E., Goodhue, C. J., Neches, R., & Upperman, J. S. (2010). Disaster and mass casualty events in the pediatric population. *Seminars in Pediatric Surgery, 19*(4), 265-270. doi:10.1053/j.sempedsurg.2010.06.003

Burnweit, C., & Stylianos, S. (2011). Disaster response in a pediatric field hospital: Lessons learned in Haiti. *Journal of Pediatric Surgery, 46*(6), 1131-1139. doi:10.1016/ j.jpedsurg.2011.03.042

Bystritsky, M. D., Vapnik, R., Maidment, K., Pynoos, R. S., & Steinberg, A. M. (2000). Acute responses of anxiety disorder patients after a natural disaster. *Depression and Anxiety, 11*: 43-44.

Cadag, J. R. D.,& Gaillard, J. C. (2014). Integrating people's capacities in disaster risk reduction through participatory mapping. In: Lopez-Carrresi A, Fordham M, Wisner B, Kilman I, Gaillard JC eds. *Disaster management: international lessons in risk reduction, response and recovery*. London, Earthscan. 269- 286.

Caldwell, J., & Maynard, R. (2012). Christchurch, earthquakes and relocation: stories from the family court. *New Zealand Family Law Journal, 7*: 175-184.

Canterbury Earthquake Recovery Authority [CERA] (2014). *Children ask the hard questions*. Retrieved from http://cera. govt.nz/news/2014/children-ask-the-hard-questions-31-october-2014 (Accessed 27 July 2015)

Casserly, Michael (2006). Double Jeopardy: Public Education in New Orleans Before and After the Storm. In Hartman, C, and G.D. Squires, eds. *There is No Such Thing as a Natural Disaster: Race, Class, and Hurricane Katrina*. New York: Routledge, 197-214.

Catani, C., Gewirtz, AH., Wieling, E., Schauer, E., Elbert, T., Neuner, F. (2010). Tsunami, war, and cumulative risk in the lives of Sri Lankan schoolchildren. *Child Development, 81*: 1176-1191.

Census Bureau. (2005). *Survey of income and program participation, June-September 2005*. Retrieved 8 May 2010, from http://www.census.gov/hhes/www/disability/

sipp/disab05/d05tb4.pdf

Census Bureau. (2006). *2006 American community survey data.* Washington, DC: U.S. Census Bureau. Retrieved 1 February 2008, from http://www.census. gov/acs/www/

Chhokar, B.(2010). Higher education and curriculum innovation for sustainable development in India. *International Journal of Sustainability in Higher Education, 11*(2), 141-152.

Child Poverty Action Group (2014). *Children and the Canterbury earthquakes.* Auckland: Child Poverty Action Group. http://www.cpag.org.nz/assets/Backgrounders/140227%20CPAG%20Children% 20and%20the%20 Canterbury%20Feb2014.pdf (Accessed 27 July 2015)

Christ, G. H., & Christ, T. W. (2006). Academic and behavioral reactions of children with disabilities to the loss of a firefighter father: The New York World Trade Center attack 9 / 11 / 01. *The Review of Disability Studies, 2*(3), 68-77.

Christchurch City Council (2011). *Children's strategy.* http://www3.ccc.govt.nz/thecouncil/policiesreport sstrategies/strategies/childrenstrategy.aspx (Accessed 27 July 2015)

Chung, S., Danielson, J., & Shannon, M. (2008). *School-based emergency preparedness: A national analysis and recommended protocol.* Rockville, MD: Agency for Healthcare Research and Quality. Retrieved from http://archive.ahrq.gov/prep/schoolprep/

Cicchetti, D., & Lynch, M. (1993). Toward an ecological transactional model of community violence and child maltreatment: Consequences for children's development. *Psychiatry, 56*: 96-118.

Cola RM 1993. The needs of children following a disaster: the 1990 earthquake in the Philippines. *Disasters, 17*: 248-254.

Consortium for Disaster Education (2011). *A framework of school-based disaster preparedness developed by Consortium for Disaster Education Indonesia.* Retrieved April 1, 2015, from http://www.preventionweb.net/files/26013_26008afr

ameworkofschoolbaseddisaste.pdf

CRED (2008). *Annual Disaster Statistical Review 2008, the numbers and trends*. Universite catholique de Louvain. Belgium : jacoffset printer.

Crow, L. (1996). Including all of our lives: renewing the social model of disability. *Exploring the divide, 55*: 58-79.

Curtis, Thom, Brent C. Miller, & E. Helen Berry (2000). Changes in Reports and Incidence of Child Abuse following Natural Disasters. *Child Abuse and Neglect, 24*: 1151-1162.

Cutter, S. L., Barnes, L., Berry, M., Burton, C., Evans, E., Tate, E., & Webb, J. (2008a). *Community and regional resilience: perspectives from hazard, disasters, and emergency management*. Hazard and Vulnerability Research Institute Department of Geography University of South Carolina Columbia, South Carolina.

Cutter, S. L., Barnes, L., Berry, M., Burton, C., Evans, E., Tate, E., & Webb, J. (2008b). A place-based model for understanding community resilience. *Global Environmental Change, 18*(4), 598-606.

Cutter, S. L., Boruff, B. J., & Shirley, W. L. (2003). Social vulnerability to environmental hazards. *Social Science Quarterly, 84*: 242-261.

Dash, N., & Gladwin, H. (2007). Evacuation decision making and behavioral responses: Individual and household. *Natural Hazards Review,8*: 69-77.

Dean, S. (2011). Long term support in schools and early childhood services after February 2011. *New Zealand Journal of Psychology, 40*: 95-97.

Debby, S., Femke, V., Regina, B., Sylvain P. (2011). *Annual Disaster Statistical Review: The numbers and trends*. Centre for Research on the Epidemiology of Disasters (CRED) Institute of Health and Society (IRSS), Brussels, Belgium.

Degg, M. (1992). Natural disasters: recent trends and future prospects. *Oxford Press, Geography, 77* (3), 198 -209. New York.

Delhi Disaster Management Authority [DDMA] (2000). *School Disaster Management Plan*. Retrieved from http://www.preventionweb.net/files/5449_SchoolDisasterMa nagementPlanIndia.pdf

Department of Education, Office of Special Education and Rehabilitative Services, Office of Special Education Programs. (2009). *28th annual report to Congress on the Implementation of the Individuals with Disabilities Education Act, 2006, Vol. 1*. Washington, DC: Author.

Department for International Development [DFID] (2006). Reducing the risk of disasters-helping to achieve sustainable poverty reduction in vulnerable worlds: A DFID policy paper. *Education in Disaster Management: Towards a Safer India Central Board of Secondary Education*, Preet Vihar, Delhi 110092. Burkina Faso: Panos Pictures.

Dolch, Norman A., Daniel L. Meyer, & Angel Huval-Burbank (2008). Hurricane Disaster Response by School-Based Health Centers. *Children, Youth and Environments, 18*(1), 422-434. Available from:www.colorado.edu/journals/cye.

Dubow, E. F., & Tisak, J. (1989). The relation between stressful life events and adjustment in elementary school children: The role of social support and social problem-solving skills. *Child Development, 60*: 1412-1423.

Dynes, Russell & E. L. Quarantelli (1980). Helping Behavior in Large Scale Disasters. In Smith, D. and J. Macauley, eds. *Participation in Social and Political Activities*. San Francisco: Jossey-Bass Publishers, 339-354.

Eder, Donna & Laura Fingerson (2002). Interviewing Children and Adolescents. In Gubrium, J.F. and J.A. Holstein, eds. *Handbook of Interview Research*. Thousand Oaks, CA: Sage Publications, 181-201.

Edward, B. (2005). *Natural hazards, second edition*. Cambridge: University Press.

Ensor, Marisa O. (2008). Displaced Once Again: Honduran Migrant Children in the Path of Katrina. *Children, Youth and Environments, 18*(1), 280-302. Available from: www.colorado.edu/journals/cye.

Fawcett, J. (2011). Organisational and cultural factors that promote coping: with reference to Haiti and Christchurch. *New Zealand Journal of Psychology 40*: 64-69.

Federal Emergency Management Agency and Department of Homeland Security Office for Civil Rights and Civil Liberties. (2008). *Interim emergency management planning guide for special needs populations, Version 1.0.* Washington, DC: U.S. Federal Emergency Management Agency and Department of Homeland Security Office for Civil Rights and Civil Liberties.

Federal Republic of Nigeria (2010). *National Disaster Framework.* Retrieved from http://www.preventionweb.net/!les/21708_nigherianationaldisastermanagementf.pdf On 07/10/2015.

Feranando, GA., Miller, KE., & Berger, DE. (2010). Growing pains: the impact of disaster-related and daily stressors on the psychological and psychosocial functioning of youth in Sri Lanka. *Child Development 81*: 1192-1210.

Finnis, K., Standring, S., Johnston, D., & Ronan, K. (2004). Children's understanding of natural hazards in Christchurch, New Zealand. *Australian Journal of Emergency Management, 19*(2), 11-20.

Fisher, Sarah (2005). *Gender-Based Violence in Sri Lanka in the Aftermath of the 2004 Tsunami Crisis: The Role of International Organisations and International NGOs in Prevention and Response to Gender-Based Violence.* Ph.D. dissertation, Institute of Politics and International Studies, University of Leeds, Leeds, United Kingdom.

Fothergill, A., & Peek, L. (2004). Poverty and disasters in the United States: A review of the sociological literature. *Natural Hazards, 32*: 89-110.

Fothergill, A., & Peek, L. (2006). Surviving catastrophe: A study of children in Hurricane Katrina. In Natural Hazards Center (Ed.), *Learning from catastrophe: Quick response research in the wake of Hurricane Katrina.* 97-130. Boulder: Institute of Behavioral Science, University of Colorado.

Fox, M. H., White, G. W., Rooney, C., & Rowland, J. L. (2007). Disaster preparedness and response for persons with mobility impairments. *Journal of Disability Policy Studies, 17*(4), 196-205.

Franks, B. (2011). Moving targets: a developmental framework for understanding children's changes following disasters. *Journal of Applied Developmental Psychology, 32*: 58-69.

Fritz, Charles E. & J. H. Mathewson (1957). *Convergence Behavior in Disasters.* Washington, D.C.: National Academy of Sciences.

Gaillard, J., Maceda, E. A. (2009). Participatory three-dimensional mapping for disaster risk reduction. *Community-based adaptation to climate change, 60*: 109-118.

Garfinkel, I., Kaushal, N., Teitler, J., & Garcia, S. (2005). Vulnerability and resilience: New Yorkers respond to 9/11. In N. Foner (Ed.), *Wounded city: The social impact of 9/11*, 28-75. New York: Russell Sage Foundation.

Gawith, L. (2011). How communities in Christchurch have been coping with their earthquake. *New Zealand Journal of Psychology, 40*: 121-130.

Geiselhart, Klaus, Thando, D., Gwebu, & Fred Krüger (2008). Children, Adolescents, and the HIV and AIDS Pandemic: Changing Inter-Generational Relationships and Intra-Family Communication Patterns in Botswana. *Children, Youth and Environments, 18*(1), 99-125. Available from: www.colorado.edu/journals/cye.

Gibbs, L., Mutch, C., O'Connor, P., & MacDougall, C. (2013). Research with, by, for, and about children: lessons from disaster contexts. *Global Studies of Childhood, 3*: 129-141.

Gill, Sara, Lindsey Gulsvig, & Lori Peek (2008). Children and Disasters Annotated Resource List. *Children, Youth and Environments, 18*(1), 485-510. Available from: www.colorado.edu/journals/cye.

Gilmore, B., Larson, C. (2011). The education welfare response immediately following the February 2011 earthquake. *New Zealand Journal of Psychology, 40*: 92-94.

Giovinazzi, S., Wilson, T. M., Davis, C., Bristow, D., Gallagher, M., Schofield, A., Villemure, M., Eidinger, J., & Tang, A. (2011). Lifelines performance and management following the 22 February 2011 Christchurch earthquake, New Zealand: Highlights of resilience. *Bulletin of the New Zealand Society of Earthquake Engineering, 44*(4), 404-419.

Glass, Roger I., Juan J. Urrutia, Simon Sibony, Harry Smith, Bertha Garcia, & Luis Rizzo (1977). Earthquake Injuries Related to Housing in a Guatemalan Village. *Science, 197*: 638-643.

Green, B.L., Korol, M., Grace, M.C., Vary, M.G., Leonard, A.C., Gleser, G.C., & Smitson-Cohen, S. (1991). Children and disaster: Age, gender, and parental effects on PTSD symptoms. *Journal of the Academy of Child and Adolescent Psychiatry, 30*(6), 945-951.

Green, J., & Hart, L. (1998). Children's views of accident risks and prevention: A qualitative study. *Injury Prevention, 4*(1), 14-21. doi:10.1136/ip.4.1.14

Green, R., & Petal, M. (2010). *Lesson learned from school participation in the 2008 ShakeOut. Bellingham,* WA: Western Washington University.

Guha-Sapir, D., D. Hargitt, & P. Hoyois (2004). *Thirty Years of Natural Disasters 1974-2003: The Numbers.* Belgium: Presses universitaires de Louvain.

Haque, CE., Etkin, D. (2007). People and community as constituent parts of hazards: the significance of societal dimensions in hazards analysis. *Natural Hazards, 41*: 271-282.

Hart, DE., Knight, GA. (2009). Geographic information system assessment of tsunami vulnerability on a dune coast. *Journal of Coastal Research, 251*: 131-141.

Haynes, K., Tanner, TM. (2015). Empowering young people and strengthening resilience: youth-centred participatory video as a tool for climate change adaptation and disaster risk reduction. *Children's Geographies, 13*: 357-371.

Heath, M. A., Ryan, K., Dean, B., & Bingham, R. (2007). History of school safety and psychological first aid for children. *Brief Treatment and Crisis Intervention, 7*(3), 206-223. doi:10.1093/brief-treatment/mhm011

Hemingway, L., & Priestly, M. (2006). Natural hazards, human vulnerability, and disabling societies: A disaster for disabled people? *The Review of Disability Studies, 2*(3), 57-67.

Henderson, TL., Hildreth, G. (2011). Experiences in the face of disasters: children, teachers, older adults and families. *Journal of Family Issues, 32*: 1277-1284.

Hewitt, K. (1997). *Regions of risk: A geographical introduction to disasters*. Boston: Addison Wesley Longman.

Hewitt, K. (2007). Preventable disasters: Addressing social vulnerability, institutional risk, and civil ethics. *Geographischs Rundschau International Edition, 3*(1), 43-52.

Holling, C. S. (1973). Resilience and stability of ecological systems. *Annual Review of Ecology and Systematics, 4*: 1-23.

Holloway, A.,(2003) Disaster risk management in Southern Africa: Hot rhetoric-cold reality. *African Security Review, 12*(1), 29-38.

Hull, B. (2011). Changing realities in school safety and preparedness. *Journal of Business Continuity & Emergency Planning, 5*(1), 440-451.

Ikeda, Keiko (1995). Gender Differences in Human Loss and Vulnerability to Natural Disasters: A Case Study from Bangladesh. *Indian Journal of Gender Studies, 2*(2), 171-193.

Institute of Medicine. (2001). *Neurological, psychiatric, and developmental disorders: Meeting the challenge in the developing world.* Washington, DC: National Academy Press.

International Federation of Red Cross and Red Crescent Societies (2007). *Pakistan Earthquake Facts and Figures Sheet.* Available from: http://www.ifrc.org/Docs/pubs/disasters/pakistan-earthquake/factsfigures0307.pdf. (Accessed 22 June 2007)

International Federation of Red Cross and Red Crescent Societies. (2007). *World disasters report 2007: Focus on discrimination.* Bloomfield, CT: Kumarian Press.

International Finance Corporation [IFC] (2010). *Disaster and Emergency Preparedness: Guidance for Schools.* Retrieved from http://www.preventionweb.net/files/13989_ifcdisasteremergencyhandbook63010.pdf

International Strategy on Disaster Reduction [ISDR] (2004). *Africa Regional Strategy for Disaster Risk Reduction.* (Paper prepared for meeting of experts held in South Africa, Johannesburg in May-June 2004). NEPAD: ISDR Secretariat.

Irwin, B. (24 February 2014). Tornado strikes homes as storm lashes town. *New Zealand Herald,.* http:// www.nzherald.co.nz/nz/news/article.cfm?c_id=1& objectid=11208804 (Accessed 10 June 2015).

ISO (2018a). ISO 22320: *2018 Security and resilience — Emergency management — Guidelines for incident management.*

ISO (2018b). ISO 22300: *2018 Security and resilience — Vocabulary.*

ISO (2018c). ISO 31000: *2018 Risk management — Guidelines.*

ISO (2019). ISO 22301: *2019 Security and resilience — Business continuity management systems — Requirements.*

Izadkhah, Y. O., & Hosseini, M. (2005). Towards resilient communities in developing countries through education of children for disaster preparedness. *International Journal of Emergency Management,* 2(3), 138-148.

Jabry, Amer, ed. (2002). *Children in Disasters: After the Cameras Have Gone.* London: Plan UK.

James A., & Prout A. eds. (2015). *Constructing and reconstructing childhood: Contemporary issues in the sociological study of childhood.* London: Falmer.

Jaycox, L., Tanielian, T., Sharma, P., Morse, L., Clum, G., & Stein, B. (2007). Schools' mental health responses after Hurricanes Katrina and Rita. *Psychiatric Services, 58*(10), 1339-1343. doi:10.1176/appi.ps.58.10.1339

Jeney-Gammon, Patricia, Timothy K. Daugherty, A. J. Finch, Jr., Ronald W. Belter, & Kim Y. Foster (1993). Children's Coping Styles and Report of Depressive Symptoms following a Natural Disaster. *The Journal of Genetic Psychology, 154*(2), 259-267.

Johnson, V. A., & Ronan, K. R. (2014). Classroom responses of New Zealand school teachers following the 2011 Christchurch earthquake. *Natural Hazards, 72*(2), 1075-1092. doi:10.1007/s11069-014-1053-3

Johnson, V. A., Ronan, K. R., Johnston, D. M., & Peace, R. (2014). Evaluations of disastesr education programs for children: a methodological review. *International Journal of Disaster Risk Reduction, 9*: 107-123.

Johnston, D. M., Tarrant, R. A., Tipler, K., Coomer, M. A., Pedersen, S., & Garside, R. (2011). Preparing schools for future earthquakes in New Zealand: Lessons from an evaluation of a Wellington school exercise. *Australian Journal of Emergency Management, 26*(1), 24-30.

Joseph, S., & Linley, P. A. (2008). Psychological assessment of growth following adversity: A review. *Trauma, recovery, and growth: Positive psychological perspectives on posttraumatic stress.*

Junn, Ellen N. & Diana Wright Guerin (1999). Factors Related to Earthquake Preparedness among Child Care Professionals: Theory and Policy Implications. *International Journal of Mass Emergencies and Disasters, 14*(3), 343-359.

K. Runyan (2004). Increased Incidence of Inflicted Traumatic Brain Injury in Children after a Natural Disaster. *American Journal of Preventive Medicine, 26*(3), 189-193.

Kailes, J. I., & Enders, A. (2007). Moving beyond 'special needs': A function-based framework for emergency management and planning. *Journal of Disability Policy Studies, 17*(4), 230-237.

Green, B.L., Korol, M., Grace, M.C., Vary, M.G., Leonard, A.C., Gleser, G.C., & Smitson-Cohen, S. (1991) Children and disaster: Age, gender, and parental effects on PTSD symptoms. *Journal of the American Academy of Child and Adolescent Psychiatry*, 30, 945-951.

Kelly, Marion (1993). Infant Feeding in Emergencies. *Disasters, 17*(2), 110-121.

Kilmer, RP., & Gil-Rivas, V. (2010). Exploring posttraumatic growth in children impacted by hurricane Katrina: correlates of phenomenon and developmental considerations. *Child Development, 81*: 1211-1227.

King, TA., & Tarrant, RA. (2013). Children's knowledge, cognitions and emotions surrounding natural disasters: an investigation of Year 5 students, Wellington, New Zealand. *Australasian Journal of Disaster and Trauma Studies, 1*: 17-26.

King, D., & Gurtner, Y. (2005). After the wave: A wake up warning for Australian coastal locations. *Australian Journal of Emergency Management, 20*(1), 4-9.

Kinne, S., Patrick, D. L., & Doyle, D. L. (2004). Prevalence of secondary conditions among people with disabilities. *American Journal of Public Health, 94*(3), 443-445.

Kirschke, Jennifer & Willem van Vliet (2005). 'How Can They Look So Happy?' Reconstructing the Place of Children after Hurricane Katrina: Images and Reflections. *Children, Youth and Environments, 15*(2), 378-391. Available from:

www.colorado.edu/journals/cye.

Kolbe, A. R., Hutson, R. A., Shannon, H., Trzcinski, E., Miles, B., Levitz, N., ... & Muggah, R. (2010). Mortality, crime and access to basic needs before and after the Haiti earthquake: a random survey of Port-au-Prince households. *Medicine, Conflict and Survival, 26*(4), 281-297. doi:10.1080/13623699.2010.535279

Krisberg, K. (2007). Planning ahead for health threats: School preparedness crucial for safety of children, communities. *The Nation's Health, 1*: 20-21.

Kronenberg, M. E., Hansel, T. C., Brennan, A. M., Osofsky, H. J., Osofsky, J. D., & Lawrason, B. (2010). Children of Katrina: Lessons learned about post disaster symptoms and recovery patterns. *Child Development, 81*(4), 1241-1259. doi:10.1111/j.1467-8624.2010.01465.x

Kuroiwa, J. A. (1993) *Peru's national education program for disaster prevention and mitigation (PNEPDPM)*. Training and Education for Improving Earthquake Disaster Management in Developing Countries, UNCRD Meeting Report Series: 57, 95-102.

La Greca, A. M. (2001). Children experiencing disasters: Prevention and intervention. In J. Hughes, A. La Greca, & J. Conoley (Eds.), *Handbook of psychological services for children and adolescents,* 195-224. New York: Oxford University Press.

La Greca, A. M., Silverman, W. K., Vernberg, E. M., & Roberts, M. C. (2002). "Introduction." In La Greca, A.M., W.K. Silverman, E.M. Vernberg, and M.C. Roberts, eds. *Helping Children Cope with Disasters and Terrorism*. Washington, D.C.: American Psychological Association, 3-8.

La Greca, Annette M., Wendy K. Silverman, & Shari B. Wasserstein (1998). Children's Predisaster Functioning as a Predictor of Posttraumatic Stress Following Hurricane Andrew. *Journal of Consulting and Clinical Psychology, 66*(6), 883-892.

Last, M. (1994). Putting children first. *Disasters, 18*: 192-202.

Laufer, Ary (2002). Disaster Preparedness and Safe Villages in Central Viet Nam. In Jabry, A., ed. *Children and Disasters: After the Cameras Have Gone*. London: Plan UK, 34-40.

Lauten, Anne Westbrook & Kimberly Lietz (2008). A Look at the Standards Gap: Comparing Child Protection Responses in the Aftermath of Hurricane Katrina and the Indian Ocean Tsunami. *Children, Youth and Environments, 18*(1), 158-201. Available from:www.colorado.edu/journals/cye.

Lengua, Liliana J., Anna C. Long, Kimberlee I. Smith, & Andrew N. Meltzoff (2005). Pre-Attack Symptomatology and Temperament as Predictors of Children's Responses to the September 11 Terrorist Attacks. *Journal of Child Psychology and Psychiatry, 46*: 631-645.

Lidstone, J.(1996). Disaster education: Where we are and where we should be. In: Lidstone, J. (Ed.), *International perspectives on teaching about hazards and disasters, 34*: 3. Philadelphia, USA: Channel View Publications.

Lonigan, Christopher J., Mitsuko P. Shannon, Charlotte M. Taylor, A. J. Finch, Jr., & Floyd R. Sallee (1994). Children Exposed to Disaster: II. Risk Factors for the Development of Post-Traumatic Symptomatology. *Journal of the American Academy of Child and Adolescent Psychiatry, 33*(1), 94-105.

Lynch, M., & Cicchetti, D. (1998). An ecological-transactional analysis of children and contexts: The longitudinal interplay among child maltreatment, community violence, and children's symptomatology. *Development and Psychopathology, 10*: 235-257.

Macaulay, J. (2004). Disaster education in New Zealand. *In International perspectives on natural disasters: occurrence, mitigation, and consequences*, 417-428. Springer Netherlands.

Mahon, A., Glendinning, C., Clarke, K., & Craig, G. (1996). Researching children: methods and ethics. *Children and Society, 10*: 145-154.

Maida, Carl A., Norma S. Gordon, & Gayle Strauss (1993). Child and Parent Reactions to the Los Angeles Area Whittier Narrows Earthquake. *Journal of Social Behavior and Personality, 8*: 421-436.

Mandalakas, Anna, Kristine Torjesen, & Karen Olness (1999). *How to Help the Children in Complex Humanitarian Emergencies: A Practical Manual*. Available from:http://www.ipachildhealth.org/programs/Children_in_Disasters.pdf. (Accessed 25 June 2007)

Manyena, Siambabala Bernard (2006). The Concept of Resilience Revisited. *Disasters, 30*(4), 433-450.

Manyena, Siambabala Bernard, Maureen Fordham, & Andrew Collins (2008). Disaster Resilience and Children: Managing Food Security in Zimbabwe's Binga District. *Children, Youth and Environments, 18*(1), 303-331. Available from: www.colorado. edu/journals/cye.

Masten, AS., Best, KM., Garmezy, N. (1990). Resilience and development: contributions from the study of 102 S Ronoh et al. children who overcome adversity. *Development and psychopathology, 2*: 425-444.

Masten AS., Osofsky JD. (2010). Disasters and their impact on child development: introduction to the special section. *Child development, 81*: 1029-1039.

Masten, A. S. (2001). Ordinary magic. Resilience processes in development. *The American Psychologist, 56*, 227-238.

Masten, A. S., & Narayan, A. J. (2012). Child development in the context of disaster, war and terrorism: Pathways of risk and resilience. *Annual Review of Psychology, 63*, 227-257. doi:10.1146/annurev-psych-120710-100356

Masten, A. S., & Obradovic, J. (2008). Disaster preparation and recovery: Lessons from research on resilience in human development. *Ecology and Society, 13*(1), 9.

McAneney, H., Shier, H., Gibbs, L., Davies, C., De Brún, A., Tisdall, K.M., Corrigan, C., Kelly, A., Owens, J., Okoli, O., Wall, T., Alves, H., Kongats, K., Krishna, R.N., Sheppard-LeMoine, D., Wagner, F.A., Wang, J.J., Mutch, C. Kroll, T. S. & Somanadhan, S. (2022). Children as innovators: harnessing the creative expertise of children to address practical and psychosocial challenges of the coronavirus disease 2019 (COVID-19) pandemic-COVISION study protocol. *HRB Open Research 2022, 4*: 104. https://doi.org/10.12688/hrbopenres.13290.2

McCurry J. (2011). World Report: anxiety over radiation exposure remains high in Japan. *The Lancet, 378*: 1061-1062.

McFarlane, & Alexander C. (1987). Family Functioning and Overprotection Following a Natural Disaster: The Longitudinal Effects of Post-Traumatic Morbidity. *Australian and New Zealand Journal of Psychiatry, 21*: 210-218.

McMillen, C., North, C., Mosley, M., & Smith, E. (2002). Untangling the psychiatric comorbidity of posttraumatic stress disorder in a sample of flood survivors. *Comprehensive Psychiatry, 43*(6), 478-485.

Mileti, D.S. (1999). *Disasters by Design: A Reassessment of Natural Hazards in the United States*. Washington D.C.: Joseph Henry Press.

Ministry of Business Innovation and Employment (2013). *Housing pressures in Christchurch: a summary of the evidence*. Wellington, New Zealand Government.

Ministry of Civil Defence and Emergency Management [MCDEM]. (2009). *What's the plan Stan?* A teaching resource for New Zealand schools. http://www. whatstheplanstan.govt.nz/theme s/whats-the-plan/pdf/Complete%20teachers%20 guid e.pdf (Accessed 9 November 2015)

Ministry of Education (2011). *Enrolling students from earthquake zone.* http://www. minedu.govt.nz/NZEduca tion/EducationPolicies/Schools

Mitchell, J. (2014). The Canterbury earthquakes: preparedness, response and recovery. In: Mitchell D, Karr Veds. *Crises, conflict and disability: ensuring equality.* London, Routledge. 134-140.

Mitchell, T., Haynes, K., Hall, N., Choong, W., & Oven, K. (2008). The roles of children and youth in communicating disaster risk. *Children Youth and Environments, 18*(1), 254-279. Retrieved from http://www.jstor.org/stable/10.7721/ chilyoutenvi.18.1.0254

Mohammed, E.O. & Rahman, A.A.B. (1998). Hazards in Africa: trends, implications and regional distribution. *Journal of Disaster Prevention and Management, 7*(2), 103-112.

Moon, J. A. (2013). *A handbook of reflective and experiential learning: Theory and practice. Routledge.*

Mooney, MF., Paton, D., de Terte, I., Johal, S., Karanci, AN., Gardner, D., Collins, S.,

Glavovic, B., Huggins, T. J., Johnston, & L. D. Johnston (2011). Psychosocial recovery from disasters: a framework informed by evidence. *New Zealand Journal of Psychology, 40*(4), 26-37.

Morris, Kerry-Ann N. & Michelle T. Edwards (2008). Disaster Risk Reduction and Vulnerable Populations in Jamaica: Protecting Children within the Comprehensive Disaster Management Framework. *Children, Youth and Environments, 18*(1), 389-407. Available from: www.colorado.edu/journals/cye.

Morrow, B. H. (1999). Identifying and mapping community vulnerability. *Disasters, 23*(1), 1-18.

Murray, JS., & Monteiro, S. (2012). Disaster risk and children Part 1: why poverty stricken populations are impacted most. *Journal for Specialists in Pediatric Nursing, 17*: 168-170.

Mutch, C., & Marlowe, J. (2013). 'Sailing through a river of emotions': capturing children's earthquake stories. *Disaster Prevention and Management: An International Journal, 22*: 445-455.

Nakahara, S., & Ichikawa, M. (2013). Mortality in the 2011 tsunami in Japan. *Journal of Epidemiology, 23*(1), 70-73. doi:10.2188/jea.JE20120114

Napier, JL., Mandisodza, AN., Andersen, SM., & Joost, JT. (2006). System justification in responding to the poor and displaced in the aftermath of Hurricane Katrina. *Analyses of Social Issues and Public Policy, 6*: 57-73.

National Organization on Disability. (2005). *Report on special needs assessment for Katrina evacuees (SNAKE) project.* Washington, DC: National Organization on Disability.

Naya, Y. (2007). How intercultural disaster reduction education change students: A case study of an evening course senior high school in Hyogo, Japan. *In Intercultural Collaboration*, 368-381. Springer Berlin Heidelberg.

Neumayer, E., & Plu ̈ mper, T. (2007). The gendered nature of natural disasters: The impact of catastrophic events on the gender gap in life expectancy, 1981-2002. *Annals of the Association of American Geographers, 97*(3), 551-566.

NFPA (2019). *NFPA® 1600 Standard on Continuity, Emergency, and Crisis Management.*

Niekerk,V. D. (2008). *Study material for a five (5) day skills course on disaster risk management strategies.* Potchefstroom: University of North West.

Nigerian Education Research and Development Council [NERDC] & National Emergency Management Agency [NEMA] (2011). *Draft Disaster Risk Reduction for Basic and Post Basic Education in Nigeria.*

Nikku, Bala Raju, Nepali Sah, & Ravi Karkara with Sibghatullah Ahmed (2006). *Child Rights Perspective in Response to Natural Disasters in South Asia: A Retrospective Study.* Kathmandu, Nepal: Save the Children Sweden.

Norris, F. H., Friedman, M. J., Watson, P. J., Byrne, C. M., Diaz, E., & Kaniasty, K. (2002). 60,000 disaster victims speak: Part I. An empirical review of the empirical literature, 1981-2001. Psychiatry: *Interpersonal and Biological Processes, 65*(3), 207-239. doi:10.1521/psyc.65.3.207.20173

Norris, F. H., Stevens, S. P., Pfefferbaum, B., Wyche Karen, F., & Pfefferbaum, R. L. (2008). Community resilience as a metaphor, theory, set of capacities, and strategy for disaster readiness. *American Journal of Community Psychology, 41*, 127-150.

O'Connor, F., Johnston, D., Evans, IM. (2011). The context in which we examine disasters in New Zealand. *New Zealand Journal of Psychology 40*: 2-6.

O'Keefe, P., Westgate, K., & Wisner, B. (1976). Taking the naturalness out of natural disasters. *Nature, 260*: 566-567.

Öcal, A., & Topkaya, Y. (2011). Earthquake preparedness in schools in seismic hazard regions in the South-East of Turkey. *Disaster Prevention and Management, 20*(3), 334-348. doi:10.1108/09653561111141754

Olshansky, RB., Johnson, LA., & Topping, KC. (2006). Rebuilding communities following disaster: lessons from Kobe and Los Angeles. *Built Environment 32*: 354-374.

Osofsky, J. D. (1995). The effects of exposure to violence on young children. *American Psychologist, 50*, 782-788.

Osofsky, J. D., & Osofsky, H. J. (2013). Lessons learned about the impact of disasters on children and families and post-disaster recovery. *In Child and Family Advocacy*, 91-105. Springer New York. doi:10.1007/978-1-4614-7456-2_7

Osofsky, J. D., Osofsky, H. J., & Harris, W. W. (2007). Katrina's children: Social policy considerations for children in disasters. *Social Policy Report, 21*(1), 3-18.

Owen, James (18 January 2005). Tsunami Family Saved by Schoolgirl's Geography Lesson. *National Geographic News*.

Oxfam International (2005). *Back to Work: How People are Recovering Their Livelihoods 12 Months after the Tsunami*. Oxfam Briefing Paper. London: Oxfam International.

Pane, J. F. (2006). *Student displacement in Louisiana after the Hurricanes of 2005: Experiences of public schools and their students*. Retrieved from http://www.rand. org/pubs/technical_reports/TR430.html

Pane, J. F., McCaffrey, D. F., Kalra, N., & Zhou, A. J. (2008). Effects of student displacement in Louisiana during the first academic year after the hurricanes of 2005. *Journal of Education for Students Placed at Risk*, 13(2-3), 168-211. doi:10.1080/10824660802350169

Parasuraman, S. (1995). The Impact of the 1993 Latur-Osmanabad (Maharashtra) Earthquake on Lives, Livelihoods and Property. *Disasters 19*(2), 156-169.

Paton, D. (2003). Disaster preparedness: a social-cognitive perspective. *Disaster Prevention and Management: An International Journal 12*: 210-216.

Paton, Douglas (2006). Disaster Resilience: Building Capacity to Co-Exist with Natural Hazards and Their Consequences. In Paton, D. and D. Johnston, eds. *Disaster Resilience: An Integrated Approach*. Springfield, IL: Charles C. Thomas Publisher, 3-10.

Peek, L.A. (2008). Children and disasters: Understanding vulnerability, developing capacities, and promoting resilience—An introduction. *Children, Youth and Environments, 18*(1), 1-29. Retrieved from http://www.jstor.org/stable/10.7721/ chilyoutenvi.18.1.0001

Peek L, Stough LM. (2010). Children with disabilities in the context of disaster: a social vulnerability perspective. *Child development 81*: 1260-1270.

Peek, L. A., & Richardson, K. (2010). In their own words: Displaced children's educational recovery needs after Hurricane Katrina. *Disaster Medicine and Public Health Preparedness, 4*(S1), S63-S70. doi:10.1001/dmp.2010.10060910

Peek, L., & Fothergill, A. (2008). Displacement, gender, and the challenges of parenting after Hurricane Katrina. *National Women's Studies Association Journal, 20*(3), 69-105.

Peek, Lori, Jeannette Sutton, & Judy Gump (2008). Caring for Children in the Aftermath of Disaster: The Church of the Brethren Children's Disaster Services Program. *Children, Youth and Environments,* 18(1), 408-421. Available from: www.colorado.edu/journals/cye.

Penrose, A., & Takaki, M. (2006). Children's rights in emergencies and disasters. *The Lancet, 367*: 698-699.

Perrow, Charles (2006). Disasters Ever More? Reducing U.S. Vulnerabilities. In Rodriguez, H., E.L. Quarantelli, and R.R. Dynes, eds. *Handbook of Disaster Research*. New York: Springer, 521-533.

Petal, M. (2007). Disaster Risk Reduction Education: Material Development, Organization & Evaluation in Kelman, I. ed. *Regional Development Dialogue Journal, 28*, (2). Kobe.

Petal, M. (2008). *Disaster prevention for schools: Guidance for education sector decision-makers.* Retrieved from http://www.unisdr.org/we/inform/publications/7556

Petal, M., & Green, R. (2008). *School disaster readiness: Lessons from the first great southern California ShakeOut.* Retrieved from http://www.riskred.org/schools/shakeout2008.pdf

Petal, M., & Izadkhah, Y. O. (2008). *Concept note: Formal and informal education for disaster risk reduction.* Prepared for the International Conference on School Safety, Islamabad.

Petal, MA. (2008). *Formal and Informal Education for Disaster Risk Reduction: A contribution from Risk RED for the International Conference on School Safety, Islamabad.*

Pfefferbaum JB., & North CS. (2008). Research with children exposed to disasters. *International Journal of Methods in Psychiatric Research, 17*: 49-356.

Pfefferbaum, B., Houston, J. B., North, C. S., & Regens, J. L. (2008). Youth's reactions to disasters and the factors that influence their response. *The Prevention Researcher, 15*(3), 3-6. Retrieved from http://www.ncbi.nlm.nih.gov/pmc/articles/PMC2785039/

Pfefferbaum, Betty, Sara Jo Nixon, Phebe M. Tucker, Rick D. Tivis, Vern L. Moore, Robin H. Gurwitch, Robert S. Pynoos, & Heather K. Geis (1999). Posttraumatic Stress Responses in Bereaved Children after the Oklahoma City Bombing. *Journal of the American Academy of Child and Adolescent Psychiatry 38*: 1372-1379.

Phibbs, S., Good, G., Severinsen, C., Woodbury, E., & Williamson, K. (2015). Emergency preparedness and perceptions of vulnerability among disabled people following the Christchurch earthquakes: applying lessons learnt to the Hyogo Framework for Action. *Australasian Journal of Disaster and Trauma Studies 19*: 37-46.

Phibbs, S., Woodbury, E., Williamson, K., Good, G. (2012). *Issues experienced by disabled people following the 2010-2011 Canterbury earthquake series: evidence based analysis to inform future planning and best practice guidelines for better emergency preparedness.* GNS Science Report 2012/40. Wellington, New Zealand, Institute of Geological and Nuclear Sciences, 53.

Phillips, B. D., & Morrow, B. H. (2007). Social science research needs: Focus on vulnerable populations, forecasting, and warnings. *Natural Hazards Review, 8*(3), 61-68.

Piaget, J., & Inhelder, B. (1969). *The psychology of the child. Basic Books.*

Picou, J. S., & Marshall, B. K. (2007). Social impacts of Hurricane Katrina on displaced K-12 students and educational institutions in coastal Alabama counties: some preliminary observations. *Sociological Spectrum*, *27*(6), 767-780. doi:10.1080/02732170701534267

Plan International. (2010). *Child-Centred DRR toolkit.* Retrieved from http://www. childreninachangingclimate.org/database/plan/Publications/ChildCentred_DRR_ Toolkit.pdf

Priestley M, Hemingway L (2007). Disability and disaster recovery: a tale of two cities? *Journal of social work in disability and rehabilitation 5*: 23-42.

Prinstein, M. J., La Greca, A. M., Vernberg, E. M., & Silverman, W. K. (1996). Children's coping assistance: How parents, teachers, and friends help children cope after a natural disaster. *Journal of Clinical Child Psychology*, *25*(4), 463- 475. doi:10.1207/s15374424jccp2504_11

Prinstein, Mitchell J., Annette M. La Greca, Eric M. Vernberg, & Wendy K. Silverman (1996). Children's Coping Assistance: How Parents, Teachers, and Friends Help Children Cope after a Natural Disaster. *Journal of Clinical Child Psychology,* *25*(4), 463-475.

Proulx, G. (2008). Evacuation Time. In P. J. DiNenno (Ed.), *SFPE Handbook of Fire Protection Engineering (Fourth ed.)*. Quincy, Massachusetts: National Fire Prtection Association.

Raftree, Linda, Simba Machingaidze, Laure del Valle, & Fritz Foster (2002). Coping in the Aftermath of Calamity: The Earthquakes of El Salvador. In Jabry, A., ed. *Children and Disasters: After the Cameras Have Gone.* London: Plan UK, 15-24.

Ramirez, M., Kano, M., Bourque, L. B., & Shoaf, K. I. (2005). Child and household factors associated with fatal and non-fatal pediatric injury during the 1999 Kocaeli earthquake. *International Journal of Mass Emergencies and Disasters, 23*(2), 129- 147.

Ramirez, M., Kubicek, K., Peek-Asa, C., & Wong, M. (2009). Accountability and assessment of emergency drill performance at schools. *Family & Community Health*, *32*(2), 105-114. doi:10.1097/FCH.0b013e3181994662

Reich, J. A., & Wadsworth, M. (2008). Out of the floodwaters, but not yet on dry ground:

Experiences of displacement and adjustment in adolescents and their parents following Hurricane Katrina. *Children, Youth and Environments, 18*(1), 354-370. Retrieved from http://www.jstor.org/stable/10.7721/chilyoutenvi.18.1.0354

Reijneveld, Sijmen A., Mathilde R. Crone, Annemarie A. Schuller, Frank C. Verhulst, & S. Pauline Verloove-Vanhorick (2005). The Changing Impact of a Severe Disaster on the Mental Health and Substance Misuse of Adolescents: Follow-Up of a Controlled Study. *Psychological Medicine 35*: 367-376.

Rivers, J. P. W. (1982). Women and Children Last: An Essay on Sex Discrimination in Disasters. *Disasters 6*(4), 256-267.

Ronan KR., Johnston DM. (2005). *Promoting community resilience in disasters: the role for schools, youth, and families*. New York: Springer Publishers.

Ronan, K. R. (1996). Building a reasonable bridge in childhood anxiety assessment: A practitioner's resource guide. *Cognitive and Behavioral Practice, 3*(1), 63-90. doi:10.1016/S1077-7229(96)80031-9

Ronan, K. R., & Johnston, D. M. (2001a). Correlates of hazard education programs for youth. *Risk Analysis, 21*(6), 1055-1063. doi:10.1111/0272-4332.216174

Ronan, K. R., & Johnston, D. M. (2001b). *Hazards education in schools: Current findings, future directions*. Paper presented at the APEC Workshop on Dissemination of Disaster Mitigation Technologies for Humanistic Concerns (Phase I: Earthquake Disaster), Taipei, Taiwan.

Ronan, K. R., & Johnston, D. M. (2003). Hazards education for youth: A quasi experimental investigation. *Risk Analysis, 23*(5), 1009-1020. doi:10.1111/15396924.00377

Ronan, Kevin R., Kylie Crellin, David M. Johnston, Kirsten Finnis, Douglas Paton & Julia Becker (2008). Promoting Child and Family Resilience to Disasters: Effects, Interventions and Prevention Effectiveness. *Children, Youth and Environments, 18*(1), 332-353. Available from: www.colorado.edu/journals/cye.

Ronoh, S., Gaillard, JC., & Marlowe, J. (2015). Children with disabilities and disaster risk reduction: a review. *International Journal of Disaster Risk Science 6*: 38-48.

Ronoh, S., JC. Gaillard & J. Marlowe (2015). Children with disabilities and disaster preparedness: a case study of Christchurch, K tuitui: *New Zealand Journal of Social Sciences Online, 10*: 2, 91-102

Rooney, C., & White, G. W. (2007). Narrative analysis of a disaster preparedness and emergency response survey from persons with mobility impairments. *Journal of Disability Policy Studies, 17*(4), 206-215.

Rowland, J. L., White, G. W., Fox, M. H., & Rooney, C. (2007). Emergency response training practices for people with disabilities. *Journal of Disability Policy Studies, 17*(4), 216-222.

Sapir, Debarati Guha (1993). Natural and Man-Made Disasters: The Vulnerability of Women-Headed Households and Children without Families. *World Health Statistics Quarterly, 46*: 227-233.

Sapir, Debarati Guha & Michel F. Lechat (1986). Reducing the Impact of Natural Disasters: Why Aren't We Better Prepared? *Health Policy and Planning, 1*(2), 118-126.

Save the Children UK. (2007). *Legacy of disaster: The impact of climate change on children.* Retrieved from http://www.savethechildren.org.uk/resources/onlinelibrary/legacy-of-disasters-the-impact-of-climate-change-on-children

Sawrey R., Waldegrave C., Tamasese TK., Bush A. (2011). After the earthquakes: immediate post-disaster work with children and families. *New Zealand Journal of Psychology, 40*: 58-63.

Saylor, Conway F., Brian L. Cowart, Julie A. Lipovsky, Crystal Jackson, & A. J. Finch, Jr. (2003). "Media Exposure to September 11: Elementary School Students' Experiences and Posttraumatic Symptoms." *American Behavioral Scientist, 46*(12), 1622-1642.

Scotti, J. R., Stevens, S., Cavender, A., Morford, M., Jacoby, V., Freed, R., & Burkhart, S. (2007). *Response of persons with mental retardation/developmental disabilities to emergency situation: Implications for disaster preparedness.* Paper presented at the annual meeting of the International Society for Traumatic Stress Studies,

Baltimore.

Seballos, F., Tanner, T., Tarazona, M., & Gallegos, J. (2011). *Children and disasters: Understanding impact and enabling agency.* Retrieved from http://www. childreninachangingclimate.org/database/CCC/Publications/IMPACT S%20 and%20AGENCY_FINAL.pdf

Selby, D, & Kagawa, F. (2012). *Disaster risk reduction in school curricula: Case studies from thirty countries.* Retrieved from http://www.unicef.org/education/files/DRRin CurriculaMapping30countriesFINAL.pdf

Shannon, Mitsuko P., Christopher J. Lonigan, A. J. Finch, Jr., & Charlotte M. Taylor (1994). Children Exposed to Disaster: I. Epidemiology of Post-Traumatic Symptoms and Symptom Profiles. *Journal of the American Academy of Child and Adolescent Psychiatry, 33*(1), 80-93.

Sharpe, J., & Kelman, I. (2011). Improving the disaster-related component of secondary school geography education in England. *International Research in Geographical and Environmental Education, 20*(4), 327-343. doi:10.1080/10382046.2011.61981 0

Shiwaku, K., & Fernandez, G. (2011). Innovative approaches in disaster education. In R. Shaw, K. Shiwaku, & Y. Takeuchi (Eds.), *Disaster Education (Community, Environment and Disaster Risk Management 7*: 115-136. Emerald Group Publishing.

Shiwaku, K., & Shaw, R. (2008). Proactive co-learning: A new paradigm in disaster education. *Disaster Prevention and Management, 17*(2), 183 198. doi:10.1108/09653560810872497

Silva, E. (2009). *Measuring skills for 21st-century learning. Phi Delta Kappan,* 630-634. Retrieved from http://www.jstor.org/stable/27652741

Silverman, Wendy K. & Annette M. La Greca (2002). *Children Experiencing Disasters: Definitions, Reactions, and Predictors of Outcomes.* In La Greca, A.M.,

Skinner, B. F. (1953). *Science and human behavior.* Simonand Schuster.com.

Slovic, P., Fischhoff, B., & Lichenstein, S. (1981). Perceived risk: Psychological factors and social implications. *Proceedings of the Royal Society of London, 376*(1764), 17-34. doi:10.1098/rspa.1981.0073

Smart, J. (2001). *Disability, society, and the individual.* Gaithersburg, MD: Aspen.

Smith, AB. (2013a). *Understanding children and childhood. 5th edition.* Auckland, Bridget Williams Books. 416.

Smith, AB. (2013b). *A theoretical framework for childhood.* In: Higgins N Freeman C eds. Childhoods: growing up in Aotearoa New Zealand. Dunedin, Otago University Press. 29-43.

Smith, AB., & Bjerke, H. (2009). Children's citizenship. In: Taylor N, Smith A eds. *Children as citizens? International voices.* Dunedin, Otago University Press. 15-34.

Smith, F., Jolley, E., Schmidt, E. (2012). Disability and disasters: the importance of an inclusive approach to vulnerability and social capital. *Sightsavers.* https://www.worldwewant2015.org/node/287097 (Accessed 10 January 2015)

Smith, P. K., & Williams-Boyd, P. (2007). For they are us: 'Tools' for a post-Katrina curriculum and community. In S. P. Robinson, & M. C. Brown (Eds.), *The children Hurricane Katrina left behind: Schooling context, professional preparation, and community politics,* 141-151. New York: Peter Lang. co

Snider, L., Hoffman, Y., Littrell, M., Fry, M. W., & Thornburgh, M. (2010). *Supporting children after Hurricane Katrina: Reflections on psychosocial principles in practice.*

Soffer, Y., Goldberg, A., Avisar-Shohat, G., Cohen, R., & Bar-Dayan, Y. (2010). The effect of different educational interventions on schoolchildren's knowledge of earthquake protective behaviour in Israel. *Disasters, 34*(1), 205-213. doi:10.1111/j.1467-7717.2009.01125.x

Spence, P. R., Lachlan, K., Burke, J. M., & Seeger, M. W. (2007). Media use and information needs of the disabled during a natural disaster. *Journal of Health Care for the Poor and Underserved, 18,* 394-404.

Statistics New Zealand 2011. *Re-enrolment of Christchurch school students, at 13*

September 2011. http:// www.stats.govt.nz/browse_for_stats/education_and_training/earthquake-schools.aspx (Accessed 27 July 2015)

Statistics New Zealand 2012. *Christchurch population loss slows.* http://www.stats.govt.nz/browse_for_ stats/population/estimates_and_projections/SubnationalPopulationEstimates_MRYe30Jun12.aspx (Accessed 27 July 2015)

Stough, L. M. (2009). The effects of disaster on the mental health of individuals with disabilities. In Y. Neria, S. Galea, & F. H. Norris (Eds.), *Mental health consequences of disasters,* 264-276. New York: Cambridge University Press.

Stough, L. M., & Sharp, A. N. (2007). *The recovery of individuals with disabilities following Hurricane Katrina.* Paper presented at the annual meeting of the International Society for Traumatic Stress Studies, Baltimore.

Stuart, K. L., Patterson, L. G., Johnston, D. M., & Peace, R. (2013). Managing temporary school closure due to environmental hazard Lessons from New Zealand. *Management in Education, 27*(1), 25-31. doi:10.1177/0892020612468928

Stuber, Jennifer, Sandro Galea, Betty Pfefferbaum, Sharon Vandivere, Kristen Moore, & Gerry Fairbrother (2005). Behavior Problems in New York City's Children after the September 11, 2001, Terrorist Attacks. *American Journal of Orthopsychiatry, 75*(2), 190-200.

Swenson, Cynthia Cupit, Conway F. Saylor, Paige Powell, Sherri J. Stokes, Kim Y. Foster, & Ronald W. Belter (1996). Impact of a Natural Disaster on Preschool Children: Adjustment 14 Months after a Hurricane. *American Journal of Orthopsychiatry, 66*(1), 122-130.

Swiss Re (2007). *Natural Catastrophes and Man-Made Disasters in 2006: Low Insured Losses.* A Sigma report. Zurich: Swiss Reinsurance Company.

Taba, H. (1962) *Curriculum Development: Theory and practice.* New York: Harcourt Brace and World.

Tarrant R., & Johnston DM. (2010). *Preparedness to cope with hazards: a survey of Wellington intermediate schools.* GNS Science Report 2010/02. Lower Hutt, GNS Science. 32.

Tedeschi, R. G., & Calhoun, L. G. (1995). *Trauma & transformation: Growing in the aftermath of suffering.* Sage Publications, Inc. https://doi.org/10.4135/9781483326931

Thomas, C. (2004). How is disability understood? An examination of sociological approaches. *Disability & society 19*: 569-583.

Thomson, JL., & Philo, C. (2004). Playful spaces? A social geography of children's play in Livingston, Scotland. *Children's Geographies 2*: 111-130.

Thywissen, K. (2006) *Components of Risk: A Comparative Glossary.* Bonn: United Nations University.

Tierney, K. J., Petak, W. J., & Hahn, H. (1988). *Disabled persons and earthquake hazards.* Boulder, CO: Institute of Behavioral Science, University of Colorado.

TR Ministry of Education, Bogaziçi University, Kandilli Observatory, Earthquake Research Institute. (2005). *Basic disaster awareness in Turkish schools 2001-2005: Final report.* Retrived from http://ztscompany.com/Assets/reports/TR%20SCHOOLS%20FINAL%20REPOR T.pdf

Twig, J. (2004). Good Practice Review. *Disaster risk reduction mitigation and preparedness in development and emergency programming.* London: Humanitarian Practice Network.

Tyler, R. W. (1949) *Basic Principles of Curriculum and Instruction, Chicago: University of Chicago Press.*

Udwin, Orlee (1993). Annotation: Children's Reactions to Traumatic Events. *Journal of Child Psychology and Psychiatry 34*(2), 115-127.

UN (2017). *Opportunities and options for integrating climate change adaptation with the Sustainable Development Goals and the Sendai Framework for Disaster Risk Reduction 2015-2030.* Technical paper by the secretariat.

United Nation International Strategy for Disaster Reduction [UNISDR] (2005). *Hyogo Framework for Action (2005-2015).* Retrieved from http://www.unisdr.org/eng/hfa/hfa.htm. On 02/11/2015

United Nation International Strategy for Disaster Reduction [UNISDR] (2007). *Towards a Culture of prevention: Disaster Risk Reduction Begins at School.*

United Nation International Strategy for Disaster Reduction [UNISDR] (2010). *School emergency and disaster preparedness: guidance note.* Retrieved from http://www. unisdr.org/files/15655_1msshguidenotesprefinal0313101.pdf

United Nation International Strategy for Disaster Reduction [UNISDR] (2014) *Developing a worldwide initiative for safe schools: as of 2016, every new school will be safe from disasters.*

United Nation International Strategy for Disaster Reduction [UNISDR] (2015). *Sendi Framework for Disaster Risk Reduction 2015-2030. Geneva, Switzerland: United Nations.* Retrieved from https://www.unisdr.org/files/43291_ sendaiframeworkfordrren.pdf

United Nation (2006) *United Nations Convention on the Rights of Persons with Disabilities and Optional Protocol* [UNCRPD]. http://www.Un.org/disabilities/ documents/ convention/convoptprot-e.Pdf (Accessed 18 December 2014)

United Nations Educational, Scientific & Cultural Organization [UNESCO]. (2013a). *Disaster Preparedness: Education for Disaster Risk Reduction at UNESCO.* Retrieved from http://www.unesco.org/new/en/education/themes/leading-the-international-agenda/education-for-sustainable-development/disaster-risk-reduction/

United Nations Educational, Scientific & Cultural Organization [UNESCO] (2013b). *Comprehensive school safety.* Retrieved from http://www.unesco.org/new/ fileadmin/MULTIMEDIA/HQ/SC/pdf/Comprehensive school safety.pdf

United Nations Educational, Scientific & Cultural Organization [UNESCO] & United Nations International Children's Emergency Fund [UNICEF] (2012). *Disaster risk reduction in school curricula: case studies from thirty countries.*

United Nations Children's Fund [UNICEF] (2007). *Promoting the Rights of Children with Disabilities.* Florence, Italy, UNICEF Innocenti Research Center. http://www. un.org/esa/socdev/unyin/docum ents/children_disability_rights.pdf (Accessed 30 November 2014)

United Nations International Children's Emergency Fund [UNICEF]. (2007). *Promoting the rights of children with disabilities*. Florence, Italy: UNICEF Innocenti Research Center.

United Nations International Children's Emergency Fund [UNICEF] (2005). *Hundreds of Schools Destroyed by Tsunami*. Available from: http://www.unicef.org/media/media_24847.html. (Accessed 15 March 2008)

United Nations General Assembly (1989). *United Nations convention on the rights of the child*. UN Office of the High Commissioner for Human Rights. http:// www. ohchr.org/en/professionalinterest/pages/crc. aspx (Accessed 27 July 2015).

United Nations Human Settlements Programme. (2007). *Enhancing urban safety and security: Global report on human settlements*. London: Earthscan.

United Teachers of New Orleans (2007). *No Experience Necessary: How the New Orleans School Takeover Experiment Devalues Experienced Teachers*. New Orleans: United Teachers of New Orleans, Louisiana Federation of Teachers, and the American Federation of Teachers.

Van Willigen, M., Edwards, T., Edwards, B., & Hessee, S. (2002). Riding out the storm: Experiences of the physically disabled during Hurricanes Bonnie, Dennis, and Floyd. *Natural Hazards Review, 3*(3), 98-106.

Vernberg, Eric M., Annette M. La Greca, Wendy K. Silverman, & Mitchell J. Prinstein (1996). Prediction of Posttraumatic Stress Symptoms in Children after Hurricane Andrew. *Journal of Abnormal Psychology 105*(2), 237-248.

Vogel, Juliet M. & Eric M. Vernberg (1993). Part 1: Children's Psychological Responses to Disasters. *Journal of Clinical Child Psychology, 22*(4), 464-484.

W.K. Silverman, E.M. Vernberg, & M.C. Roberts, eds. *Helping Children Cope with Disasters and Terrorism*. Washington, D.C.: American Psychological Association, 11.

Wachtendorf, T., Brown, B., & Nickle, M. C. (2008). Big bird, disaster masters, and high school students taking charge: The social capacities of children in disaster education. *Children Youth and Environments, 18*(1), 456-469. Retrieved from http://www.jstor.org/stable/10.7721/chilyoutenvi.18.1.0456

Wachtendorf, Tricia, Bethany Brown, & Marcia C. Nickle (2008). Big Bird, Disaster Masters, and High School Students Taking Charge: The Social Capacities of Children in Disaster Education. *Children, Youth and Environments, 18*(1), 456-469. Available from:www.colorado.edu/journals/cye.

Wang, J.J. (2016). Study on the Context of School Disaster Management in Taiwan. *International Journal of Disaster Risk Reduction, 19*: 224-234.

Wang, J.J. & N.Y. Tsai (2022). Factors affecting elementary and junior high school teachers' behavioral intentions to school disaster preparedness based on the theory of planned behavior. *International Journal of Disaster Risk Reduction, 69*, 102757. https://doi.org/10.1016/j.ijdrr.2021.102757

Wang, J.J. (2020a). Framework of School Disaster Education and Resilience: Context and Structure. In I. Pal, J. von Meding, S. Shrestha, I. Ahmed, & T. Gajendran (Eds.), *An Interdisciplinary Approach for Disaster Resilience and Sustainability*. 313-338. https://doi.org/10.1007/978-981-32-9527-8

Wang, J.J. (2020b). Promoting School's Recovery and Resilience after the Chi-Chi earthquake. *Disaster Prevention and Management, 29*(4), 609-627.

Warheit, George J., Rick S. Zimmerman, Elizabeth L. Khoury, William A. Vega, & Andres G. Gil (1996). Disaster Related Stresses, Depressive Signs and Symptoms, and Suicidal Ideation among a Multi-Racial/Ethnic Sample of Adolescents: A Longitudinal Analysis. *Journal of Child Psychology and Psychiatry, 37*(4), 435-444.

Wasserstein, Shari B., & Annette M. La Greca (1998). Hurricane Andrew: Parent Conflict as a Moderator of Children's Adjustment. *Hispanic Journal of Behavioral Sciences, 20*(2), 212-224.

Watson N., Roulstone A., & Thomas C eds. (2012). *Routledge handbook of disability studies*. New York: Routledge.

Webster, Charles (1994). Saving Children during the Depression: Britain's Silent Emergency, 1919-1939. *Disasters, 18*(3), 213-220.

Weiner, D. L. (2009). Lessons learned from disasters affecting children. *Clinical Pediatric Emergency Medicine, 10*(3), 149-152. doi:10.1016/j.cpem.2009.07.010

Weissbecker, I., Sephton, S. E., Martin, M. B., & Simp-son, D. M. (2008). Psychological and physiological correlates of stress in children exposed to disaster: Review of current research and recommendations for intervention. *Children, Youth and Environments, 18*(1), 30-70.

White, B. (2006). Disaster relief for deaf persons: Lessons from Hurricanes Katrina and Rita. *The Review of Disability Studies, 2*(3), 49-56.

White, G.F. (1936). Notes on flood protection and land use planning. *Planners Journal, 3*(3), 57-61.

White, G.F. (1988). Global warming: Uncertainty and action. *Environment, 30*(6): i.

Wiest, Raymond, Jane Mocellin, & D. Thandiwe Motsisi (1992). *The Needs of Women and Children in Emergencies.* Winnipeg: University of Manitoba.

Wilson, Samantha J. & Mary Ann Kershaw (2008). Caring for Young Children after a Hurricane: Childcare Workers Reflect on Support and Training Needs. *Children, Youth and Environments, 18*(1), 237-253. Available from: www.colorado.edu/journals/cye.

Winterbottom, Daniel (2008). Garbage to Garden: Developing a Safe, Nurturing and Therapeutic Environment for the Children of the Garbage Pickers Utilizing an Academic Design/Build Service Learning Model. *Children, Youth and Environments, 18*(1), 435-455. Available from: www.colorado.edu/journals/cye.

Wisner, B. (2006). *Let our children teach us! A review of the role of education and knowledge in disaster risk reduction.* Retrieved from http://www.unisdr.org/2005/task-force/working%20groups/knowledge-education/docs/Let-our-Children-Teach-Us.pdf

Wisner, B., Gaillard, JC., Kelman, I. (2012). Framing disaster: theories and stories seeking to understand hazards, vulnerability and risk. In: Wisner B, Gaillard JC, Kilman I eds. *Handbook of hazards and disaster risk reduction.* London: Routledge. 18-34.

Wisner, B., Blaikie, P., Cannon, T., & Davis, I. (2004). *At risk: Natural hazards, people's vulnerability, and disasters, 2nd ed*. New York: Routledge.

Woodhouse, B. (2004). Re-visioning rights for children. In: Pufall P, Unsworth R eds. *Rethinking childhood*. New Jersey: Rutgers University Press. 229-243.

World Bank (2006). *Hazards of Nature, Risks to Development: An IEG Evaluation of World Bank Assistance for Natural Disasters*. Washington, D.C.: The World Bank.

World Bank Group (2009). The Mayor's Task Force on Climate Change. *Disaster Risk and the Urban Poor launched at the Mayor's Summit in Copenhagen*.

World Conference on Disaster Reduction (2005). *Hyogo Framework for Action 2005-2015: Building the Resilience of Nations and Communities to Disasters*. Geneva: International Strategy for Disaster Reduction.

World Health Organization (2001). *International classification of functioning, disability, and health*. Geneva, Switzerland: Author.

World Health Organization (2005). *Disability, including prevention, management, and rehabilitation*. Geneva, Switzerland: Author.

Yin, RK. (2014). *Case study research: design and methods*. London: Sage.

Young, Helen & Susanne Jaspars (1995). Nutrition, Disease, and Death in Times of Famine. *Disasters, 19*(2), 94-109.

Zahran, Sammy, Lori Peek, & Samuel D. Brody (2008). Youth Mortality by Forces of Nature. *Children, Youth and Environments, 18*(1), 371-388. Available from: www. colorado.edu/journals/cye.

Zeng, EJ., & Silverstein, LB. (2011). China earthquake relief: participatory action work with children. *School Psychology International 32*: 498-511.

日文文獻

日本文部科学省（2012）。学校防災マニュアル（地震・津波災害）作成の手引き。

日本文部科学省（2019）。学校の危機管理マニュアル作成の手引。

日本静岡県危機管理部危機情報課（2018）。避難所運営マニュアル。

立田慶裕（2013）。教師のための防災教育ハンドブック，1-5、12-19、24-32。

金村文彦（2011）。防災教育の展開，19-45、47-71。

木村玲欧（2015）。災害・防災の心理学，30-34、56-65。

諏訪清二（2015）。防災教育の不思議な力，11-21、32-34、42-45、48-62。

矢守克也、諏訪清二、舩木伸江（2007）。夢みる防災教育，5-28、103-126。

網路資料

American Red California Gold Country Region. Retrieved from http://www.redcross.org/local/california/gold-country/Pillowcase-Project

Disney and Red Cross Help Families Get Prepared for Emergencies with Pillowcase Project (2015). Retrieved from https://www.thewaltdisneycompany.com/disney-and-red-cross-help-families-get-prepared-for-emergencies-with-pillowcase-project/

Earthquake Country Alliance. Retrieved from https://www.earthquakecountry.org/disability/

Federal Emergency Management Agency. Retrieved from https://www.fema.gov/

Federal Emergency Management Agency [FEMA] (2013a). Catalogue of youth disaster preparedness education resources (updated). Retrieved from http://www.fema.gov/media-library/assets/documents/30503

Fothergill, A., & Peek, L. (2006). Surviving catastrophe: A study of children in Hurricane Katrina. *In Learning from catastrophe: Quick response research in the wake of Hurricane Katrina*. Boulder, CO: Institute of Behavioral Science. 97-130.

Global Disaster Preparedness Center. Retrieved from https://www.preparecenter.org/activities/pillowcase-project-preparing-students-disasters#

GoI-UNDP, DRM Programme. Retrieved from https://ndmindia.mha.gov.in/goi-undp-projects#

HANDs Project for Disaster Education. Retrieved from http://handsproject.asia/en.html

International Federation of Red Cross. Retrieved from https://media.ifrc.org/ifrc/

National Commission on Children & Disasters (2010). *2010 Report to the President and Congress. Washington, DC: Agency for Healthcare Research and Quality.* Retrieved from http://archive.ahrq.gov/prep/nccdreport/

Owen, J. (2005, January 18). Tsunami family saved by schoolgirl's geography lesson. *National Geographic News.* Retrieved from http://news.nationalgeographic.com/news/2005/01/0118_050118_tsunami_geogra phy_lesson.html

Red Cross and Disney Help Half a Million Kids and Families Prepare for Disasters (2016). Retrieved from https://3blmedia.com/News/Red-Cross-and-Disney-Help-Half-Million-Kids-and-Families-Prepare-Disasters

Ready Kids. Retrieved from https://www.ready.gov/kids（瀏覽日期：2016.11.16）

Rowley, K. M. (2007). GulfGove Reports: Education - An examination of the impact of Hurricanes Katrina and Rita on the public school districts in 15 communities. Retrieved from http://www.coweninstitute.com/our-work/applied-research/education-archive/education-transformation-archive/gulfgov-reports-anexamination-of-impacts-of-hurricanes-on-public-schools/

UN (2006). Convention on the Rights of Persons with Disabilities, https://www.un.org/development/desa/disabilities/convention-on-the-rights-of-persons-with-disabilities.html

UNISDR (2017). Comprehensive school safety: a global framework in support of the global alliance for disaster risk reduction and resilience in the education sector and the worldwide initiative for safe schools, in preparation for the 3rd U.N. World Conference on Disaster Risk Reduction, 2015. http://gadrrres.net/uploads/files/resources/CSS-Framework-2017-03.pdf

Wang, J. J. (2011). Disaster Resilient Communities in Taiwan. Retrieved from http://sixstar.moc.gov.tw/eng-2011/caseStudyAction.do?method=doDetail&&engId=1216

When My Home Shook. Retrieved from http://whenmyhomeshook.co.nz/

Word Health Orgenization (WHO). Retrieved from https://www.who.int/

日本文部科學省，http://www.mext.go.jp/b_menu/shingi/gijyutu/gijyutu2/002/

shiryo/07102303/002/003.htm（瀏覽日期：2017.04.24）

日本文部科學省，https://manabi-mirai.mext.go.jp/torikumi/chiiki-gakko/cs.html（瀏覽日期：2020.8.3）

日本東京臨海廣域防災公園，防災體驗學習。取自 https://www.tokyorinkai-koen.jp/sonaarea/

日本茨城縣日立市立東小沢小学校（2015）。取自 https://www.city.hitachi.lg.jp/higasiozawa-e/004/003/p040112.html

学区防災備蓄資機材リスト（2018）。取自 http://blog.livedoor.jp/shagal/archives/51989016.html

東京都防災教育委員會，東京都內防災體驗與學習設施。取自 https://www.kyoiku.metro.tokyo.lg.jp/static/safety/taiken.html

東京都教育委員會（2013）。東京都学校危機管理マニュアル。取自 https://www.kyoiku.metro.tokyo.lg.jp/school/document/safety/crisis_management_manual.html

日本東京都調布市福祉健康部，https://www.city.chofu.tokyo.jp/www/window/0000000000000/im/1000000000056/index.html

日本高知縣（2014）。大規模災害に備えた避難所運営について。取自 https://www.pref.kochi.lg.jp/soshiki/010201/files/2014110500044/04kaisetsu.pdf

日本神奈川縣橫濱市指定緊急避難場所開設指示。取自 https://www.city.yokohama.lg.jp/kurashi/bousai-kyukyu-bohan/bousai-saigai/wagaya/jishin/place/yogo/hinan.files/0033_20180911.pdf（瀏覽日期：2020.5.3）

日本神奈川縣橫濱市地區防災據點指示（2018）。取自 https://www.city.yokohama.lg.jp/kurashi/bousai-kyukyu-bohan/bousai-saigai/wagaya/jishin/place/kyoten/kyoten01.html

東京都（2017）。東京都北区洪水ハザードマップ〜荒川が氾濫した場合〜。取自 http://www.city.kita.tokyo.jp/d-douro/bosai-bohan/bosai/suigai/map/documents/hazardmap-arakawa.pdf

細川幸一（2019）。取自 https://toyokeizai.net/articles/-/318404

921 災害心理輔導與諮商資訊網。取自 http://921.heart.net.tw/

王价巨（2013）。淺談臺灣的民眾參與社區發展。兩岸公評網，取自 http://
　　www.kpwan.com/news/viewNewsPost.do?id=684

邢泰釧（2004）。教師法律手冊 (93 年 6 月二版)，教育部。取自 https://www.
　　moj.gov.tw/cp-302-45705-a338b-001.html

林清文（1999）。921 災後師生身心反應與輔導需求。取自 http://921.heart.net.
　　tw/921symposia5.shtml

單信瑜（2019）。取自 https://opinion.udn.com/opinion/story/9449/4054261

張源傑（2020）。過失！民法刑法大不同。眾律國際法律事務所。取自 https://
　　www.zoomlaw.net/files/15-1138-43399,c677-1.php

經濟部水利署（2020）。防災資訊服務網。取自 http://fhy.wra.gov.tw/fhy/

APEC 中小企業工作小組（2014）。中小企業持續運作教戰手冊。取自 http://
　　www.tami.org.tw/sp1/bulletin/government/government_1030514.pdf

內政部消防署（2017）。防火管理人講習訓練教材（初訓 - 消防常識與火
　　災預防）。取自 https://www.nfa.gov.tw/cht/index.php?act=download&ids=
　　3128&path=../upload/cht/attachment/6ed1a3b809e0a063874928c09ce7b1a8.
　　pdf&title=%E6%95%99%E6%9D%90-%E5%88%9D1-%E6%B6%88%E9%98
　　%B2%E5%B8%B8%E8%AD%98%E8%88%87%E7%81%AB%E7%81%BD%
　　E9%A0%90%E9%98%B2

內政部消防署（2019a）。企業防災指導手冊。取自 https://www.nfa.gov.tw/pro/
　　index.php?code=list&flag=detail&ids=737&article_id=3373

內政部消防署（2019b）。企業防災持續運作計畫範例。取自 https://www.nfa.
　　gov.tw/pro/index.php?code=list&flag=detail&ids=737&article_id=3374

教育部國民及學前教育署。取自 https://www.k12ea.gov.tw/

教育部地震體驗車活動。取自 https://www.greenschool.moe.edu.tw/gs2/partner/
　　item.aspx?k=4D14774C2C6950958A013AEC45E8AE40

法務部（2016）。國家賠償法問答手冊。取自 https://www.moj.gov.tw/cp-278-
　　45049-47f5d-001.html

新北市三峽區北大國小。取自 https://www.bdes.ntpc.edu.tw/

新北市政府（2018）。新北市板橋區江翠里防災地圖。取自 https://www.dsc.

ntpc.gov.tw/RefugeMap/6500100-029.jpg

新北市政府。取自 https://www.ntpc.gov.tw/ch/index.jsp

臺北市政府（2019）。中山區各里疏散避難資訊圖。取自 https://zsdo.gov.taipei/cp.aspx?n=507DE5444462B0B3

國際樂施會。取自 https://www.oxfam.org.tw/tc/what-we-do/development-programmes/taiwan

📖 索　引

國家圖書館出版品預行編目資料

災害來了怎麼辦?學校的防災教育祕笈/王价
巨,單信瑜,馬士元作. -- 二版. -- 臺北
市:五南圖書出版股份有限公司, 2024.07
面； 公分
ISBN 978-626-393-450-4（平裝）

1.CST: 防災教育　　2.CST: 災害應變計畫
3.CST: 學校安全

575.87　　　　　　　113008473

5AD6

災害來了怎麼辦？學校的防災教育祕笈

作　　　者 ― 王价巨（6.8）、單信瑜、馬士元

發 行 人 ― 楊榮川

總 經 理 ― 楊士清

總 編 輯 ― 楊秀麗

副總編輯 ― 王正華

責任編輯 ― 張維文

封面設計 ― 姚孝慈

出 版 者 ― 五南圖書出版股份有限公司

地　　　址：106台北市大安區和平東路二段339號4樓

電　　　話：(02)2705-5066　　傳　　　真：(02)2706-6100

網　　　址：https://www.wunan.com.tw

電子郵件：wunan@wunan.com.tw

劃撥帳號：01060053

戶　　　名：五南圖書出版股份有限公司

法律顧問　林勝安律師

出版日期　2022年 4 月初版一刷（共三刷）
　　　　　　2024年 7 月二版一刷

定　　　價　新臺幣520元

經典永恆・名著常在

五十週年的獻禮——經典名著文庫

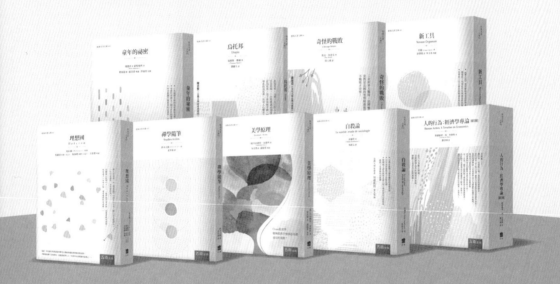

五南，五十年了，半個世紀，人生旅程的一大半，走過來了。

思索著，邁向百年的未來歷程，能為知識界、文化學術界作些什麼？

在速食文化的生態下，有什麼值得讓人雋永品味的？

歷代經典・當今名著，經過時間的洗禮，千錘百鍊，流傳至今，光芒耀人；

不僅使我們能領悟前人的智慧，同時也增深加廣我們思考的深度與視野。

我們決心投入巨資，有計畫的系統梳選，成立「經典名著文庫」，

希望收入古今中外思想性的、充滿睿智與獨見的經典、名著。

這是一項理想性的、永續性的巨大出版工程。

不在意讀者的眾寡，只考慮它的學術價值，力求完整展現先哲思想的軌跡；

為知識界開啟一片智慧之窗，營造一座百花綻放的世界文明公園，

任君遨遊、取菁吸蜜、嘉惠學子！